Les 141 P

De valeureuses Mikado

Photo de première de couverture :
- la 141 P 230, à Flers, en septembre 1964 (VdR-Félix Fénino).

Photos de quatrième de couverture :
- passage d'un express à Almenêches, sur la ligne Paris - Granville, en septembre 1966 (VdR-Raymond Floquet) ;
- embiellage de 141 P (Guy Rannou) ;
- 141 P à Montrouge, en août 1965 (VdR-Félix Fénino) ;
- un train RO à Dormans, en 1959 (Yves Broncard).

LES 141 P
De valeureuses Mikado

par Bernard Collardey et André Rasserie

11 rue de Milan
75440 PARIS CEDEX 09

Mise en page, infographie, réalisation : Dominique Paris
Révision : Véronique Duthille

Dépôt légal 1er trimestre 1999
ISBN 2-902 808-68-2

Bernard Collardey - André Rasserie

Les 141 P
De valeureuses Mikado

La vie du Rail & des transports

Comparaison entre la 141 C 623 et la 141 P 81. Si la filiation est évidente, l'amélioration esthétique sur la 141 P l'est aussi : l'arrangement des tuyaux sur le corps cylindrique, les écrans pare-fumée mieux proportionnés, une enveloppe de sablière profilée, l'épaisseur de la cornière de rive du tablier, ect., d'autant que la 141 C est handicapée par la présence de la disgratieuse tuyauterie de la pompe Dabeg et d'un tender un peu trop bas. La 141 P est sans nul doute l'une des plus belles réussites de la DEL (SNCF-Paris-Sud-Est, collections Rasserie et LVDR).

AVANT-PROPOS

Les locomotives 141 P ont été les premières machines à avoir été étudiées et construites en série par la SNCF. Leur étude fut entièrement réalisée par la Division des études spécialisées de locomotives à vapeur, la DEL, créée en 1938, lors de la nationalisation des chemins de fer, sous la direction de M. Chan, ingénieur en chef, chef de cette division, et de M. Chapelon, ingénieur.
Le choix du type 141 paraissait tout indiqué pour renforcer le parc de façon à faire face, d'une part à l'augmentation de la vitesse des trains de marchandises et de messageries, et d'autre part à l'accroissement du tonnage des express, qui nécessitait la mise en œuvre de machines à quatre essieux moteurs, auparavant réservées aux trains de marchandises.
Cette Mikado apte à tous services devait donc pouvoir assurer la traction de trains de voyageurs, de messageries et de marchandises lourds.
On s'attacha à la faire bénéficier de tous les perfectionnements et progrès importants réalisés en France depuis 1925.
La DEL avait décidé de ne procéder à des commandes en série que pour des machines de type déjà éprouvé, ou s'en rapprochant suffisamment, pour éviter les aléas nécessitant la construction de prototypes. Le choix se porta donc, pour cette première réalisation, sur le type Mikado et non point sur un type nouveau comme la 142, préconisée par M. Chapelon.
L'éventail des séries dans cette configuration d'essieux était limité, bien que le nombre de locomotives en soit important.
Le type Mikado était apparu en France dès 1913, avec la 1001 du PLM, mais ne s'était répandu qu'à partir de 1918. Les dernières commandes remontaient à 1930.
Les machines en service en 1938 à la SNCF appartenaient principalement à deux grandes filiations :
– les 141 B-C (250 locomotives) de la région Ouest, reproduisant les prototypes 5801-5802 PO de 1914 ;
– une série de 680 machines 141 C-D-E de la région Sud-Est, issues du prototype 1001.
Les 141 C Sud-Est, plus puissantes et plus économiques, donnaient entière satisfaction, mis à part quelques problèmes liés à une rigidité légèrement insuffisante du châssis. La SNCF décida de faire dériver la nouvelle machine de celles-ci, avec en principe la même chaudière, mais en tenant compte de tous les perfectionnements introduits depuis l'époque relativement ancienne où cette série avait été conçue.

Les directives principales données par le service Matériel et Traction de la SNCF pour la conduite de cette étude répondaient à l'une de ses préoccupations essentielles, qui était de réduire les immobilisations et les frais d'entretien des machines.
La tenue mécanique des pièces devait présenter un maximum de robustesse afin d'éviter les incidents.
La machine devait offrir une marge plus élevée que celle des engins conçus jusque-là entre sa puissance maximale et celle qui était effectivement nécessaire. Ce qui demandait un accroissement de la puissance et du rendement auquel on devait parvenir grâce aux améliorations obtenues, depuis une dizaine d'années, dans la surchauffe, l'échappement et le tracé des conduits de cylindres, et au renforcement des organes moteurs.
La vitesse limite devait être de 105 km/h, vitesse légèrement supérieure à celle des Mikado de l'époque (100 km/h pour les 141 Ouest, 95 km/h pour les 141 C Sud-Est).
La machine devait comporter le plus grand nombre possible de dispositions unifiées ou susceptibles de l'être (attelage, robinetterie, axes et bagues normalisés...) et être équipée d'un chargeur mécanique permettant d'assurer de longs parcours.
L'augmentation du poids résultant des renforcements demandés et des appareils utilisés en vue du perfectionnement de la machine devait se faire dans la limite d'une charge à l'essieu de 19 t, en raison du grand nombre et de la diversité des lignes sur lesquelles elle était destinée à circuler.

LES MIKADO À LA SNCF EN 1938

À la création de la SNCF, seule la Compagnie de l'Est ne possédait aucune Mikado à tender séparé. Non moins de 1 261 exemplaires de ce type de machines circulèrent sur les quatre autres réseaux – Nord, État, PO, PLM (809 pour ce dernier).

En 1938, six séries de 141 à tender séparé étaient recensées sur le réseau français :
— Au Nord : 50 locomotives
141 A 1 à 50, ex-41101 à 150 Nord, construites par Baldwin aux États-Unis de 1919 à 1920 (compound à quatre cylindres, surface de grille 4,28 m², timbre 16 hpz), locomotives identiques aux 141 B PLM. La commande initiale était de 100 locomotives, mais 50 d'entre elles n'atteignirent jamais la France, par suite du torpillage du navire qui les transportait en 1918.
— À l'Ouest : 250 locomotives
141 B-C 1 à 250, ex-141.001 à 250 de l'État, mises en service en 1921-1923 (à simple expansion, surface de grille 3,87 m², timbre 12 hpz à l'origine). Elles procédaient des Mikado série 5800 de la Compagnie d'Orléans, dont quelques éléments seulement furent modifiés (soupapes de sûreté, sablières, section de passage dans les cylindres, entretoisement des longerons, bissels avant et arrière...). D'abord timbrées à 12 hpz, numérotées 141 B en 1925, elles furent renumérotées 141 C lors du relèvement du timbre, porté à 14 hpz, réalisé progressivement à partir de 1932.
— Au Sud-Ouest : 152 locomotives
141 A 801-802, ex-5801-5802 PO, construites en 1914-1915 (simple expansion, surface de grille 3,87 m², timbre 12 hpz, porté à 14 hpz en 1935).
141 B 811 à 960, ex-5811 à 5 960 PO, construites de 1917 à 1919 aux États-Unis à partir des machines PO 5 801-2 (simple expansion, surface de grille 4,70 m², timbre 12 hpz).
— Au Sud-Est : 809 locomotives.
141 A 1 à 12, ex-1001 à 12 PLM, construites en 1913-1914 à partir du prototype 1 001 (compound à quatre cylindres, surface de grille 4,25 m², timbre 16 hpz).
141 B 1 à 117, ex-1 033 à 1 149 PLM, construites par Baldwin aux États-Unis de 1917 à 1919 ; elles procédaient des 1001-1012, avec les mêmes dimensions générales, mais en différaient par certaines dispositions américaines et par certains détails extérieurs (foyer en acier, soupapes de sûreté, boîte à fumée sans enveloppe, distributions HP-BP liées système Von Borries, châssis différent à l'avant et à l'arrière, ainsi que les bissels). Compound à quatre cylindres, surface de grille 4,28 m², timbre 16 hpz.
141 C, D et E 1 à 680, ex-PLM, type 1200, construites entre 1919 et 1934 (compound à quatre cylindres, surface de grille 4,25 m², timbre 16 hpz). Ces locomotives disposaient de la même chaudière que les 141 A, mais reprenaient les dispositions du moteur des 141 B, avec suppression du système de distribution des cylindres HP intérieurs, les leviers d'avance étant seuls maintenus. Le châssis, les timons, les boîtes à huile et la suspension du bissel avant étaient également différents.

Une Mikado de l'État à sa sortie de construction (État).

La 141 C 460 neuve. Dans leur état d'origine, ces machines ne possèdaient pas de pare-fumée (archives VDR).

La 141 C 623 PLM. Contrairement aux 141 P, ces machines avaient les cylindres BP à l'extérieur (SNCF-Sud-Est, collection Rasserie). Ci-dessous, diagramme et caractéristiques de ces machines.

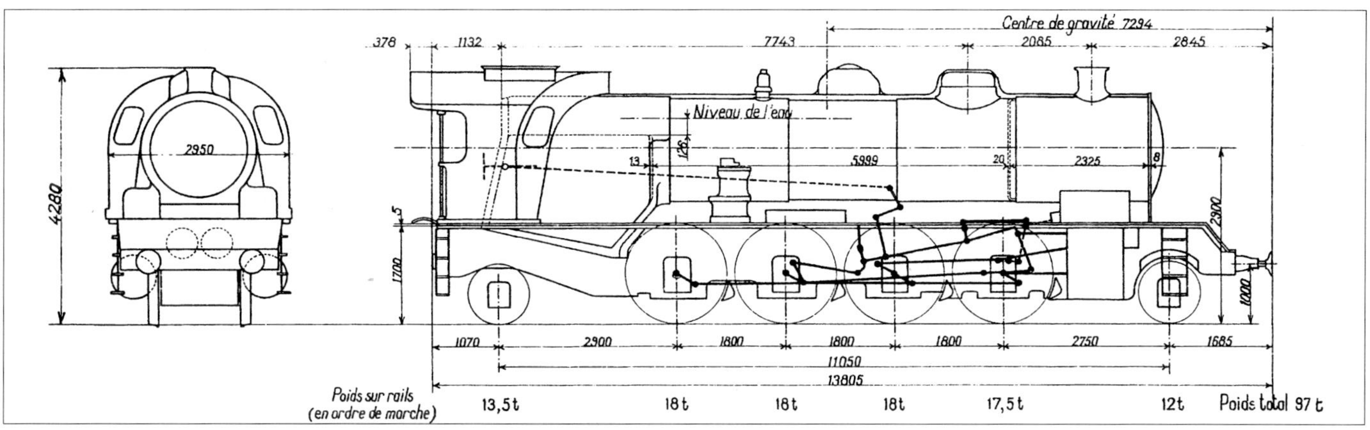

CARACTÉRISTIQUES DES 141 C							
Timbre .... hpz	16	CYLINDRES	HP	BP	DIAMÈTRE DES ROUES		
Surface de grille .... m²	4,29	Diamètre .... mm	510	720	Bissel avant	m	1,020
Surface de chauffe .... m²	201	Course .... mm	650	700	Essieux moteurs	m	1,670
Surface de surchauffe .... m²	68,29	Effort de traction kg *(à 100 % d'admission)*	23 300		Bissel arrière	m	1,020
Injecteur : type Sellers F 10½					Vitesse limite	km/h	90
Réchauffeur d'eau : type ACFI ou Dabeg		Puissance .... ch	1880		Poids adhérent	t	71,5

TROTTOIR
PASSA
SOUTER
141-P 17
5
LV-2-9-52

Caractéristiques et conception des 141 P

Faisant partie des dernières séries de machines à vapeur construites en France, les locomotives 141 P ont bénéficié d'un siècle d'expérience et de perfectionnement de ce mode de traction. Elles ont ainsi été dotées des équipements les plus modernes pour l'époque et, qui plus est, son esthétique a été très étudiée, lui conférant des formes harmonieuses et équilibrées. Aboutissement de la machine à vapeur à la française, la 141 P a constitué une vitrine du savoir-faire hexagonal en matière de construction de locomotives.

Nous étudions ci-après les éléments constitutifs des 141 P en citant, pour chacun, les caractéristiques principales.

La chaudière

La chaudière est, pour l'essentiel, semblable à celle des Mikado et Pacific de la région Sud-Est. Timbrée à 20 hpz au lieu de 16, elle est de ce fait du même modèle que celle des 231 H.

Le foyer, de type « Crampton » débordant, est équipé d'une grille de 4,28 m², de forme sensiblement carrée. Il est constitué de tôles en acier A de 9 mm d'épaisseur sur les flancs et la plaque arrière, et de 13 mm sur la plaque tubulaire. Entièrement soudé, il est raccordé également par soudure au gueulard sur la plaque arrière de la boîte à feu. Les entretoises rivées à chaque extrémité sont en acier A 37,5 e de 22 mm de diamètre au filetage. Sur le pourtour des faces, elles sont du type à rotule en double rangée sur les faces latérales, en simple rangée pour la plaque arrière ; à tête monobloc, leur siège est vissé dans la tôle de la boîte à feu par filetage conique.

Sous la voûte, les têtes d'entretoises de la plaque tubulaire sont soudées électriquement sur cette dernière après rivetage à la bouterolle, selon un procédé utilisé sur le réseau PLM puis sur le Sud-Est.

Les tirants verticaux sont du même diamètre et du même matériau que les entretoises. Côté foyer, la fixation habituelle par écrous et rondelles d'acier a été remplacée, à titre d'essai, sur certaines machines, par le rivetage selon la méthode américaine, afin de vérifier si l'étanchéité s'en trouvait améliorée et l'usure réduite du fait de la faible saillie de la rivure.

La voûte du foyer a été sensiblement allongée à 1,680 m par rapport à la chaudière PLM (0,960 m), afin de convenir à la chauffe au stoker. Il faut en effet assurer un long parcours aux flammes et une combustion complète des grains de charbon.

La plupart des 141 P livrées à partir de 1951 ont été dotées d'un siphon Nicholson pour augmenter sensiblement la surface de chauffe du foyer, portée de 15,66 à 18 m². Ce dispositif présente également l'avantage d'activer la circulation de l'eau et permet d'éviter le « coup de feu » en cas de baisse accidentelle du plan d'eau dans la chaudière. Il accroît la résistance du ciel du foyer. Cette application a été réalisée sur les 141 P 119 à 148, 159 à 228 et 234 à 318, c'est-à-dire sur 185 machines.

Coupe longitudinale, avec le détail de la tubulure.

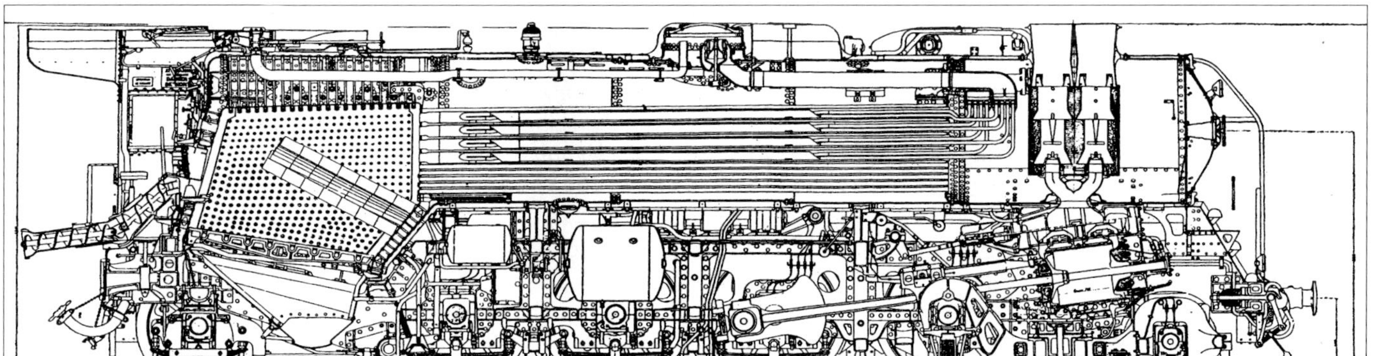

Caractéristiques et conception des 141 P

La porte de boîte à fumée sur les premières machines ne comportait que deux pentures de liaison entre les bords et le macaron central, au lieu de trois comme on le voit sur la photo de droite (coll. Willigens et VDR-Perrelle).

La boîte à feu est de type « en berceau » ; elle est en tôle d'acier B de 16 mm pour l'enveloppe, avec renforcement en tôle de 10 mm pour la tenue des filetages des tirants, et de 19 mm d'épaisseur pour la plaque avant.
La plaque arrière de porte est en acier A de 14 mm. L'armaturage dit « à tirants transversaux », utilisé antérieurement sur les foyers en cuivre qui supportaient mal les déformations, a été conservée. L'entretoisement se caractérise donc par ce type de tirants placés en double rangée, dont les points d'attache sont groupés par trois vers l'extérieur, et par un caissonnement en tôle rivée reliant les flancs à la plaque arrière.
Cette disposition, qui procure une grande rigidité transversale et rend la boîte à feu indéformable, était alors utilisée sur la plupart des locomotives européennes.
Par la suite, on devait suivre la pratique américaine qui n'utilisait que des tirants dit « radiaux » ou « rayonnants » pour relier le foyer et la boîte à feu. Ce fut le cas en France pour les 241 P, et a fortiori pour les 141 R de construction américaine.
Le cendrier est de type spécial pour stoker. L'entrée d'air est latérale, elle se fait par des trappes presque horizontales qui s'ouvrent en bordure du cadre du foyer.
Les larges prises d'air orientées vers l'avant des machines classiques ont disparu car l'épaisseur de la couche de charbon incandescente est, en chauffe mécanique, beaucoup plus mince qu'en chauffe manuelle (10 cm au lieu d'une quarantaine) : elle est donc plus facile à traverser par l'air nécessaire à la combustion. De même, les poches latérales existant sur les Mikado et les Pacific ex-PLM n'ont pas été reconduites sur les 141 P. La vidange des cendres se fait par une trappe oscillante, située au point bas de la poche centrale, dont la fermeture hermétique est commandée par un levier verrouillable placé sur le côté de la locomotive.
Il n'y a ainsi plus de risques de sortie de braises incandescentes en cours de route par le cendrier, qui peut être considéré comme étanche, ce qui représente un progrès considérable dans la prévention des incendies. Un arroseur à grand débit assure l'extinction des scories et protège les parois du cendrier.
Le corps cylindrique, du type rivé, est constitué de trois viroles de 19 mm d'épaisseur en acier spécial à 2,5 % de nickel (R ≤ 50 kg/mm2 - A % > 18 %). L'emploi de ce matériau a permis de conserver l'épaisseur de 19 mm usitée sur les chaudières timbrées à 16 hpz comme sur les 141 C, la fatigue du métal passant à 8 kg/m^2 au lieu de 6. On a pu ainsi éviter un accroissement de poids de 1,1 t, comme ce fut le cas sur les 231 H du Sud-Est, où l'on avait utilisé de la tôle de 23 mm.
Le dôme de la chaudière a été judicieusement placé au milieu, au lieu d'être situé sur l'avant comme sur les Mikado et les Pacific du Sud-Est, de façon à réduire les risques d'entraînement d'eau lors des oscillations du plan d'eau.
Le faisceau tubulaire, remanié par rapport à la chaudière de la 141 C, est identique à celui de la 231 H ; il comporte 30 gros tubes de 125 x 133 mm de diamètre et 125 tubes lisses de 49 x 54 mm (au lieu de

Caractéristiques et conception des 141 P

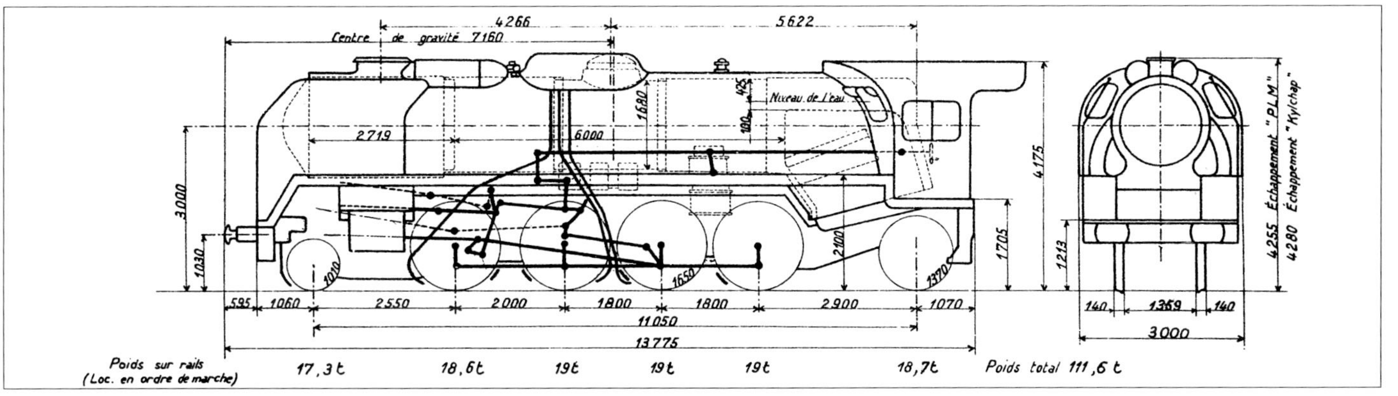

CARACTÉRISTIQUES DES LOCOMOTIVES 141 P

CHAUDIÈRE

Timbre P	hpz	20

GRILLE

Longueur	m	2,130
Largeur { à l'avant	m	2,088
Largeur { à l'arrière	m	1,930
Surface ... G	m²	4,280
Inclinaison	%	16

FOYER

Longueur intérieure en haut	m	2,242
Longueur intérieure en bas	m	2,083
Largeur intérieure { en haut (suivant axe de chaudière)	m	1,427
Largeur intérieure { en bas { à l'AV	m	2,088
Largeur intérieure { en bas { à l'AR	m	1,930
Hauteur intérieure { du dessus du cadre à l'axe chaudière { à l'AV	m	1,634
Hauteur intérieure { du dessus du cadre à l'axe chaudière { à l'AR	m	1,148
Hauteur intérieure { de l'axe chaudière au dessous du ciel { à l'AV	m	0,320
Hauteur intérieure { de l'axe chaudière au dessous du ciel { à l'AR	m	0,257
Hauteur intérieure { totale à l'AV	m	1,954
Épaisseur des parois	mm	9
Épaisseur de la plaque tubulaire	mm	13
Diamètre au corps des entretoises	mm	19
Volume du foyer ... Vf	m³	5,730
Rapport volume du foyer à surface grille	Vf/G	1,338

VOÛTE

Longueur	m	1,690
Épaisseur	m	0,120

BOÎTE À FEU

Longueur extérieure { en haut	m	2,749
Longueur extérieure { en bas	m	2,315
Largeur extérieure { en haut	m	2,346
Largeur extérieure { en bas	m	2,182
Épaisseur des flancs	mm	16
Épaisseur de la plaque AV	mm	19
Épaisseur de la plaque arrière	mm	17

CORPS CYLINDRIQUE

Épaisseur	mm	19
Diamètre intérieur minimum	m	1,642
Épaisseur de la plaque tubulaire	mm	20

Faisceau tubulaire	Tubes à fumée		Éléments surchauffeurs		
	Petits	Gros	Houlet	5P4	Schmidt
Nombre	125	30	26 ou 28	28	4 2
Ø en mm { au corps	49x54	125x133	1 de 31x38 1 de 74x82 1 de 91x97	4 de 19x25 1 de 31x38	4 de 31x38
Ø en mm { à la PT de foyer	45x50	102x110			

SURFACE DE CHAUFFE ET DE SURCHAUFFE

Surface de chauffe du foyer SF	m²	15,660
Surface de chauffe tubulaire { Gros tubes Tg	m²	70,690
Surface de chauffe tubulaire { Petits tubes Tp	m²	115,450
Surface de chauffe tubulaire { Totale T	m²	186,140
Surface de chauffe totale S=SF+T	m²	201,800

		Houlet Schmidt	5P4 Schmidt
Surface de surchauffe	m²	86,96	96,71

SECTION DE PASSAGE D'AIR

À travers la grille ... G	m²	0,7276
À travers le cendrier ... W1	m²	0,7000

BOÎTE À FUMÉE

Longueur intérieure	m	2,719
Diamètre intérieur	m	1,718
Épaisseur des tôles { Enveloppe	mm	10
Épaisseur des tôles { Plaque de fond	mm	10
Épaisseur des tôles { Plaque de porte	mm	10

CHEMINÉE DOUBLE

Diamètre intérieur des conduits { en haut	mm	480
Diamètre intérieur des conduits { au col	mm	410
Section intérieure totale { en haut W2	m²	0,3619
Section intérieure totale { au col	m²	0,2640
Rapport de la surface de grille (G) à la section W2 ... G/W2		11,82

VOLUMES

Eau	m³	8,100
Vapeur	m³	3,600
Totale	m³	11,700

APPAREILS D'ALIMENTATION ET DE SÉCURITÉ

Injecteur type Thermix ZCV n°10		1 à droite
Réchauffeur d'eau ACFI de 230x166x166		1
Soupape de sûreté { Nombre		2
Soupape de sûreté { Diamètre	m	0,100

MOTEUR

CYLINDRES ET CIRCUITS DE VAPEUR		HP (ext.)	BP (int.)
Diamètre des cylindres ... dd'	mm	410	640
Course des pistons ... ll'	mm	700	700
Section des cylindres ... C	cm²	1320	3217
Volume engendré par les pistons VV'	m³	0,092	0,225
Rapport des volumes engendrés		2,44	
Espaces morts (en % de V et V') { AV		21	18
Espaces morts (en % de V et V') { AR		21	16,62
Volume des boîtes à vapeur ... BV	m³	0,042	
Volume du réservoir intermédiaire	m³		0,900
Écartement d'axe en axe des cylindres	m	2,230	0,690
Inclinaison des cylindres	%	3,2	13,2
Recouvrement à l'admission { Face AV	mm	38	29,5
Recouvrement à l'admission { Face AR	mm	40	26
Découvrement à l'échappement { Face AV	mm	8,5	7,5
Découvrement à l'échappement { Face AR	mm	7	1,5
Ouverture maximale du tiroir à l'admission { Face AV	mm	64,5	45,5
Ouverture maximale du tiroir à l'admission { Face AR	mm	63	49
Ouverture maximale du tiroir à l'échappement { Face AV	mm	111,5	82,5
Ouverture maximale du tiroir à l'échappement { Face AR	mm	109,5	76,5
Admission maximale { Face AV	%	83	82
Admission maximale { Face AR	%	77,5	80,5
Admission minimale { Face AV	%	8,5	9,5
Admission minimale { Face AR	%	10,5	11
Tiroirs cylindriques { Diamètre	mm	280	350
Tiroirs cylindriques { Course max.	mm	205,5	150
Largeur des lumières d'admission	mm	55	97AV
Pression de réglage soupape du RI	hpz		8

SECTIONS

		HP	BP
Ouverture du régulateur	m²	0,0253	0,00385
Conduit d'admission ... a	m²	0,0246	0,0452
Conduit d'échappement ... e	m²	0,0452	0,0551
Passage max. dans lumière d'adm^{on} A	m²	0,0344	0,0462
Passage max. dans lumière d'échapp^{t} E	m²	0,0344	0,0611
Sortie d'une tuyère d'échappement	m²	0,01118	

RAPPORTS CARACTÉRISTIQUES (cylindres)

	C/A	C/E	C/a	C/e	Bv/V
HP	3,83	3,83	5,36	2,92	0,45
BP	6,96	5,26	7,11	5,83	2

MÉCANISME

		HP	BP
Longueur d'axe en axe des têtes de bielles motrices ... L	m	3,40	2,10
Rayon des manivelles motrices R	m	0,350	0,350
Rapport L/R		9,71	6
Largeur de la petite tête de bielle motrice	mm	99	99
Axe des crosses de piston { Diamètre	mm	95	95
Axe des crosses de piston { Longueur	mm	100	100
Distance d'axe en axe des coulisses	m	2540	

EFFORT DE TRACTION - PUISSANCE

Effort théorique (en compound) F	kg	22050
Puissance maximale indiquée	ch	3400
Puissance indiquée au taux de combustion de 500 kg/m²/h	ch	2730

CHASSIS - ROULEMENT - SUSPENSION

LONGERON

Longueur totale	m	12,552
Épaisseur	mm	35
Épaisseur { à l'AV	m	1,520
Épaisseur { au milieu	m	1,210
Épaisseur { à l'AR	m	0,945

ROUES ET ESSIEUX
(bandages neufs de 90 mm)

Essieu	Portée de calage Diamètre mm	Portée de calage Longueur mm	Fusée Diamètre mm	Fusée Longueur mm	D'axe en axe des boîtes m
1ᵉ	210	170	200	300	1,060
2ᵉ	240	170	230	230	1,190
3ᵉ	240	170	230	225	1,240
4ᵉ	240	170	230	230	1,190
5ᵉ	240	170	230	230	1,190
6ᵉ	230	170	210	290	1,100

	Diamètre D au cercle roulement m	Profil de bandage	1/2 jeu en voie de 1,465 mm	1/2 jeu latéral par rapport au chassis mm	Poids de l'essieu monté kg
1ᵉ	1,010	L 32,5	20 } Pivot 52	1	1400
2ᵉ	1,650	L 32,5	20 } Pivot 52	21	3060
3ᵉ	1,650	L 22,5	30	2	5315
4ᵉ	1,650	L 22,5	30	2	4100
5ᵉ	1,650	L 35,5	20	2	3015
6ᵉ	1,370	L 32,5	20	96	2020

Bouton de manivelle	Diamètre mm	Longueur mm	D'axe en axe m
Bielle motrice HP	160	170	2,230
Bielle motrice BP	230	130	0,665
Bielles d'accouplement { 2ᵉ essieu	115	110	1,890
Bielles d'accouplement { 3ᵉ essieu	140	110	1,925
Bielles d'accouplement { 4ᵉ essieu	200	135	1,925
Bielles d'accouplement { 5ᵉ essieu	115	110	1,910

RESSORTS DE SUSPENSION

Essieu	Lames Nbre	Lames Largeur mm	Lames Épaisseur mm	Corde de fabrication m	Flexibilité en mm par tonne du ressort bridé
1ᵉ	15	100	11	0,780	3,71
2ᵉ	18	140	14	1,1356	3,37
3ᵉ 4ᵉ & 5ᵉ	15	120	13	1,1654	6,45
6ᵉ	22	140	9	0,964	6,68

POIDS ET DIVERS

POIDS

à vide (bandages neufs de 90 mm)	kg	103400
en ordre de marche { eau chaude	kg	7150
en ordre de marche { charbon sur la grille	kg	500
en ordre de marche { sable	kg	450
en ordre de marche { personnel	kg	150
en ordre de marche { total	kg	111650
en ordre de marche { adhérent ... Π	kg	75600
Rapport du poids adhérent à l'effort Π/F		3,43

PARTICULARITÉS

Rayon minimal d'inscription en courbe (voie de 1,465 m)	m	105
Vitesse limite	km/h	105

Grille Hulson
Échappement double Kylchap fixe
Distribution HP longue course, BP Willoteaux
Graisseurs mécaniques à 16 et 20 départs
Éclairage électrique par turbo-dynamo
Chargeur mécaniquer type HT1
Viroles du corps cylindriques en acier au nickel
Siphon Nicholson sur 141 P 119 à 148, 159 à 228, et 234 à 318
Sur ces machines, Sf' = 18 m²

Deux diagrammes représentant des vues en coupe de la 141 P, respectivement au niveau des cylindres et de l'échappement, puis au droit de la façade arrière de la machine.

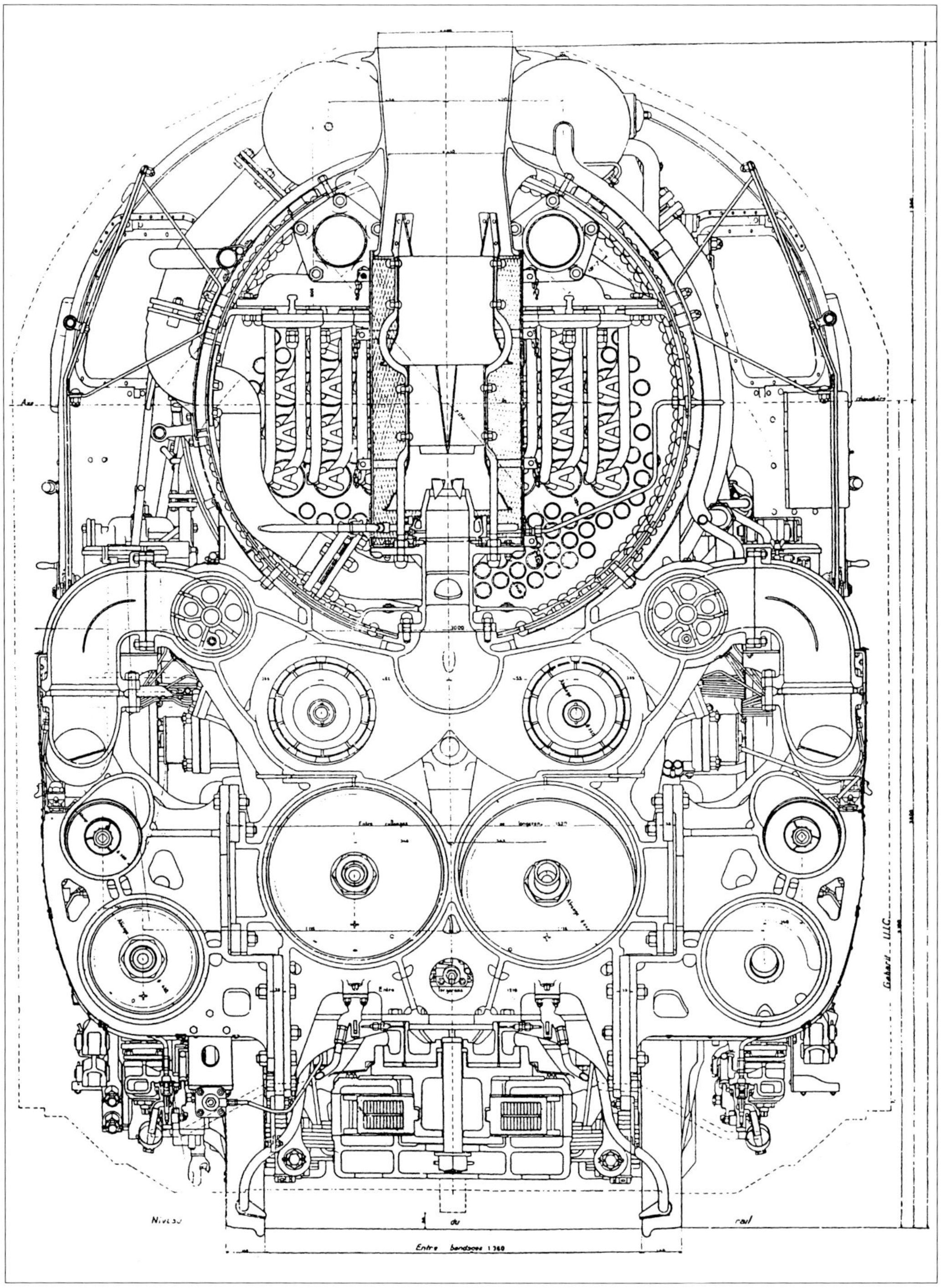

26 - 135 x 143 et 128 - 49 x 54), de 6 m de longueur. Leurs extrémités sont rabattues après dudgeonnage et soudées après interposition de bagues en cuivre sur la plaque tubulaire du foyer.
Afin de réduire l'effet de la dilatation des gros tubes lors de l'allumage, on a éloigné ces derniers des bords de la plaque tubulaire, en plaçant une rangée de petits tubes plus flexibles à la périphérie.
La boîte à fumée a été allongée par rapport à celle de la chaudière PLM (2,719 m au lieu de 2,325 m), de façon à recueillir le fraisil, plus abondant qu'en chauffe manuelle. Les tubes sont simplement dudgeonnés dans la plaque tubulaire d'une épaisseur de 20 mm.
Le régulateur. Pour les 141 P, on a choisi le régulateur à soupapes des 241 A 95 à 145 et 151 A du Sud-Est. Il sera ultérieurement adopté sur les 241 P.
Ce régulateur, de type équilibré à double siège, possède une section de passage de 237 cm^2, notablement plus grande que celle offerte par celui des Mikado PLM (162 cm^2). De même la fixation du tuyau de prise de vapeur sur la plaque tubulaire de boîte à fumée a été améliorée par rapport aux dispositions utilisées sur ces dernières.

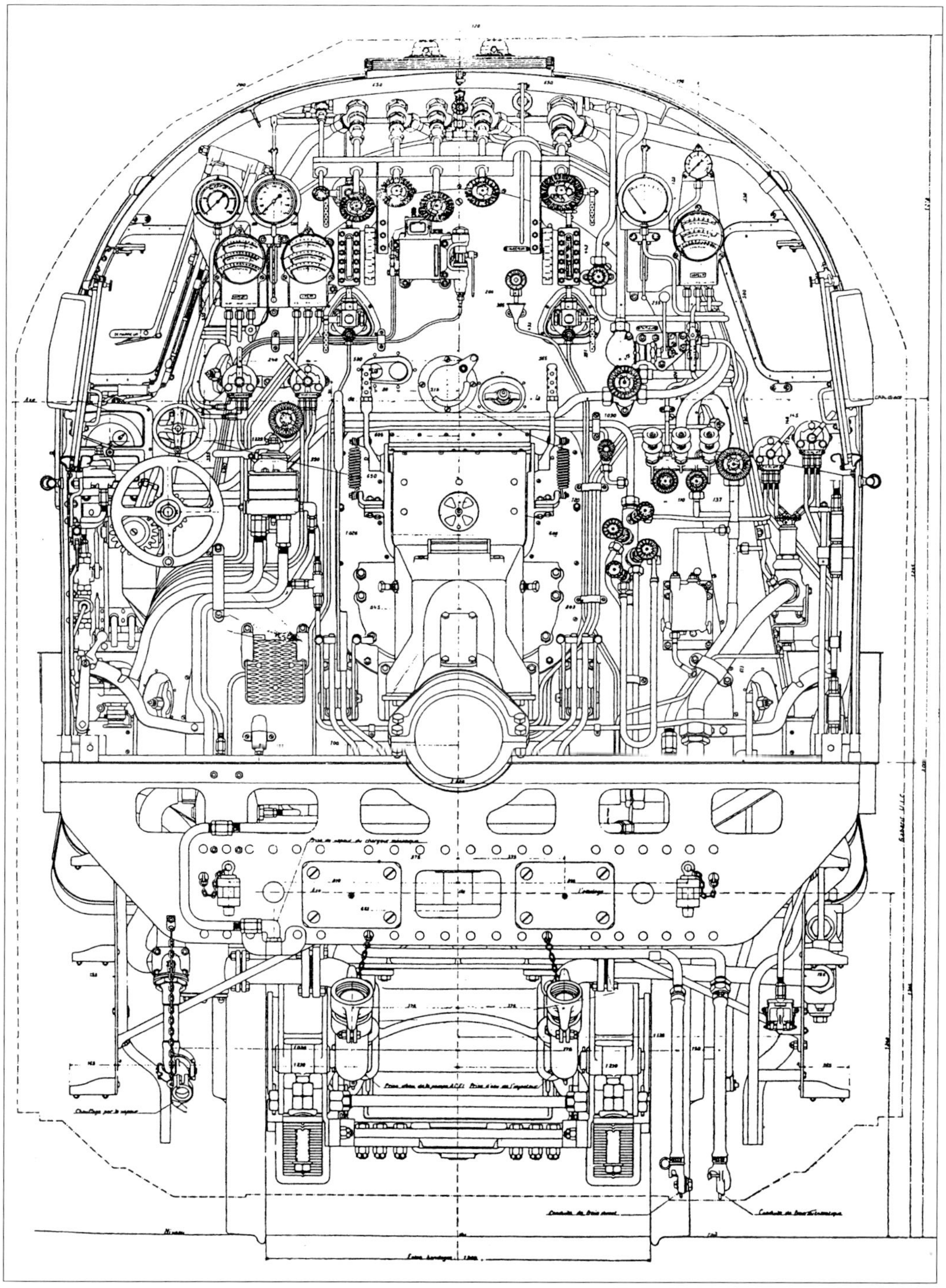

Le surchauffeur annulaire Houlet a été substitué au surchauffeur Schmidt des 141 C. Certaines machines ont été équipées de construction d'un appareil 5P4 de la Compagnie des surchauffeurs.
Les deux types utilisés sont à collecteur à chambres séparées en acier moulé, et sont intégralement interchangeables. Ils sont prévus pour donner une température variant de 350 à 400 °C suivant l'allure, mais offrent des surfaces de surchauffe différentes, de 86,93 m² pour le Houlet à 96,71 m² pour le 5P4.
L'échappement des locomotives 141 P pouvait être de deux types :
— double PLM à croisillons monté sur les 141 P 1 à 50 destinées au Sud-Est;
— Kylchap, modèle 2K/2C, pour le reste de la série.
Le premier a été réalisé sous la forme réglable, le second sous la forme fixe. Leur comparaison en service devait permettre de déterminer s'il était utile de maintenir la possibilité de faire varier le serrage de l'échappement, afin de tenir compte des qualités du combustible et des habitudes de travail des équipes de conduite.
La section de la cheminée double est de 0,2035 m² au col, ce sera plus tard celle des 241 P.

On a donné à la tuyère d'échappement la position la plus basse possible, très au-dessous de l'axe de la chaudière.
Ce type d'échappement donne un tirage d'environ 100 mm d'eau, pour une contre-pression à l'échappement BP de 0,100 kg/cm². Le tirage varie à peu près proportionnellement à la valeur de la contrepression.
En service courant, pour un taux de combustion de charbon de 450 kg par m² de grille et une puissance au crochet de 1 800 ch, le tirage était de 200 mm d'eau, correspondant à une contrepression à l'échappement BP de 0,200 kg/cm² environ.

Appareils de sûreté et indicateurs

Les deux niveaux d'eau, du type unifié, sont à glace à réflexion totale. Ils sont placés de telle sorte qu'en palier, à la hauteur réglementaire (100 mm d'eau au-dessus de la partie avant du foyer), le plan d'eau affleure la limite inférieure de la glace, c'est-à-dire la « bague ». La partie inférieure des niveaux pénètre légèrement dans la lame d'eau selon la disposition américaine.
Le robinet de jauge est bien entendu placé au niveau réglementaire en palier.
Les deux soupapes de sécurité de la chaudière sont du modèle unifié, type Coale. Leur diamètre est de 100 mm.
Les trois bouchons fusibles sont situés dans l'axe de la chaudière.
Parmi les divers indicateurs placés dans l'abri, la machine comporte, outre les appareils habituels, un vacuomètre (indicateur de vide) qui permet de suivre l'allure de la machine. Il renseigne le mécanicien sur la contrepression à l'échappement basse pression. Avec le système PLM, pour un réglage déterminé de l'échappement, cette contrepression indique le débit de vapeur, ce qui est d'une grande utilité pour la conduite de la machine et du feu. Le cadran est gradué en consommation de vapeur (chiffre 1 pour contrepression de 100 g/m², 4 pour 400 g, les pertes de charge étant proportionnelles au carré du débit).
Cet appareil permettait au mécanicien de se rendre compte à chaque instant de la dépense de vapeur et en particulier de constater l'intérêt de marcher à régulateur ouvert en grand, en utilisant la pleine pression de la chaudière, en jouant sur l'admission, le mécanisme ayant été étudié pour fonctionner à des admissions très faibles, sans laminage au régulateur (voir la partie consacrée au mécanisme).

Organes alimentaires

Le chargeur mécanique de charbon ou stoker est du type HT1 de la Compagnie des fours Stein.
Le dispositif est classique des machines à stoker : la vis sans fin d'amenée, articulée, monte jusqu'au gueulard. La quantité de

La P 81, vue côté pompe à air Westinghouse et turbo-alternateur (SNCF-Paris-Sud-Est, coll. Rasserie).

charbon introduite est réglée par la vitesse de cette vis d'Archimède, elle-même actionnée par un moteur à vapeur placé sur le tender; le chauffeur règle la vitesse de rotation par un robinet d'admission qui lui permet d'obtenir sans effort physique toutes les allures de chauffe.

La répartition du combustible sur la grille est obtenue par trois jets de vapeur, qui entraînent le charbon dès son arrivée sur la table de distribution placée dans le gueulard, puis le projettent dans trois directions (gauche, centre et droite). Le chauffeur règle la répartition en agissant sur un robinet général d'amenée de vapeur aux jets et sur les robinets individuels de ces derniers.

L'emploi du stoker a nécessité l'adoption d'une grille spéciale du type Hulson, à secousses, divisée en quatre parties commandées chacune par un levier séparé.

L'inclinaison du plan de grille, de 16 %, est plus réduite que sur les 141 C et 231 du Sud-Est, où elle s'établit à 21,3 %.

Le rapport des sections de passage de l'air à la surface totale de la grille est de 0,168, chiffre très faible obtenu grâce à la faible épaisseur de la couche de charbon.

L'alimentation en eau est assurée comme sur toutes les locomotives à vapeur depuis les années vingt par deux systèmes: un fonctionnant en principe en continu, durant la marche uniquement (une pompe à vapeur) et l'autre à la demande (un injecteur).

Sur les 141 P, le système qui alimente la chaudière en cours de route est une pompe à réchauffeur d'eau assurant une alimentation à très haute température: l'ACFI type RM, décrit par ailleurs; il dispose d'une pompe dont le débit horaire peut atteindre 18 m³/h pour 70 coups simples. Pour éviter une baisse de la pression par refroidissement, l'eau est injectée dans la chaudière à une température supérieure en moyenne à 95 °C, permettant ainsi une économie de charbon variant de 10 à 20 % de la totalité du combustible em-

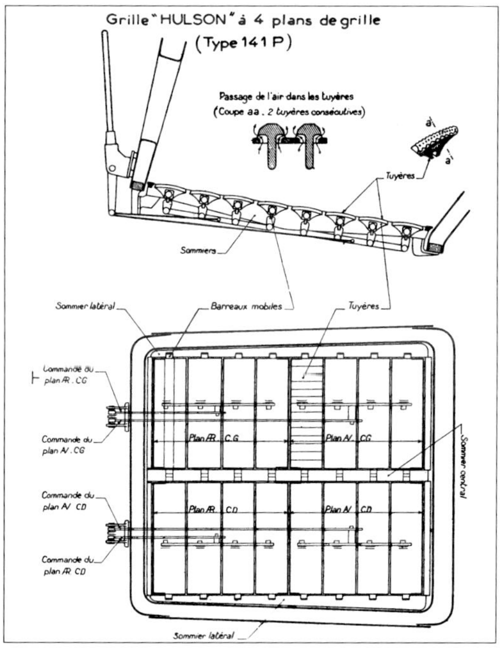

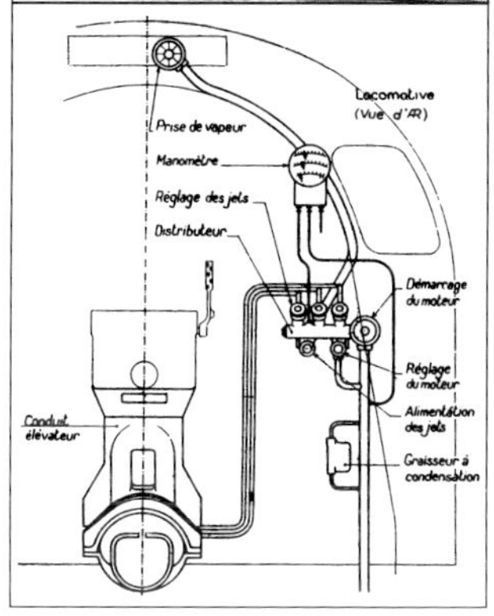

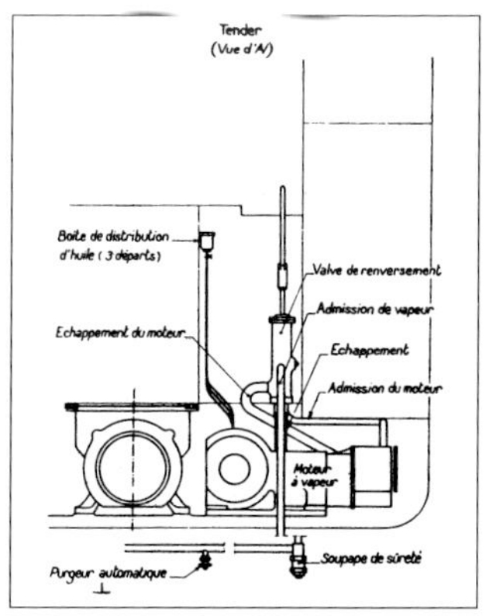

Schémas de fonctionnement du stoker HT1; ci-dessus, la grille Hulson utilisée de concert avec le stoker; ci-contre, disposition des appareils et des commandes; ci-dessous, ensemble du dispositif; en haut, la face arrière de la machine où apparaît le raccord du stoker (coll. Willigens).

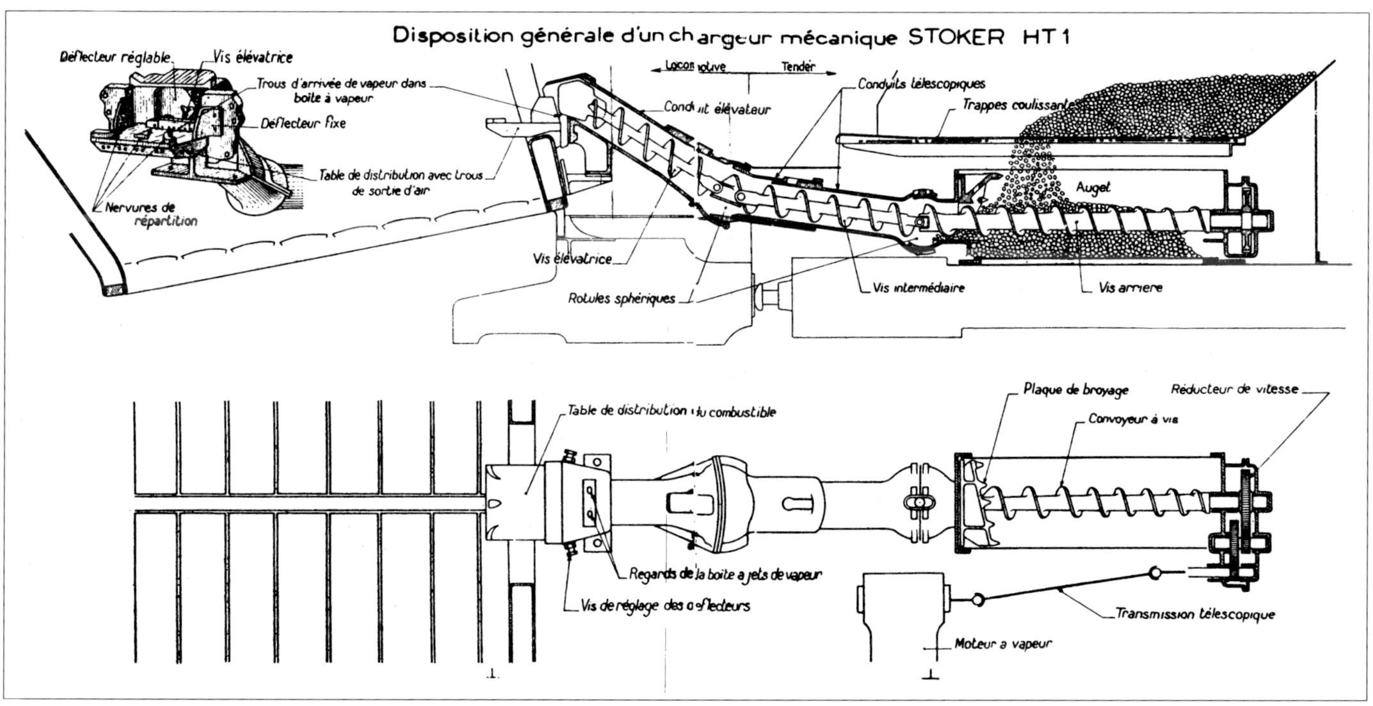

Vue en élévation de la 141 P 81 (SNCF-Paris-Sud-Est, coll. Rasserie).

ployé, suivant que la machine est utilisée à la remorque de trains légers ou lourds, sur des parcours comportant des arrêts prolongés ou peu fréquents ; de plus, l'économie d'eau est d'environ 15 %. La quantité de vapeur vive nécessaire au fonctionnement de cette pompe d'alimentation reste toujours inférieure à 3 % du poids de l'eau refoulée. De ce fait, elle est toujours beaucoup plus réduite que celle qui est mise en œuvre lorsque l'alimentation est réalisée à l'injecteur.

L'alimentation à la demande est assurée par un injecteur Thermix, type ZCV 10, en charge, donnant pour une pression de 20 hpz un débit de 13 m³/h. L'eau étant supposée prise froide au tender, elle est introduite dans la chaudière à une température de 130 °C.

Introduction de l'eau dans la chaudière. En rupture avec la pratique habituelle, l'eau d'alimentation ne pénètre pas dans la chaudière directement dans l'eau que cette dernière contient ; elle est au contraire introduite dans la vapeur, dans la partie supérieure et à l'avant du corps cylindrique, afin de faciliter la séparation du tartre, retenu par une série de plateaux.

Pour les 141 C, l'alimentation se faisait dans l'eau, sur le côté du corps cylindrique. Sur les 141 R, elle se fait également dans la masse à partir de la chapelle d'introduction placée à la partie supérieure du corps cylindrique et à l'avant du dôme, au moyen d'une canalisation articulée en trois parties.

Traitement de l'eau. Les 141 P ont reçu de construction le traitement de l'eau d'alimentation, suivant le principe TIA (traitement intégral Armand) consistant à introduire dans l'eau du tender un mélange de produits, appelé « complexe TIA ». Il provoque sur cette eau des réactions propres à éliminer tout risque d'incrustation ou de corrosion des appareils d'alimentation, du foyer, de la chaudière et des tubulures.

Il s'agit d'un procédé de traitement interne de type « désincrustant » et intégral, parce qu'il assure quatre fonctions essentielles :

— réaliser dans la chaudière un état de régime tel que les réactions provoquées sur les substances en solution dans l'eau de la chaudière s'effectuent bien dans le sens convenable ;

— transformer tous les sels incrustants (calcium, magnésium) en solides non entartrants, éliminables sous forme de boues ;

— créer et maintenir dans la chaudière un milieu propre à empêcher toute formation de corrosion ;

— limiter la salinité totale de l'eau de manière à éviter les corrosions et les primages ; le primage est une anomalie constatée dans l'application du TIA ; il se manifeste en cours de route et se caractérise par un soulèvement ou l'émulsion de l'eau contenue dans la chaudière ; le mécanicien perd alors le contrôle du niveau de l'eau et se trouve dans l'obligation de réduire l'effort de traction de la locomotive, d'ouvrir les purgeurs et même parfois de provoquer l'arrêt de son train pour faire cesser le soulèvement de l'eau et éviter ses conséquences mécaniques (rupture de cylindre, grippage des tiroirs).

L'extraction des boues se fait par une « vanne d'extraction » placée auprès de la vanne de vidange ordinaire, sur l'avant de la boîte à feu. Manœuvrée depuis l'abri, elle est indispensable pour évacuer les boues résultant de l'application du traitement intégral Armand aux eaux d'alimentation. La tenue du foyer en acier est tout particulièrement liée à la qualité de ces dernières et à l'absence de tartre adhérent. Les extractions pouvaient se faire à l'arrêt dans les dépôts, sur fosse aménagée, en principe sur la voie de sortie, ou bien en marche. Un étouffoir placé sous la vanne limitait le bruit et les éclaboussures.

LE SYSTEME ACFI

Un appareillage d'alimentation à très haute température performant.
De fabrication française (société l'Auxiliaire des chemins de fer et de l'industrie), l'ensemble ACFI type RM était couramment utilisé sur les séries de matériel les plus performantes des grands réseaux français, Alsace-Lorraine (Pacific S 14), Etat (Mikado, Pacific), PLM (Mikado, Pacific, Mountain).
Il utilise la chaleur libérée par une partie de la vapeur d'échappement de la locomotive pour porter l'eau d'alimentation à la température de l'ébullition en mélangeant directement l'eau et la vapeur dans un réchauffeur placé sur le corps cylindrique et en communication avec l'atmosphère. En combinaison avec le réchauffeur, il comporte une pompe horizontale comprenant deux cylindres, l'un à l'eau froide, l'autre à l'eau chaude, accouplés en tandem avec un cylindre à vapeur unique.

Le réchauffeur d'eau

Le réchauffeur par mélange est constitué de deux corps cylindriques communiquant entre eux, les chambres de mélange et de dégazage.

La chambre de mélange

Elle constitue le réchauffeur proprement dit dans lequel s'effectue le mélange eau-vapeur. La vapeur prélevée dans la colonne d'échappement par un volet fixe de dérivation de forme appropriée est introduite dans la chambre d'admission de vapeur, où aboutissent également les tuyaux d'échappement des cylindres à vapeur de la pompe à eau et de la pompe à air. Elle pénètre dans le réchauffeur après avoir traversé un déshuileur mécanique qui évacue à la voie, par un siphon purgeur, l'huile séparée de la vapeur d'échappement.
L'eau refoulée par la pompe est projetée par les orifices d'un tuyau crépiné en jets verticaux qui traversent la partie supérieure du corps cylindrique rempli de vapeur de réchauffage et viennent se briser sur la paroi supérieure. L'eau déjà réchauffée retombe en pluie sur une tôle perforée, cette dernière divise à nouveau l'eau en un grand nombre de jets qui, en tombant, traversent à nouveau la vapeur d'échappement contenue dans la partie inférieure de ce premier cylindre, et achèvent de se réchauffer jusqu'à la température de l'ébullition.
L'eau réchauffée et mélangée avec la vapeur qu'elle a condensée remonte par le tuyau de communication dans le second corps cylindrique (chambre de dégazage) sous l'influence de la faible pression qui règne dans la chambre de mélange.

La chambre de dégazage et de mise en charge

Elle est divisée par des cloisons en trois compartiments, en communication avec l'atmosphère, et assure le dégazage de l'eau réchauffée. L'eau qui pénètre dans la première chambre dite « intermédiaire » tombe en nappes minces par-dessus l'arête-déversoir dans le second compartiment, qui constitue la chambre « eau chaude », où elle met en charge la tuyauterie d'aspiration de la pompe à eau chaude. L'eau en excès se déverse par-dessus une arête et tombe dans la chambre de trop-plein, compartiment d'extrémité de ce corps cylindrique, pour se rendre par gravité au vase d'aspiration, d'où elle est reprise par la pompe à eau froide.

La pompe tandem

La pompe tandem horizontale comprend un cylindre à vapeur placé à l'extrémité actionnant directement deux cylindres à eau placés en tandem, de cylindrées inégales, dont le plus grand, situé au centre, est destiné à l'eau froide, et l'autre à l'eau chaude. Ce dernier est muni de dispositifs assurant son fonctionnement avec de l'eau bouillante. À cet effet le cylindre à eau chaude est relié, par deux tuyaux branchés à ses extrémités, à celles du cylindre à eau froide, par l'intermédiaire d'un jeu de soupapes, par lesquelles s'évacuent les vapeurs qui se forment dans la pompe à eau chaude. Pendant l'aspiration des deux

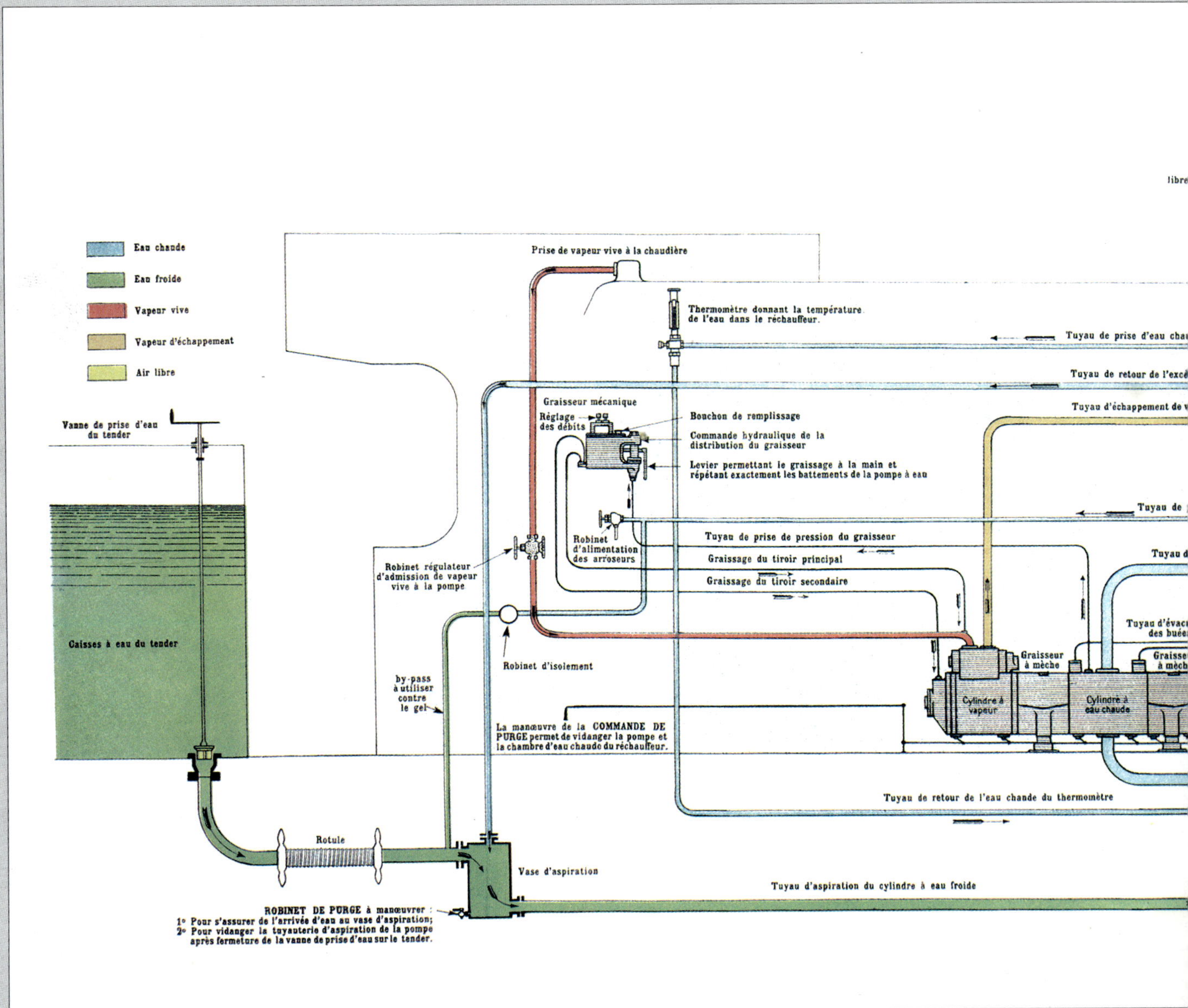

Schéma de principe de la pompe d'alimentation ACFI et de son réchauffeur d'eau. On comprend comment une partie de la vapeur d'échappement est collectée par une dérivation pour permettre un réchauffage de l'eau de la pompe d'alimentation, contribuant ainsi à l'amélioration du rendement énergétique de la machine (doc. SNCF, coll. Rasserie).

cylindres, la soupape inférieure est maintenue ouverte par son poids, tandis que la soupape supérieure se soulève, la pression étant alors plus élevée dans le cylindre à eau chaude que dans le cylindre à eau froide. La vapeur d'eau se dégage dans ce dernier, où elle se condense.

Fonctionnement de la régulation

Le régulateur d'admission de vapeur et de température, situé à l'entrée de la chambre de mélange, assure la régulation du fonctionnement de cet appareillage, en agissant sur le volume de vapeur capté dans la colonne d'échappement.

Le froid produit par l'arrivée de l'eau dans le réchauffeur détermine l'appel de la vapeur d'échappement. Celle-ci, détendue une première fois par son passage par l'ouverture découverte par le volet fixe de captation, est admise dans le premier corps cylindrique du réchauffeur à travers le régulateur qui la détend à nouveau, et ce de manière à la maintenir à une pression faible, constante et suffisante pour assurer la combinaison de l'eau et de la vapeur, et à obtenir la température de l'ébullition. Le régulateur limite la quantité de vapeur admise proportionnellement au volume de l'eau à réchauffer.

Ce régulateur est constitué d'une soupape équilibrée par un ressort qui tend à la maintenir ouverte et commandée par un piston qui reçoit la pression de la vapeur d'échappement de la

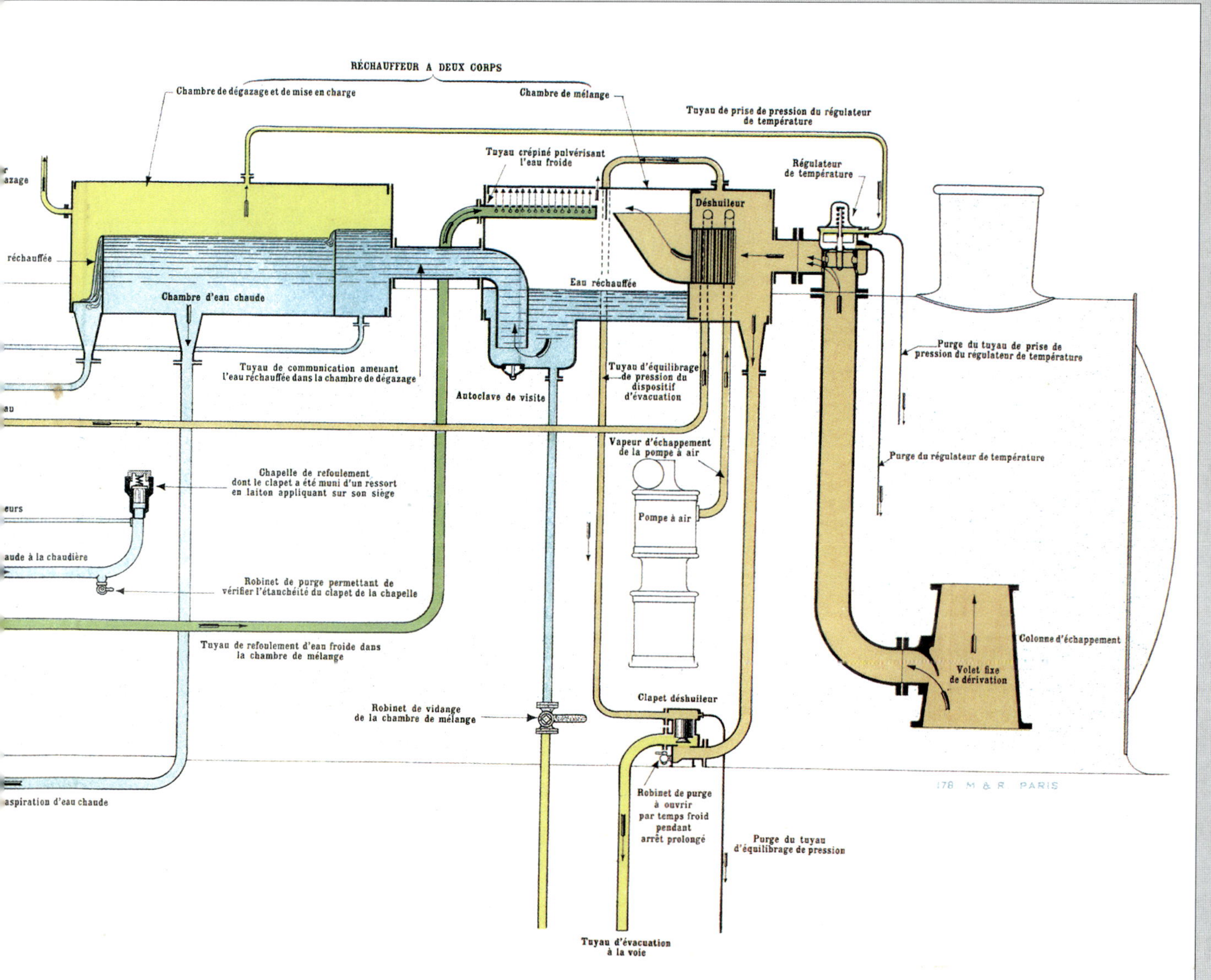

chambre de mélange. Le volume engendré par le cylindre à eau froide étant supérieur à celui pompé par le cylindre à eau chaude, il en résulte à chaque coup de pompe dans la chambre à eau chaude un excès d'eau qui se voit encore augmenté par la condensation de la vapeur de réchauffage, et qui revient dans le vase d'aspiration. L'ensemble des dispositions prises évite toute déperdition de vapeur et assure une charge invariable à l'aspiration du cylindre à eau chaude, et par suite un rendement élevé et constant, fonction de la vitesse de la pompe. Un robinet régulateur placé sur la tuyauterie de vapeur vive alimentant la pompe, situé dans l'abri, permet de régler sa vitesse à la demande. La pompe mise en marche et réglée pour le débit correspondant à la consommation moyenne de la machine assure une alimentation continue sans que l'on ait besoin d'en modifier les réglages entre deux arrêts. Un purgeur séparateur, placé entre la pompe et le robinet régulateur, permet d'éliminer l'eau entraînée par la vapeur vive. L'alimentation est réalisée à une température supérieure en moyenne à 95° C.

Le mouvement ascensionnel de l'eau dans le réchauffeur, ainsi que son déversement en nappe mince, facilite l'évacuation à l'atmosphère de l'acide carbonique et de l'oxygène qu'elle contient.

Un système plus élaboré que l'appareillage Worthington américain, que l'on retrouva peu après sur les 141 R.

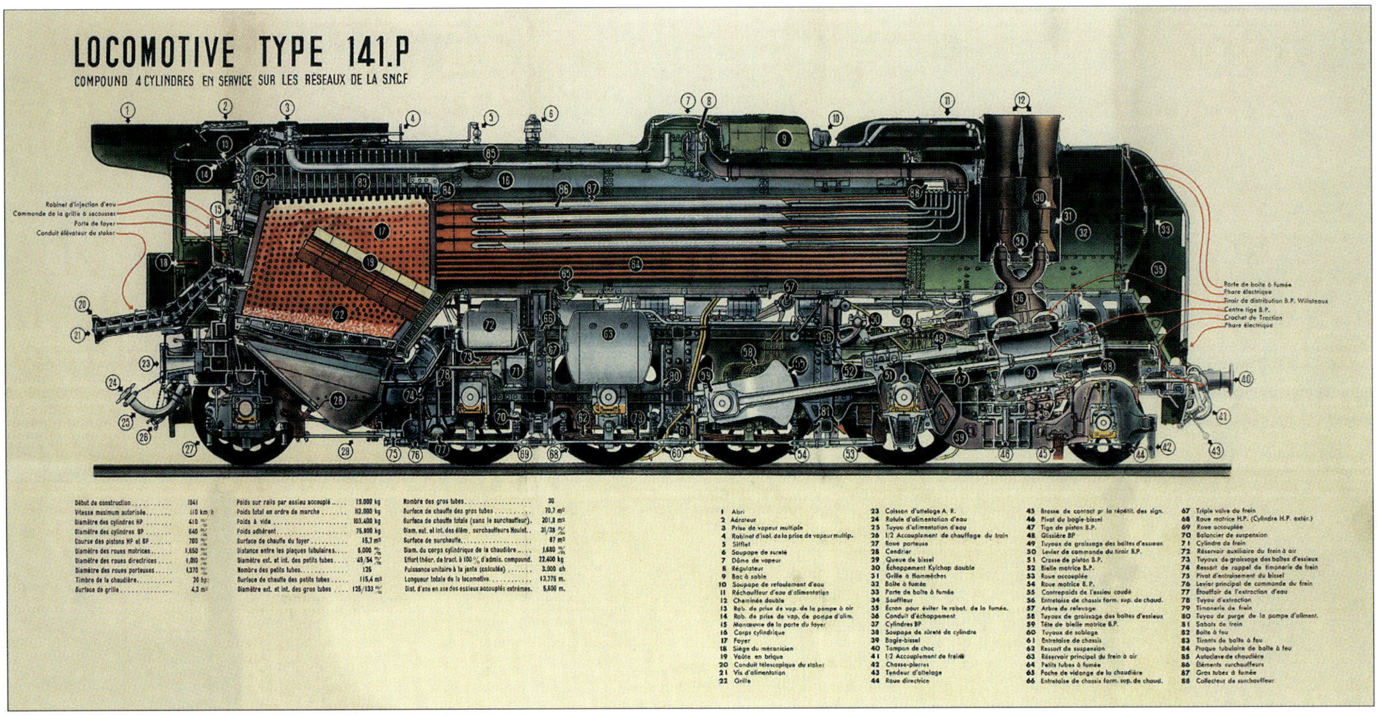

Preuve de son extraordinaire notoriété dans les années d'après-guerre, la 141 P a souvent été plébiscitée pour représenter l'exemple-type de la machine à vapeur moderne. En témoigne l'éclaté ci-dessus, paru en dépliant hors-texte dans la revue Science et Vie ; il en est de même pour l'illustration ci-dessous, publiée dans diverses brochures de la SNCF

Le mécanisme

Le moteur est de type compound à quatre cylindres placés en batterie. Les cylindres basse pression ont pu être placés à l'intérieur, grâce à la réduction de leur diamètre, rendue possible par l'adoption d'un timbre élevé, l'allongement de la course et par le fait que la machine était destinée à développer se puissance à vitesse élevée. Une conception fort différente de celle des Mikado PLM, où le positionnement intérieur des cylindres haute pression (du fait du diamètre important des basse pression), et les efforts élevés qui s'y développaient, ainsi que l'obliquité des bielles intérieures, pouvaient favoriser les mouvements de roulis et les chauffages de boîtes. La solution adoptée sur les 141 P permettait, d'une part, de réduire la fatigue de l'essieu coudé, et, d'autre part, d'obtenir le tracé le plus direct pour la circulation de la vapeur à l'échappement.

Des dispositions constructives particulières ont été prises, compte tenu du volume des cylindres basse pression, qui, avec leurs 640 mm de diamètre, ne pouvaient trouver place entre les longerons. Ces derniers sont donc interrompus au droit du bloc-cylindre, lequel réalise lui-même la continuité et la rigidité du châssis. Ces cylindres, devant transmettre le poids de la machine au pivot central du bissel-bogie avant, ont été confectionnés de façon à accroître au maximum la solidité de l'ensemble, en utilisant la technique de l'acier moulé.

Les cylindres

Les cylindres haute pression extérieurs attaquent le troisième essieu accouplé, alors que les basse pression intérieurs transmettent l'effort de traction au deuxième essieu moteur.

Le volume des cylindres haute pression est de 184 l (diamètre 410 mm pour une course de 700 mm), celui des basse pression de 450 l (diamètre 640 mm, course 700 mm). Signalons pour comparaison que les 141 C disposaient de cylindres HP de 510 mm de diamètre et de BP de 720 mm.

Le rapport des volumes BP/HP, soit 450/184 = 2,44, représente une valeur relativement élevée qui résulte du timbre de la chaudière et de la recherche d'un fonctionnement à marche relevée à un cran d'admission réduit sans laminer au régulateur, grâce aux caractéristiques de la distribution conjuguée à crans égaux utilisée sur cette locomotive.

Les cylindres basse pression sont inclinés à 13,2 %, compte tenu de leur position élevée exigée par le passage des bielles basse pression au-dessus du premier essieu accouplé. Afin de compenser les réactions verticales résultant de cette inclinaison, les cylindres haute pression ont été inclinés corrélativement de 3,2 %.

Les quatre cylindres, fabriqués en acier moulé avec chemisage en fonte, se répartissent en trois groupes : un bloc BP intérieur et deux blocs HP extérieurs. L'ébauche du bloc intérieur pesait 10 t à la coulée, pour seulement 4,2 t après usinage. Cette méthode de fabrication avait été utilisée pour la première fois en France en 1932, lors de la fabrication des 150-1200 Nord.

Afin d'obtenir un écoulement correct de la vapeur aux grandes vitesses de rotation, un soin particulier a été apporté dans le tracé des conduits de vapeur dans les blocs-cylindres. La vitesse maximale de 105 km/h de ces locomotives posait en effet, pour des roues de 1,650 m, des conditions d'écoulement équivalentes à celles que l'on obtenait à la vitesse de 128 km/h pour des roues de 2 m.

La section du tuyau de prise de vapeur HP est de 0,0246 m^2 pour une section des cylindres HP de 0,13 m^2, soit un rapport proche de 1/5.

Les tiroirs

La distribution à tiroirs offre de larges sections de passage :

— pour la HP, tiroirs ordinaires de 280 mm de diamètre à longue course, le maxima de 205,5 mm correspondant au cran maximum de 81,25 % ; ces distributeurs allégés ne pèsent que 46,370 kg ;

— pour la BP, tiroirs à double admission et double échappement, de 350 mm de diamètre et de course maximale de 150 mm, du type Willoteaux.

La construction soudée de ce tiroir, plus volumineux et plus lourd qu'un tiroir ordinaire, a permis de limiter son poids à 93 kg.

Circulation de la vapeur

La vapeur est admise dans les boîtes à vapeur HP par les arêtes intérieures du tiroir et s'échappe par les arêtes extérieures. Elle traverse ensuite l'obturateur de dérivation, pénètre dans la boîte à vapeur BP par les arêtes extérieures, pour enfin s'échapper par les arêtes intérieures, trajet le plus direct pour l'échappement final à l'atmosphère.

Appareils de démarrage

Les 141 P, comme bien d'autres machines compound, sont dotées d'un dispositif permettant le démarrage avec les deux groupes cylindres HP et BP fonctionnant en simple expansion, ceci grâce à l'échappement direct à l'air libre des cylindres HP.
Deux appareillages sont prévus à cet effet : l'un à droite, l'autre à gauche. Chacun d'eux est constitué par un distributeur cylindrique coulissant. Ce système mis au point par la région de l'Est avait été jugé préférable à la lanterne tournante utilisée habituellement, l'étanchéité obtenue par segments présentant moins de risques de coincement que le dispositif utilisant tournant et boisseau.
Ces obturateurs de dérivation ou « lanterneaux » sont entraînés par un servo-moteur à air comprimé dont le robinet de commande est placé à proximité des régulateurs. Lorsque le lanterneau est à fond de course arrière visible extérieurement, l'appareil est disposé pour la marche en compound.
L'alimentation directe des cylindres BP se fait à l'aide d'un régulateur type Nord, manœuvré par un levier positionné à côté et parallèlement à celui du régulateur principal.
L'effort de traction théorique au démarrage à 100 % d'admission (avec 20 hpz aux cylindres HP et 8 hpz aux cylindres BP) peut ainsi varier de 22 457 kg en position compound à 28 725 kg en position de démarrage avec cylindres HP échappant à l'air libre.
L'effort réel au démarrage est obtenu en multipliant ces chiffres par le coefficient de réduction, fixé aux alentours de 0,85.

La distribution conjuguée

Les distributions HP et BP procèdent du système Walschaerts et sont du type « conjuguées », à un seul arbre de relevage et deux coulisses pour les quatre cylindres. À chaque degré d'admission HP correspond un unique degré d'admission pour les cylindres BP.
Une étude spéciale a permis d'obtenir la simplification maximale recherchée, en réalisant une conjugaison des distributeurs à crans égaux : chaque tiroir BP reçoit le même mouvement que son homologue voisin HP, par un arbre de renvoi.
On est arrivé à pallier le défaut de souplesse de ce type de distribution simplifiée à crans liés égaux, mise au point par Von Borries au début du siècle sur des locomotives de l'État prussien. Jusqu'alors, les machines compound à quatre cylindres comportaient un mouvement de distribution complet pour chacun des cylindres. La disposition Von Borries ne conservait plus que les deux mouvements situés à l'extérieur des longerons et plus facilement accessibles, les leviers d'avance intérieurs étant commandés par un arbre de renvoi du mouvement extérieur correspondant. La longueur des bras de cet arbre était calculée de telle sorte que, au cran de marche HP 50 % correspondait une durée d'admission de 63 % à la BP. Cette modification avait apporté des simplifications importantes : suppression des excentriques, adoption d'un essieu moteur coudé en forme de Z, disparition de la barre de changement de marche des cylindres intérieurs, ce qui réduisait sensiblement les motifs d'intervention pour l'entretien du mécanisme.
D'abord appliquée aux Pacific 6 100 du PLM (231 B), cette distribution conjuguée fut adoptée d'origine, dès 1919, sur les 141 C.
Cependant, sur ces dernières, qui disposaient d'un levier d'avance, il était difficile de relever l'admission HP en deçà de 45 % et d'éviter de laminer la vapeur au régulateur. Sur la 141 P, on a supprimé cet inconvénient grâce aux sections de passage largement dimensionnées et aux valeurs convenablement étudiées des différents éléments de la distribution, volume des cylindres, espaces morts et valeur des phases.
Un écoulement de vapeur suffisant à grande vitesse pour une « marche tranquille » peut ainsi être obtenu à un cran d'admission réduit, 20 % aux HP et BP.

Les pistons

Les pistons en acier forgé sont emmanchés à chaud sur leur tige et tenus par des écrous. Ils sont du type à quatre segments pour les HP et à trois segments pour les BP. Les segments en fonte ont une largeur

de 12 mm. Le revêtement du piston en métal cuivreux (le brox), qui autorise le cas échéant d'admettre un frottement entre piston et cylindre, a permis de réduire au minimum le jeu entre ces derniers, soit 2 mm sur le diamètre.
Les garnitures de tige, du type métallique dit « Sud-Est », sont constituées par des segments en trois pièces serrées par ressort dans les alvéoles d'une boîte à labyrinthe type « Est ». Cette dernière, réalisée en deux parties, permet le démontage de la garniture et le remontage des segments dans leur position initiale après repérage.
Les pistons sont munis de contre-tiges, de même diamètre que la tige, mais allégées par forage afin d'utiliser la même garniture.
Un dispositif destiné à réduire les risque de frottement du piston sur la paroi inférieure du cylindre a été utilisé sur les 141 P, selon un procédé en usage sur certaines locomotives allemandes. Il s'agit d'un guide spécial qui supporte la contre-tige à l'avant. Constitué par un support régulé qui peut tourner dans un plan vertical autour de deux tourillons, il s'adapte à toutes les flexions de la tige et évite les usures relevées avec les guides ordinaires.
Les crosses de piston sont pour les cylindres HP et BP du type à guide unique. En acier moulé, elles sont largement dimensionnées.
Les glissières sont réalisées en acier A 56,5 e.

By-pass, soupapes de rentrée d'air et de sûreté

Seuls les cylindres HP sont munis de soupapes formant by-pass automatique. Elles s'ouvrent, sous l'action de leur poids, à régulateur fermé, et se ferment à régulateur ouvert, sous l'action de la pression de la vapeur venant du tuyau d'admission.
Sur les cylindres BP, faute d'emplacement disponible, ce système a été remplacé par des soupapes à rentrée d'air.
Sur chaque extrémité des quatre cylindres sont montées deux soupapes de sûreté de type unifié, de 36 mm de diamètre pour les HP et 50 mm pour les BP.

L'embiellage

Les bielles motrices mesurent 3,40 m pour les HP, qui sont à corps évidé, et 2,10 m pour les BP.
Elles sont en acier ordinaire mi-doux traité (A 48,5 e trempé et revenu). Leurs grosses têtes sont du type à cage fermée pour les HP et du type ordinaire à clavette pour les BP.
Les bielles d'accouplement, de même métal traité que les bielles motrices, sont à corps évidé (sauf pour les bielles avant) et du type à bagues en bronze régulé, montées à la presse avec un serrage d'environ 15/100 de mm, disposition en usage depuis longtemps sur les locomotives anglaises ou américaines. Plus simple que le système à coussinets réglables, qui nécessite un grand nombre de pièces et un travail d'ajustage, elle exige en revanche un usinage préalable très précis des bielles à la même longueur que l'entraxe des essieux. Ce principe de montage se retrouvera

L'embiellage d'une 141 P avec une vue de la coulisse, son système de fixation et la bielle de l'arbre de relevage ; on distingue également la tige de commande de la came actionnant le graisseur mécanique, fixée sur la coulisse (archives VDR).

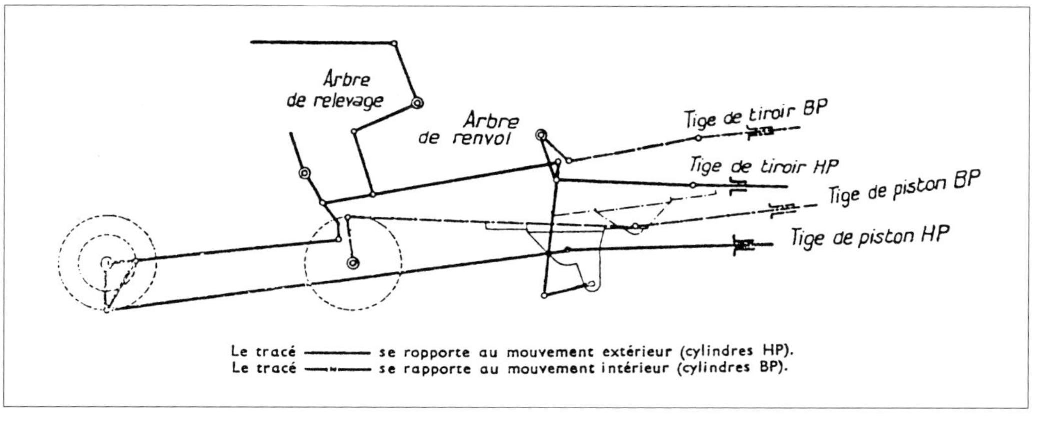

La distribution d'une 141 P ; Paris-La Villette, décembre 1961 (Pierre Bernier).

quelques années plus tard sur les machines de type 141 R.

Coulisses de distribution

Du fait de la distribution conjuguée, chacune des deux coulisses conduit à la fois une distribution HP et une distribution BP. Du type américain à une seule flasque, elles portent les tourillons fixés sur des coquilles indépendantes de la coulisse : un système très robuste, comparativement aux coulisses à deux flasques des 141 C, dont les tourillons venaient de forge.

Équilibrage des masses mobiles

Les masses en mouvement rotatif sont entièrement équilibrées et l'essieu coudé est auto-équilibré, chaque flasque portant son propre contrepoids.
Pour les masses en mouvement alternatif, le seul équilibrage réalisé résulte de l'équilibrage naturel entre les pièces HP et les pièces BP, situées d'un même côté, à 180° les unes des autres, sans aucun contrepoids spécial. Il n'y a donc aucune surcharge périodique de la voie de ce fait.
On considère que cet équilibrage naturel est réalisé à 85 % ; en effet, pour un même côté, les masses en mouvement alternatif pèsent 408 kg pour les HP et 480 kg pour les BP.

Chassis et train de roues

Le châssis

La rigidité du châssis a été considérablement accrue par rapport à celui des 141 C du Sud-Est, grâce à une sensible augmentation de l'épaisseur des tôles, à un entretoisement renforcé et à un raidissement horizontal.
Les tôles des longerons ont 35 mm d'épaisseur au lieu de 28.
L'entretoisement est réalisé par des pièces en acier moulé, de façon à approcher au maximum la rigidité des châssis monoblocs. Des entretoises (en acier moulé) de forme tubulaire, très rigides malgré leur légèreté, sont raccordées par soudure les unes aux autres, constituant une sorte de châssis continu en acier moulé sur lequel viennent se plaquer les longerons.
Le châssis présente des nervures longitudinales s'étendant au niveau de l'axe des boîtes d'essieux, qui assurent son raidissement au point habituellement le plus faible. De plus, pour compléter l'indéformabilité dans le sens horizontal, des tôles d'acier de 15 mm d'épaisseur sont fixées horizontalement à la partie supérieure, afin de caissonner le châssis.
L'emploi de pièces en acier moulé de type tubulaire, qui a permis de diminuer leur

Vue de dessus du châssis de la machine.

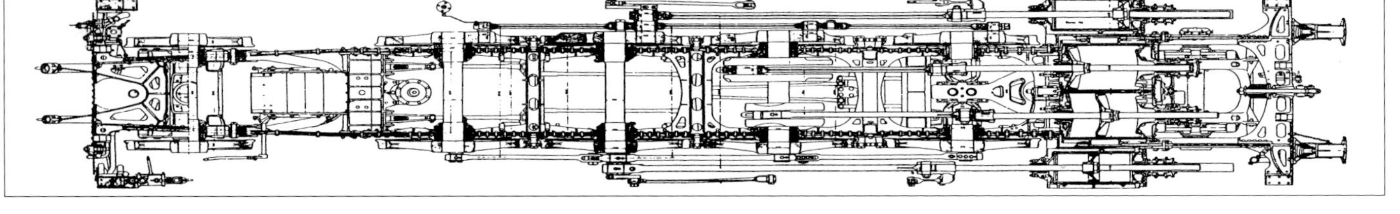

épaisseur à 15 mm, a réduit au minimum l'alourdissement du châssis, dont le poids est passé de 7,080 t pour la 141 C à 11,180 t pour la 141 P.

Gabarit et inscription en courbe

La 141 P a été étudiée pour s'inscrire dans les gabarits de toutes les régions de la SNCF, et dans celui de l'UIC.
La hauteur maximale à la cheminée est de 4,255 m pour les locomotives équipées de l'échappement PLM, et de 4,280 m pour celles dotées du Kylchap. La largeur maximale de 3 m est atteinte par l'abri.
Le premier essieu a un déplacement possible de 105 mm, le second peut se déplacer dans le châssis principal de 21 mm, le quatrième dispose de boudins amincis de 10 mm, et le bissel arrière offre un jeu latéral de 96 mm. La locomotive peut ainsi s'inscrire en courbe de 105 m de rayon. À noter que l'on a fait mieux sur les 141 R, grâce à un système plus simple avec boudins amincis de 10 mm sur les 3e et 4e essieux, le rayon minimum d'inscription dans les courbes a été abaissé à 81 m, pour un écartement de 1,465 m.

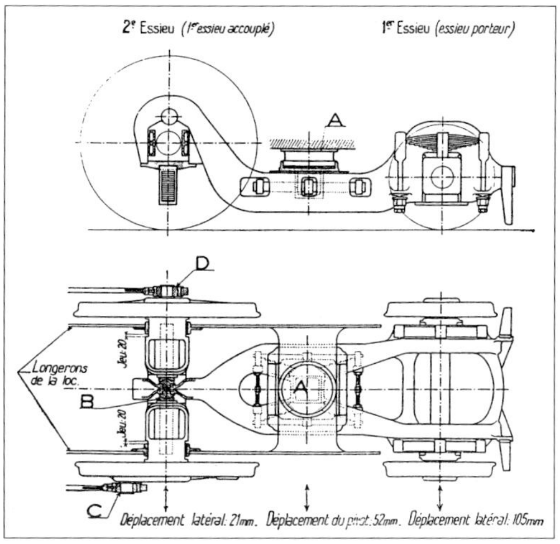

Le célèbre bissel-bogie Zara de la 141 P. De haut en bas :
- Le diagramme du dispositif.
- Un châssis de bissel-bogie, celui de la P 93, photographié en atelier (archives VdR).
- Bissel-bogie au complet (SNCF, coll. Willigens).

Le bissel-bogie avant type Zara

La locomotive 141 P a la particularité d'être dotée d'un bissel-bogie. Il s'agit d'un dispositif qui consiste à relier le premier essieu porteur au second essieu, en l'occurrence le premier essieu accouplé, par un châssis analogue à celui d'un bogie.
Le premier essieu accouplé suit ainsi transversalement les déplacements de ce châssis, grâce à un jeu latéral de l'essieu dans les longerons du châssis principal. Pour ce faire, les têtes de bielles d'accouplement concernées sont munies de coussinets à rotule leur permettant des changements d'orientation de faible amplitude, nécessaires pour suivre l'essieu. Cet essieu devant rester parallèle aux autres essieux accouplés de la machine, sa liaison avec le châssis de bogie se fait par une rotule placée à mi-distance des deux boîtes à huile de l'essieu.
L'ensemble des deux premiers se comporte comme un véritable bogie, avec toutefois une différence notable. Le deuxième essieu se déplace en effet latéralement en restant parallèle à lui-même, au lieu de tourner autour du pivot central comme dans un bogie normal.
Ce bissel-bogie où le poids de la machine repose sur le milieu du bogie se rattache au type italien Zara, avec toutefois une variante sur la 141 P, où le rappel central par biellettes a été remplacé par un rappel à ressort exerçant un effort initial de 3 200 kg.
Le déplacement latéral possible est respectivement de 52 mm pour le pivot, de 105 mm pour le premier essieu et de 21 mm pour le deuxième, comme précisé ci-avant.
L'appui de la machine sur le pivot s'effectue par l'intermédiaire d'une crapaudine plane, qui reçoit une charge de 27,9 t. Le châssis du bissel-bogie, constamment maintenu parallèlement au châssis principal de la machine, participe ainsi au redressement de la locomotive lors des mouvements de roulis.

Suspension

La locomotive est suspendue en quatre points disposés en losange :
— le groupe du bissel-bogie à l'avant ;
— les 3e, 4e et 5e essieux, reliés par balanciers longitudinaux, qui constituent un point à droite et un point à gauche ;
— le bissel arrière, qui supporte la charge en son milieu.
Ce dernier, de type PLM, à rappel par plans inclinés, a été renforcé par rapport à celui de la 141 C, de façon à pouvoir supporter un poids sur rail de 18,7 t (au lieu de 13,32 t). Sa suspension réglable est réalisée par ressorts à lames, au lieu de ressorts à boudins comme sur les Mikado PLM.
La répartition des poids peut être modifiée en agissant sur le groupe des essieux médians, de façon à reporter ou à enlever une partie de la charge sur les essieux extrêmes.

Essieux

Le diamètre au roulement des essieux (à bandages neufs) est de 1,650 m pour les essieux accouplés, et respectivement de 1,010 m pour le porteur avant et 1,370 m pour celui du bissel arrière.
Les essieux droits, en acier A 56 e, ont des fusées de 230 mm de diamètre et 230 mm de longueur, au lieu de 220 x 220 mm sur les 141 C.
Les jantes des corps de roues ont une section triangulaire renforcée très rigide. Les bandages acier A 75 d ont une épaisseur de 90 mm, supérieure de 10 mm à celle utilisée jusque-là sur le matériel fabriqué en France. On n'a pas pu introduire sur les 141 P les bandages de 100 mm existant à l'étranger, 90 mm étant le maximum permis à cette époque par les laminoirs français.
Le troisième essieu coudé est du type polybloc, en neuf morceaux, auto-équilibré. Les flasques ont 110 mm d'épaisseur. Réalisé en acier A 65 e, il est assemblé par calage à chaud. Afin d'accroître sa rigidité, le diamètre des parties extrêmes a été porté à 230 mm, au lieu de 220 sur les 141 C.
Dix locomotives de la tranche 141 P 1 à 50, construites par les Forges et Aciéries de la Marine et d'Homécourt, ont été munies à titre d'essai d'un essieu monobloc, forgé suivant le procédé « RR » de ces usines, dans lequel le tracé des fibres du métal épouse le contour des manivelles et contrepoids rapportés.

Boîtes à huile

Les boîtes à huile sont du type américain. Le coussinet est emmanché à la presse dans la boîte en acier moulé, de façon à constituer un ensemble très rigide, qui s'oppose aux déformations de coussinet et aux chauffages. Cette disposition a été utilisée sur les locomotives de construction américaine type 140 livrées aux grands réseaux français à l'issue de la Première Guerre mondiale, ainsi que sur les 141 B ex-PO de même origine.
L'accrochage du régule est conforté par des cannelures transversales et les joues sont également régulées.
Cette boîte est la reproduction de celle qui équipait les Pacific type Princess Royal du LMS britannique.
Ce type de coussinet en bronze, plus économique (32 kg contre 46 pour le coussinet ajusté ordinaire), se prêtait aisément à une construction « tri-métal » qui réduisait encore la consommation de bronze, un avantage non négligeable en cette époque de pénurie durant laquelle furent étudiées et construites les 141 P !
Les boîtes à huile des deux essieux moteurs (3e et 4e) sont munies de contre-coussinets – ou dessous de boîte – en acier moulé régulé.
Chacune des boîtes est équipée d'un coin de rattrapage de jeu placé sur le guide avant. Leur graissage est assuré par tampon graisseur et complété par un graissage mécanique aboutissant à la partie supérieure de la boîte.

Détail du quatrième essieu couplé d'une 141 P ; à la différence des réseaux américains, la SNCF est toujours restée fidèle aux roues à rayons (VDR-Pilloux).

Appareillages divers

Le graissage

Une grande partie du graissage est assurée par deux graisseurs mécaniques d'une capacité unitaire de 11 l à 20 départs, situés sur l'avant du tablier gauche pour les cylindres, et au centre du tablier droit pour le mécanisme.
Les organes graissés mécaniquement sont énumérés ci-dessous.
D'une part au niveau des cylindres :
— boîtes à vapeur HP, à l'avant et à l'arrière ;
— cylindres HP, à l'avant et à l'arrière ;
— boîtes à vapeur BP, à l'avant et à l'arrière ;
— cylindres BP, en un point ;
— garnitures AV et AR des tiges de piston HP et BP ;
— guide de contre-tiges de piston HP et BP.
D'autre part au niveau du mécanisme :
— glissières HP et BP ;
— boîtes à huile de tous les essieux, fusées et joues des coussinets ;
— guides AV et AR de boîtes à huile des quatre essieux accouplés.
Pour graisser un aussi grand nombre d'organes, on a utilisé des boîtes de répartition à quatre départs, qui transmettent successivement à l'un d'eux, à chaque coup de pompe.
Des soupapes de retenue d'huile type OLVA tarées à 25 kg/cm² sont placées aux arrivées de graissage sur les cylindres.
En plus des deux graisseurs mécaniques principaux, la machine dispose d'un graisseur mécanique sur la pompe à air et sur la pompe ACFI, et de graisseurs « à tabatière » placés sur les tabliers.
Le débit des graisseurs des têtes de bielles ou autres pièces en mouvement est réglé par « épinglettes ».

Le frein

La locomotive est dotée du frein automatique à grand débit, et d'un frein direct.
La pompe à air bi-compound est encastrée dans le tablier droit, en avant de la boîte à feu, à mi-distance des 3e et 4e essieux accouplés.
Le réservoir principal est installé à l'intérieur du châssis à hauteur du 3e essieu accouplé.
Le réservoir auxiliaire est accroché sous le tablier gauche à hauteur du 4e essieu accouplé. Le robinet de frein automatique est du type H7, avec soupape d'alimentation M3A.
La machine et le tender sont munis tous deux d'une triple valve LUL à deux positions (voyageurs-marchandises).
Les quatre essieux accouplés de la machine et les quatre essieux du tender sont freinés.
Le robinet de frein direct type 9 est utilisé pour le freinage de la machine lorsqu'elle circule HLP, ou celui des trains de voyageurs sur les fortes pentes, comme dans la région Sud-Est, notamment sur les lignes Langeac - Alès, Saint-Germain-des-Fossés - Lyon via Tarare, Dole - Vallorbe.

Éclairage électrique

Une turbo-dynamo placée au centre du tablier droit, en avant de la pompe à air, alimente les fanaux avant et arrière de la machine, l'éclairage de l'abri et les lampes installées sous les deux tabliers latéraux afin d'éclairer l'embiellage.

Attelage machine-tender

Le système d'attelage retenu est celui qui équipait les tenders de 38 m³ du Nord. Du type à barre de longueur fixe maintenue par deux chevilles à ses extrémités, il diffère de celui du Sud-Est à tendeur réglable qui équipait notamment les 141 C.
La tension de l'attelage se trouve ainsi déterminée de manière invariable par la pression de refoulement des tampons, comprimés au moment de l'accouplement machine et tender.
Cet attelage unifié comporte des rotules de prises d'eau de grand diamètre, et une seule prise d'eau d'injecteur. Il est particulier aux tenders unifiés 38 P, 36 P et 34 P, non interchangeables avec les 38 m³ Nord alimentant deux injecteurs.
Les canalisations de vapeur, chauffage et alimentation du moteur du stoker sont raccordées par des conduites Mac Langhlin.

Sablières

Du type Leach à air comprimé, les sablières permettent de sabler en marche avant les 2e et 4e essieux accouplés, et en marche arrière le 3e essieu.

Robinets d'injection

La locomotive dispose de l'injection d'eau pour la marche à contre-vapeur, et de l'injection de vapeur dans la colonne d'échappement pour la marche à régulateur fermé.

Indicateur de vitesse

L'appareil Flaman est du type U2 muni du dispositif pour l'enregistrement et la double répétition des signaux système Nord (avertisseurs à voie libre, et avertisseurs à l'arrêt).
Le levier de vigilance est placé sur l'appareil lui-même, il est constitué d'une gâchette sur laquelle le mécanicien doit appuyer.

Abri

L'abri est muni de glaces de grandes dimensions à châssis coulissant, et dispose de sièges pour le mécanicien et le chauffeur.

Ci-contre, une vue de la face avant d'un tender 34 P sur laquelle on distingue la vis sans fin articulée du stoker et le dispositif d'attelage avec la machine (Jacques Defrance).

Le tender

Comme toutes les locomotives unifiées de la SNCF, les 141 P pouvaient recevoir des tenders unifiés appartenant aux séries 34 P (1 à 418), 36 P (1 à 29, 36, 40, 48, 49) et 36 Q (1 à 11), tous équipés du stoker, contrairement aux 38 P, munis seulement d'un pousseur de charbon.
À part les premières machines livrées à Vénissieux, qui furent équipées temporairement de tenders 36 P destinés aux 240 P, les 141 P ont toutes été attelées à des 34 P. Ces derniers furent construits de 1942 à 1953 par Baume et Marpent (100 unités), la Compagnie générale de construction (100), SOMUA à Vénissieux (115), la Compagnie française de matériel de chemin de fer (33), Decauville (20) et les Entreprises charentaises (50).
Ces deux types de tender se différenciaient par leur capacité en eau plus faible que sur les tenders Nord, de façon à per-

Ci-dessous, une vue arrière du tender 34 P 55, attelé à la 141 P 60 (VDR-Fénino).

CARACTÉRISTIQUES DES TENDERS 34 P

CHASSIS

Épaisseur des longerons	mm	10
Longueur totale	m	9,103
Brancards	mm	U280x95x10
Longueur totale	m	8,822

ROULEMENT - SUSPENSION

Disposition du roulement		2 bogies à 2 essieux
Déplacement latéral des bogies	mm	0

ROUES ET ESSIEUX (bandages neufs de 70 mm)

Diamètre des essieux à la portée de calage	mm	215
Diamètre des fusées	mm	150
Longueur des fusées	mm	291
Écartement d'axe en axe des boîtes	m	2,090
Diamètre des roues au cercle de roulement	m	1,247
Poids de l'essieu monté	kg	1970

RESSORTS À LAMES

Nombre de lames		12
Dimension des lames	mm	120x18
Flexibilité par tonne	mm	1,5
Rayon de fabrication	m	3,018
Flèche de fabrication	mm	46
Corde de fabrication	m	1,050
Charge d'épreuve	kg	42495

CAISSE À EAU

Épaisseur du fond	mm	6
Épaisseur du dessus	mm	3
Épaisseur des parois latérales	mm	4
Épaisseur des longerons intérieurs	mm	10
Diamètre des rotules – côté injecteur	mm	65
Diamètre des rotules – côté ACFI	mm	85

POIDS ET CAPACITÉ

Tender vide		kg	37 000
Chargeur mécanique (partie sur le tender)		kg	1 200
Outillage		kg	600
Eau		kg	34 000
Combustible	Menu	kg	10 800
	Briquettes	kg	1 200
Poids en ordre de marche	1er essieu	kg	20 800
	2e essieu	kg	20 800
	3e essieu	kg	21 600
	4e essieu	kg	21 600
	total	kg	84 800

PARTICULARITÉS

Attelage AV type unifié
Attelage arrière à tampons de choc avec ressorts à bagues
Tablier mobile
Bogies à suspension réglable
Châssis des bogies avec longeronnets en acier moulé
Boîtes d'essieux à rouleaux SKF ou Timken
Boîtes d'essieux à coussinets Athermos ou STEMI
Gaine pour gros outils à feu
Soute à briquettes
Coffres : à agrès, à bidons, à effets et provisions et à outils
Frein à air comprimé Westinghouse automatique et direct
Frein à main
Chargeur mécanique type HT1
Manœuvre à distance de l'ouverture des hausses de prise d'eau
Chauffage par la vapeur

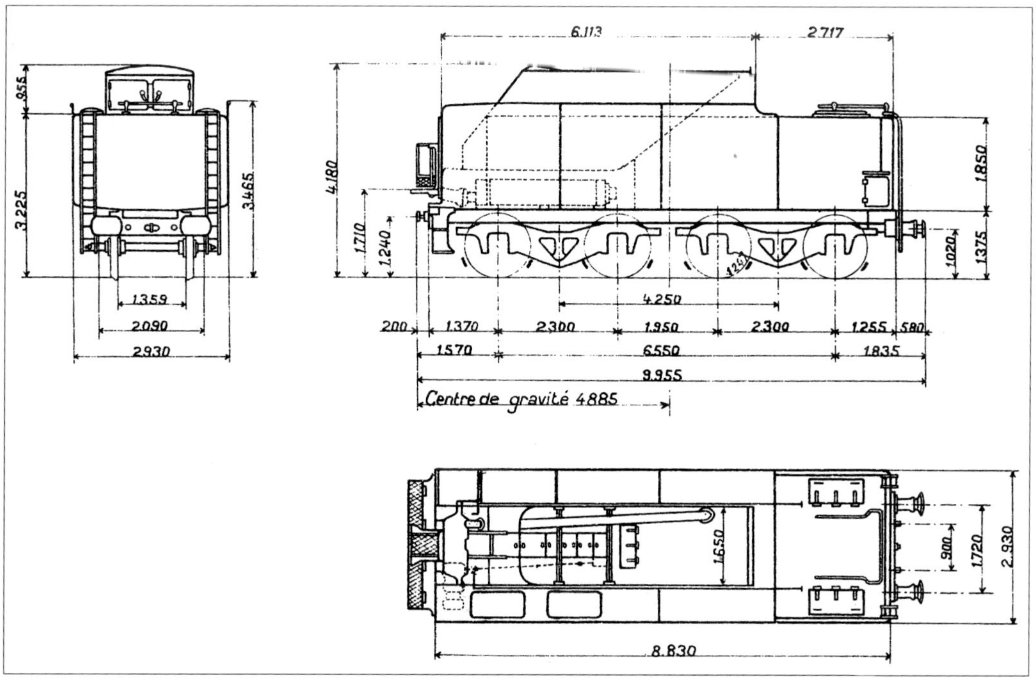

mettre de loger le stoker. Le volume de la soute à eau a perdu 2 m³ sur le 34 P par rapport au 36 P, de façon à accroître de 3 t la capacité en charbon. La tare et le poids en ordre de marche du 34 P sont de ce fait supérieurs à ceux du tender des 240 P, la charge à l'essieu dépasse 21 t pour le bogie arrière (21,6 t).

La soute à eau de construction rivée (tôle de 6 mm pour le fond, 4 pour les parois latérales, 3 pour le dessus) est montée sur des longerons intérieurs de 10 mm d'épaisseur.

Ces tenders se caractérisaient par les robustes brancards de leur châssis constitués par un profilé en U largement dimensionné, ainsi que par leurs bogies aux longeronnets en acier moulé avec traverses d'extrémité et suspension Cantilever réglable. Les boîtes d'essieux « Athermos » des 36 P ont laissé la place sur les 34 P aux boîtes à rouleaux SKF ou Timken.

L'ensemble du dispositif de manutention du combustible du chargeur mécanique stoker type HT1 est installé sur le tender.

L'auget placé dans l'axe, et au-dessous du fond de la soute, est fixé sur des cornières guides, des trappes coulissantes permettant de régler la chute du charbon. Son extrémité arrière est rivée sur le bâti d'un ré-

La 141 P 81 côté pompe ACFI (SNCF-Paris-Sud-Est, coll. Rasserie).

ducteur de vitesse fonctionnant en carter fermé, et recevant son mouvement du moteur à vapeur par l'intermédiaire d'une transmission télescopique à cardans. L'auget est rivé à l'avant sur une pièce comportant un joint sphérique.

Le convoyeur à vis en acier moulé placé sur l'auget pousse le charbon vers l'avant, où il rencontre à l'aplomb de la partie antérieure de la trémie à charbon une plaque fixe de broyage où sont concassés les plus gros morceaux. Le système de convoyeur se prolonge vers l'avant par un élément intermédiaire du type télescopique avec joint sphérique à ses deux extrémités. La vis d'amenée est constituée de trois parties articulées « à la cardan », la vis arrière de poussée, la vis intermédiaire et la vis élévatrice, placée à l'intérieur du conduit élévateur qui aboutit à la table de distribution sur la locomotive.

Le moteur d'entraînement à vapeur placé à l'avant gauche du tender, derrière le mécanicien, est du type horizontal à deux cylindres, fonctionnant à vitesse variable entre 50 et 600 tr/min. Tous les organes du mouvement sont en carter fermé, protégés contre les poussières et baignant dans l'huile, leur lubrification étant assurée par barbotage. Il est alimenté comme les jets de distribution en vapeur saturée sèche, par l'intermédiaire de la valve de changement de marche.

Un graisseur à condensation et une soupape de sûreté sont branchés sur la canalisation alimentant le moteur.

La vapeur d'échappement sortant par le bas de la valve est conduite à l'atmosphère par une tuyauterie orientée vers le ballast à l'arrière droit du premier bogie, sous la surveillance du chauffeur, qui dispose des commandes du stoker.

L'ensemble moteur-convoyeur du chargeur mécanique installé sur le tender atteint le poids respectable de 1 200 kg.

Ainsi appareillée, la 141 P avait une longueur totale de 23,720 m, mais son empattement extrême (longueur totale entre roues extrêmes de la locomotive et du tender) de 20,505 m lui permettait de tourner sur un pont de 21 m comme la 141 R.

Les aptitudes des 141 P

La puissance et l'effort au crochet de traction escomptés avec les 141 P pour un taux de combustion supposé égal à 450 kg de charbon par m^2 de grille/heure, correspondant à une vaporisation d'environ 12,5 m^3 d'eau, ou 62 kg de vapeur par m^2 de surface de chauffe sont donnés par le schéma en page suivante. Cette allure de combustion était considérée comme celle à ne pas dépasser normalement en service courant.

Les essais en ligne et au banc d'essai de Vitry devaient permettre de fixer exactement le plafond de la puissance et indiquer le rendement et la consommation de la machine aux puissances usuelles.

Malgré la guerre et l'Occupation, les essais des machines furent réalisés au cours des années 1942-1943 avec quatre machines, les 141 P 1, 74, 75 et 78. Deux parcours seront effectués sur des trains réguliers réputés difficiles de la région Sud-Est, et trois machines seront testées au banc d'essai de Vitry.

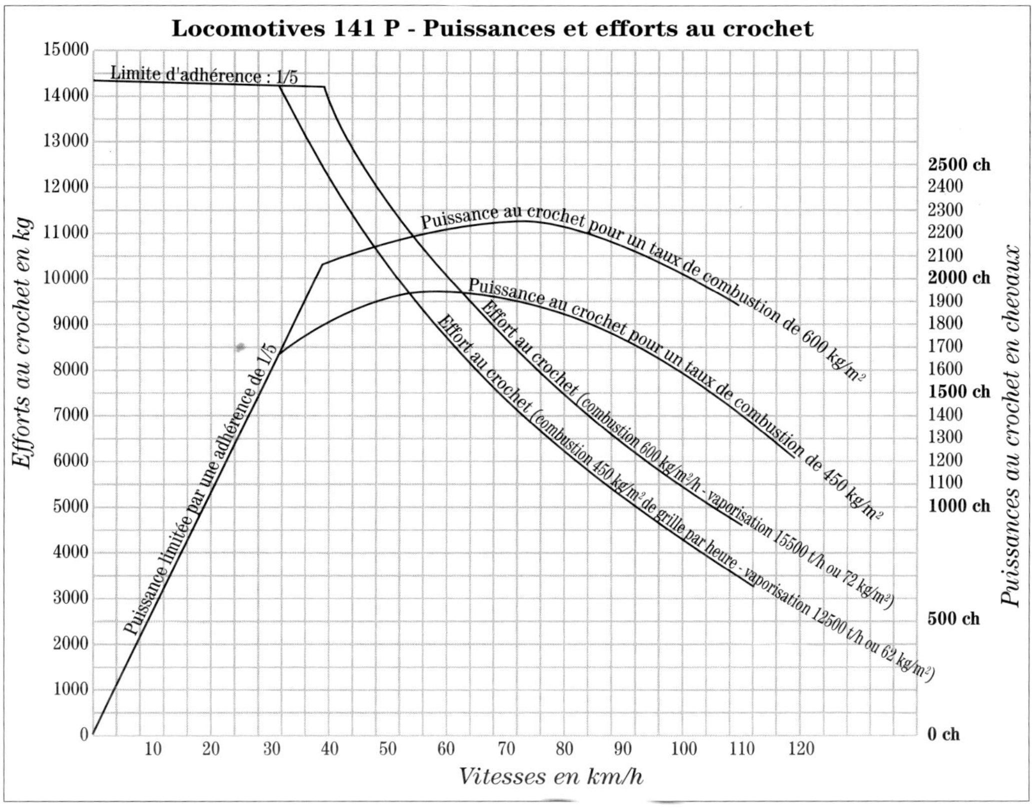

Essais en ligne de la 141 P 1

Le 8 juillet 1942, la P 1 livrée par les usines de Saint-Chamond, en zone libre, au dépôt de Vénissieux, assure le train MB (Lyon - Bordeaux) à marche accélérée, sur le parcours Lyon à Saint-Germain-des-Fossés via Saint-Étienne.
Avec ce train de 549 t, après l'arrêt de Givors-Ville, la vitesse de 95 km/h est atteinte dans la rampe sinueuse de 6 à 8 ‰ avant l'arrêt de Rive-de-Gier. Elle gravit ensuite dans des conditions remarquables les rampes de 14 et 17 ‰ conduisant à St-Étienne, sans avoir utilisé le renfort prévu habituellement à ce train au départ de Rive-de-Gier. Avec un cran de marche de 65 à 70 %, elle atteint la vitesse de 68 km/h après chacun des démarrages de Rive-de-Gier et Saint-Chamond en rampe de 14‰.
Au-delà de Roanne, elle soutient la vitesse de 100/107 km/h sur le long plan incliné (rampe de 7 et 8 ‰ sur 17 km) précédant le seuil de Saint-Martin - Sail-les-Bains, avant de dévaler à 125 km/h vers la plaine de Limagne, de Lapalisse à Saint-Germain-des-Fossés.
La puissance brute développée au crochet a atteint 2400 à 2600 ch, correspondant à la puissance de 3000 ch ramenée en palier, aussi bien à 70 km/h qu'à 100 km/h. La vitesse moyenne, arrêts déduits, ressort à 75 km/h entre Lyon et Saint-Germain-des-Fossés. L'effort de traction au crochet du tender a atteint son maximum au démarrage de Saint-Chamond, au cours duquel il a dépassé 13 t.

Essais en ligne de la 141 P 74

Comme ce fut le cas avant elles pour toutes les locomotives mixtes et de vitesse du PLM, les 141 P furent essayées sur la rampe de Blaisy de l'artère impériale Paris - Lyon - Marseille, en choisissant évidemment le rapide 51, train fétiche pour les essais de tous types, y compris par la suite en traction électrique.
Le 23 novembre 1942, la 141 P 74 prit en charge le train 51 (Paris - Vintimille) à marche accélérée, chargé à 690 t sur l'étape Laroche - Dijon (160 km).
Le parcours Les Laumes - Blaisy (31,5 km en rampe de 5 et 8 ‰) a été gravi à la vitesse de 100/105 km/h, et le sommet passé à 95 km/h, la vitesse moyenne sur ce parcours réputé ressortant à 100 km/h. La machine développait 2800 ch au crochet pour un effort de traction dépassant 8 t dans la phase terminale.
Une performance tout à fait édifiante que les Mountain 241 A et D de Laroche et Dijon étaient loin de pouvoir réaliser, et ce

malgré les efforts physiques intenses fournis par les chauffeurs, qui ne pouvaient souffler qu'une fois le tunnel de faîte dépassé, dans la longue descente sur le val d'Ouche.
À cette époque, seules les 240 P pouvaient prétendre faire aussi bien sur ce parcours (la 240 P 1 : 90 km/h au sommet le 6 mai 1941 avec 807 t, 98 km/h le 4 avril 1941 avec 616 t ; la 240 P 4 : 90 km/h le 8 avril 1941 avec 713 t ; la 240 P 5 : 95 km/h le 10 avril 1941 avec 658 t).
D'autre part, les spécifications du cahier des charges, applicable à toute la série des 141 P et visant la traction de trains de voyageurs de 700 t à 110 km/h en palier et à 60 km/h en rampe de 8 ‰, de trains de marchandises de 1 400 t en rampe de 5 ‰ et de 1 000 t en rampe de 10 ‰, ont été vérifiées.

Premiers essais statiques au banc de Vitry

141 P 74 : un essai de puissance et de consommation a été réalisé le 30 novembre 1942 après l'essai en ligne du 23 novembre.
141 P 75 : essais complets du 12 juillet au 2 octobre 1943.
141 P 78 : essais complets et essais de combustibles du 18 février 1943 au 11 mars 1944.
Les mesures réalisées sur ces trois machines ont éprouvé de manière approfondie la locomotive jusqu'à une vitesse de 120 km/h, au plan de la stabilité, de la puissance, du rendement de la chaudière, des consommations d'eau et de charbon, des températures, des pressions et de la tenue des organes de roulement et du mécanisme, boîtes d'essieux, cylindres, bielles, distribution.
Cette machine mixte devait être capable de développer une puissance élevée dans une très large gamme de vitesses, de 40 à 110 km/h. Les résultats escomptés ont été très largement dépassés au cours de ces essais prolongés, durant lesquels elle a développé une puissance à la jante maximum de 2 300 ch dès la vitesse de 40 km/h, pour se maintenir à plus de 3 000 ch entre 60 et 110 km/h, et s'élever à 3 400 ch à 100 km/h. La vaporisation s'est révélée excellente,

La 141 P 78, photographiée le 22 février 1943 sur le banc de Vitry-sur-Seine (SNCF-Paris-Sud-Est, coll. Rasserie).

puisque la production de la chaudière a pu être poussée jusqu'à 19,6 t en eau froide vaporisée, correspondant à un taux de chargement de 1 235 kg de charbon au cours d'un essai en régime courant d'une durée de 51 minutes, à pression constante de 20 hpz, et à niveau d'eau maintenu.

Au taux de vaporisation de 12 t à l'heure, la puissance développée par la 141 P ne dépasse pas, à 50 km/h, celle de la 141 C ordinaire dont elle dérive et possède le même diamètre de roues. Mais alors qu'à 70 km/h la puissance des 141 C s'infléchit et trouve sa limite, celle de la 141 P continue à se maintenir à 2 000 ch pour rejoindre celle des machines de rapides.

Au taux de vaporisation de 16 t à l'heure, la 141 P dispose d'une puissance supérieure de 45 % à celle de la 141 C (2 730 ch contre 1 880 ch), et continue à la développer aux vitesses supérieures, alors que celle de la Mikado PLM fléchit. Elle atteint à 100 km/h une puissance supérieure à celle des locomotives de rapides usuelles.

À la puissance maximum de 3 400 ch permise par la capacité de la chaudière, la consommation ressort à 1,37 kg/ch/h à la jante, à 100 km/h.

Les résultats des expériences ont également prouvé que cette machine compound à tiroirs à distribution liée à crans égaux fonctionnait normalement à régulateur grand ouvert jusqu'aux crans les plus faibles (10 %), et ce jusqu'aux grandes vitesses (120 km/h).

Toujours la P 78, mais probablement plus tard dans sa campagne d'essais à Vitry, comme le laissent supposer les attributs de la « défense passive » dont la machine est affublée : coins du tablier et tours de tampons passés à la peinture blanche pour compenser l'occultation des fanaux (archives VdR - épreuve anonyme).

De droite à gauche, MM. Chapelon, Bohl et Tarbouriech de la DEL posent devant la 141 P 249 à Vitry, le 7 octobre 1952 (SNCF - Paris-Sud-Est, coll. Rasserie).

Les essais ultérieurs à Vitry

141 P 31 à échappement double PLM : essais de consommation à 80 km/h du 6 au 9 novembre 1946.
141 P 52 : essais d'éléments surchauffeurs 5 P 4 améliorés du 26 janvier au 30 mars 1950.
141 P 189 : influence de la suppression du siphon Nicholson :
- avec siphon du 11 janvier au 4 février 1955 ;
- sans siphon du 26 avril au 25 mai 1955.

141 P 141 : cette locomotive a été soumise à des essais au banc d'essais de Vitry, du 25 janvier au 5 février 1960, sur demande spéciale du Service cinématographique de la SNCF.

Une machine mixte performante

Avec leur timbre élevé à 20 hpz, octroyant une puissance atteignant 3000 ch avec des pointes à 3400 ch à des vitesses comprises entre 60 et 100 km/h, preuve était faite que cette machine mixte se classait, à 100 km/h, à l'aplomb des performances des meilleures locomotives de vitesse françaises de l'époque, les 231 E Nord et 231 H du Sud-Ouest.
La marge entre la puissance maximum et la puissance utilisée était tout à fait notable, et c'était bien là l'objectif essentiel qui avait été recherché par les ingénieurs de la DEL.

Le verdict des charges maximales

L'avènement des 141 R entraîna un recul des possibilités pratiques d'utilisation des 141 P, qui se virent devancées par les « Américaines » pour ce qui concerne les charges maximales remorquées. Le tableau extrait de la notice technique afférente aux charges maximales de septembre 1948 est tout à fait significatif à ce sujet. Les 141 P y offrent des capacités de traction inférieures d'environ 10 % à celles des 141 R, malgré leur puissance et leurs performances reconnues supérieures. Une façon certes de tenir compte de leur poids adhérent, légèrement inférieur (75,8 t contre 80 t), de ménager leur mécanisme plus élaboré, mais aussi de donner un argument supplémentaire aux partisans de leur élimination, au profit des 141 R, des lignes accidentées du Sud-Est. Ce fut chose faite dès 1950 sur Dole - Vallorbe (rampe de 20 ‰, Mouchard - Pont-d'Héry, sur 19 km). Elles devaient tenir encore cinq ans sur Lyon - Saint-Germain-des-Fossés. En 1950, sur la section Lyon - Roanne par Tarare (rampe de 26 ‰ sur les flancs nord et sud du tunnel des Sauvages), elles assuraient les deux trains de nuit GB/BG (Lyon - Bordeaux - Hendaye et VV) tarant 410 t l'été et 358 t au service d'hiver, et LO/OL (Lyon - Océan et retour, de Lyon au Croisic et Quimper et W) tarant 491 t l'été et 397 t l'hiver. Des compositions qui nécessitaient un renfort traction sur les rampes des Sauvages, une double traction assurée en 141 C de Roanne à Tarare, et la pousse non attelée par 140 J de Tarare à l'entrée sud du tunnel.

Une 141 P refoulée à l'intérieure du bâtiment abritant les installations du Banc d'essais de Vitry (archives VdR, épreuve anonyme).

La construction

La construction de ces machines fut profondément perturbée par la guerre, et s'échelonna de ce fait sur plus de dix années.

Une première commande de 103 unités

Trois constructeurs prirent part à la fabrication.
Un premier marché de 23 unités fut passé le 25 janvier 1941 avec Schneider et Cie au Creusot, un deuxième, de 50 unités, aux Forges et Aciéries de la Marine et d'Homécourt à Saint-Chamond le 13 août suivant, et un dernier, de 30 machines, à la Société franco-belge de matériel de chemin de fer à Raismes (Nord).
L'ordre logique de la construction ne fut pas respecté. La livraison des engins par Le Creusot, qui auraient dû avoir les numéros 1 à 23, prit un retard important du fait des événements. Les bombardements alliés des 17 octobre 1942 et 19 juin 1943 d'une part, la réquisition par les autorités allemandes de l'usine du Creusot pour fabriquer des locomotives pour la Reichsbahn d'autre part, retardèrent considérablement leur fabrication. D'autant plus qu'au titre de la « Relève des prisonniers français », 1 613 ouvriers de mécanique ou de métallurgie avaient été contraints de partir en Allemagne fin 1942-début 1943, le potentiel subsistant étant affecté en priorité aux commandes allemandes.
De plus, la riveuse hydraulique de 120 t ayant été détruite au cours du raid aérien de juin 1943, la construction des chaudières dut dès lors être confiée aux chantiers Schneider de Chalon-sur-Saône, qui disposaient d'un outillage identique. Les boîtes à feu et les foyers continuèrent à être fabriqués au Creusot, puis livrés à Chalon, où les chaudières étaient terminées.
La première livraison Schneider, attribuée au dépôt de Châlons-sur-Marne, ne devait intervenir qu'en juillet 1943, alors que les usines de Saint-Chamond avaient déjà mis à disposition les 44 premières unités de leur lot de 50, qui de ce fait fut numéroté de 1 à 50. À la Libération, 10 machines seulement avaient été livrées à la région Est par Le Creusot sous les numéros 51 à 60 (de la tranche 51 à 73) alors que Saint-Chamond avait achevé dès mars 1944 la totalité de sa commande, remise au dépôt de Vénissieux. La mise en œuvre des 141 P fut retardée dans le dépôt lyonnais par suite des retards enregistrés dans la livraison des tenders 34 P qui leur étaient destinés. En attendant, les premières machines furent accouplées à des 36 P.
En septembre 1942, neuf unités étaient opérationnelles :
141 P 1 + 36 P 21, 141 P 2 + 36 P 19, 141 P 3 + 36 P 20, 141 P 4 + 36 P 22, 141 P 5 + 36 P 24, 141 P 6 + 36 P 23, 141 P 7 + 36 P 25, 141 P 8 + 36 P 14, et 141 P 9 + 36 P 11
À la fin de la même année, 26 machines (n° 1 à 26) étaient livrées, mais seules les P 1 à 11 étaient en service, les 15 autres

LES CONSTRUCTEURS DES 141 P

Constructeurs	Nombre	Numéros de série	Numéros de fabrication	Période de construction
1ere commande : 1941	**103**	**1 à 103**		
Forges et aciéries de la Marine et d'Homecourt - St-Chamond	50	1 à 50	236 à 285	1942 - 1944
Schneider et Cie - Le Creusot	23	51 à 60	4648 à 4657	1943 - 1945
		61 à 73	4658 à 4663 + n° inconnus	1946 - 1947
Société Franco-Belge de materiel de chemin de Fer - Raismes	30	74 à 103	2786 à 2815	1942 - 1944
2e commande : 1945	**215**	**104 à 318**		
Forges et aciéries de la Marine et d'Homecourt - St-Chamond	15	104 à 118	286 à 300	1946 - 1947
	30	229 à 258	340 à 369	1948 - 1949
Ateliers de Construction du Nord de la France - Blanc-Misseron	30	119 à 148	475 à 504	1951 - 1952
Schneider et Cie - Le Creusot	20	149 à 168	4883 à 4902	1948 - 1950
Cie générale de construction de Batignolles-Châtillon - Nantes	30	169 à 173	794 à 798	1948
		174 à 193	774 à 793	1948 - 1949
		194 à 198	799 à 803	1949 - 1950
Société Franco-Belge de materiel de chemin de fer - Raismes	30	199 à 228	2870 à 2899	1947 - 1950
Société Fives-Lille - Lille	30	259 à 288	5150 à 5179	1948 - 1952
Société alsacienne de construction mécanique (SACM) - Belfort	30	289 à 318	8060 à 8089	1948 - 1951

étant garées en attente de tender, à la merci des bombardements et autres destructions…
La Franco-Belge avait pu de son côté sortir ses deux premières locomotives en août et septembre 1942 (74 et 75), machines qui, du fait des événements, « échouèrent », comme nous le précisons au chapitre II, à Paris-Lyon. Les autres, les P 76 à 103, rejoignirent leurs établissements respectifs sur les trois régions Est (17 à Châlons et cinq à Chalindrey), Ouest (quatre à Mézidon) et Sud-Est (deux à Vénissieux), en 1943 (18 unités) et au cours du premier semestre 1944 (10 unités).
Les 13 dernières Schneider, 61 à 73, furent livrées à l'Ouest de décembre 1945 à mars 1947, après la remise en état des usines du Creusot, une nouvelle fois touchées par les destructions provoquées par l'armée allemande en retraite, qui s'en prit notamment à la station de transformation pour l'alimentation électrique.

Une seconde tranche de 215 locomotives

Dès l'automne 1944, après la libération de la majeure partie du territoire français, la situation catastrophique du parc vapeur put être evaluée. Près de 11 000 machines sur les 17 259 figurant aux effectifs de 1938 étaient inutilisables, dont plus de 2 600 confisquées et non restituées par les autorités allemandes. Les radiations étaient suspendues depuis cinq ans et de nombreuses séries étaient hors d'âge.
La deuxième commande de 141 P s'inscrivait dans ce contexte difficile, comme la participation maximale envisageable pour une industrie française fortement affaiblie et sollicitée pour la remise en état du matériel avarié. Elle fut notifiée dès le 6 janvier 1945, partagée entre les trois constructeurs initiaux et quatre nouveaux participants, les Ateliers du nord de la France (Blanc-Misseron), Batignolles-Châtillon (Nantes), Fives-Lille, la Société alsacienne de constructions mécaniques (Belfort). Chacun d'eux se vit attribuer un lot de 30 machines, sauf Saint-Chamond, qui réalisa une tranche supplémentaire de 15 unités, et Le Creusot, qui n'en construisit que 20.
Les établissements Schneider assuraient de plus la fourniture des tôles de chaudière à 2,5 % de nickel, des essieux coudés forgés, des briques réfractaires de foyer (fabriquées dans leur usine de Péreuil), pour l'ensemble de cette deuxième tranche.
La livraison de l'ensemble de la commande devait s'étaler sur plus de cinq années, à partir de la fin 1946. Ce sont les Forges et Aciéries de la Marine et d'Homécourt qui furent opérationnelles le plus rapidement ;

Page ci-contre et ci-dessus, trois vues à trois stades successifs du montage d'une 141 P, en 1942, dans l'usine de Saint-Chamond des Forges et aciéries des la Marine et d'Homécourt; la photo ci-dessus, prise lors de la mise en chauffe de la machine, représente la 141 P 9 (Marine Homécourt).

Ci-contre, en 1944, une 141 P de la première tranche sortant des ateliers de montage de la Société Franco-Belge de matériel de chemin de fer à Raismes, dans le Nord (Ste Franco-Belge).

Une seconde machine, tout juste terminée, lors de sa première mise en chauffe, vue dans l'enceinte des usines Schneider du Creusot (Collection particulière de l'Accadémie François Bourdon).

leur usine de Saint-Chamond livra en effet la P 104 au dépôt du Mans début décembre 1946, sept machines rejoignaient leurs affectations à Rennes et au Mans dès la fin du mois de janvier, et la première tranche de 15 (n° 104 à 118) était opérationnelle courant juillet 1947.

Le reste des livraisons se fera dans un désordre apparent, car en fait la plupart des constructeurs étalèrent la fabrication de leur lot entre 1948 et 1950, règle à laquelle ne dérogèrent que la SACM, qui livra sa dernière P, la 318, au dépôt de Chalindrey en avril 1951, et surtout les ANF. Ces derniers réalisèrent en effet leurs 30 locomotives plus tardivement, mais leurs livraisons furent groupées en dix mois seulement, entre avril 1951 et février 1952; la 141 P 148 fut mise en service la dernière, au dépôt de Châlons, le 7 février 1952.

Les trois plus importants constructeurs des 141 P furent les Forges et Aciéries de la Marine et d'Homécourt, qui livrèrent 95 machines, la Franco-Belge, 60, et Schneider, 43, et de nombreux éléments constitutifs. L'usine du Creusot avait, au cours des deux décennies précédentes, construit pour le PLM non moins de 270 machines 141 C en trois commandes (1920 : 220; 1926 : 30; 1931 : 20).

Les 26 ans d'activité des « petites P »

Dans la famille des locomotives à vapeur unifiées de la SNCF, la série des 141 P tient la deuxième place en nombre, avec ses 318 unités, lesquelles restent cependant très loin derrière les 141 R de construction américaine, qui ont compté 1 323 engins.
Elle surclasse en revanche les 150 P (115), 241 P (35), 240 P ex-231 A PO (25), 050 TQ (35), 151 TQ (22) et les prototypes 242 A 1 (ex-241-101 de l'État), 160 A 1 (ex-150 A 030 du PO) et Hudson 232 R, S et U, en tout 10 machines.

Le contexte : de la guerre à la fin de la vapeur

Comme on l'a vu dans la partie technique, la filiation PLM de cette catégorie de locomotives mixtes, capables d'assurer tout type de service, est évidente. À la vue des besoins concernant ce type de machines, la région Sud-Est est intervenue auprès du Service central du matériel pour recevoir les premières locomotives sorties d'usine en pleine guerre. Mais le conflit perturbera leur construction à plus d'un titre et aura des prolongements néfastes bien après la Libération.
D'une part, le manque de matières premières de base et de personnels qualifiés réquisitionnés dans les usines françaises briseront la cadence théorique de livraison, dès la fin 1943, des 103 premières machines commandées à partir de 1941.
D'autre part, en raison de l'effort sans précédent qui a été imposé à l'industrie ferroviaire française pour fournir aux chemins de fer allemands, la DR, un énorme contingent de machines dites « de guerre », du type 44 Décapod (celles non terminées seront du reste reversées dans le parc SNCF après la Libération sous indicatif 150 X), la production, très basse de janvier à juin 1944, deviendra quasi nulle au second semestre, où se situe la flambée de bombardements et de sabotages ayant préludé à la libération du territoire national.
Affaiblis par cinq années d'hostilités, les sites de fabrication, en partie détruits ou privés d'outillages lourds, mettront de longs mois à reconstituer leurs approvisionnements et ne pourront terminer qu'au compte-gouttes les unités en chantier lors de la débâcle. C'est ce qui explique qu'au cours de l'exercice 1945, alors que les usines sont encore sous le régime « monnaie-matière », une seule 141 P est mise en service. En 1946, les réceptions du programme antérieur sont encore lentes, avec seulement 13 engins, l'industrie sortant également des 150 P. En 1947, sur les 18 livrées, 15 appartiennent aux commandes antérieures et trois (P 199 à 201) font partie du « plan de démarrage » lancé début 1946 par la SNCF et portant sur 215 machines. Ces dernières sont réparties sur sept firmes différentes et sont destinées à compenser les pertes subies par les ponctions des autorités d'occupation et les destructions, mais surtout à assurer le renouvellement du parc légué par les anciens réseaux, lequel est insuffisamment adapté aux nouvelles conditions de trafic.
C'est véritablement durant la période de 1948 à 1952 que le courant de production va devenir significatif, les 141 P sortant en ordre numérique dispersé conjointement avec les 241 P, 050 TQ et le reliquat des 150 P et 151 TQ. La dernière machine livrée, la P 288, le 11 mars 1952, précédera de six mois l'ultime machine à vapeur reçue par la SNCF, en l'occurrence la 151 TQ 22, le 30 septembre suivant.
L'apparition des Mikado unifiées 141 P se sera donc étalée sur dix ans. Rien de comparable avec les 1 323 141 R, produites par la formidable machine industrielle nord-américaine et canadienne dans le délai incroyable de vingt-six mois.
Deux ans à peine après la fin des réceptions, les premières mises au rebut des « petites P » [(1)] démarraient sur la région SNCF qui les avaient réceptionnées en premier, le Sud-Est. Celle-ci, après les avoir accueillies à bras ouverts, les congédiaient

(1) Ce surnom leur a été donné par le personnel lorsqu'elles étaient en concurrence avec les 241 P, baptisées elles « 2 P », cas de l'Est et de l'Ouest.

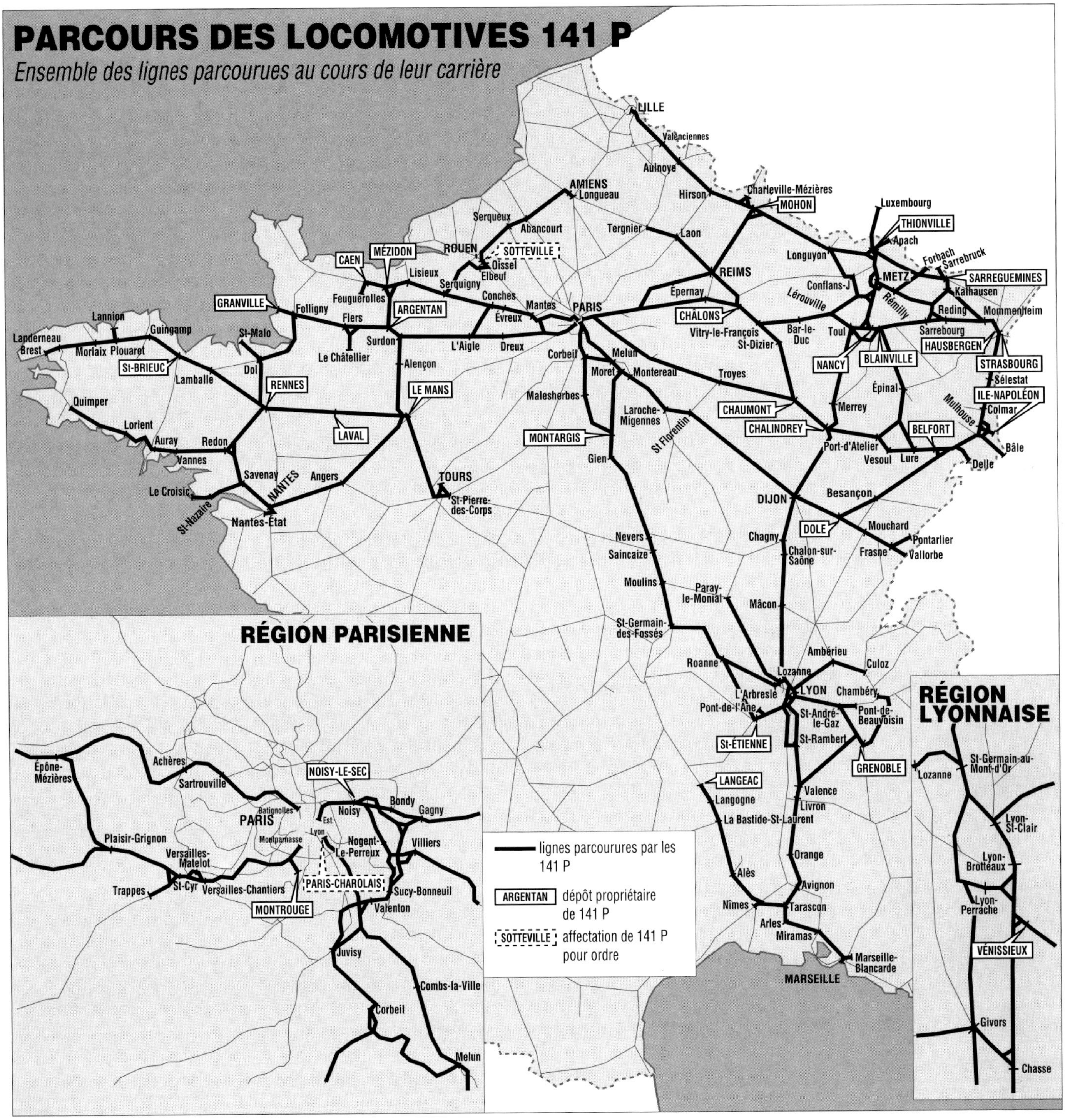

en bloc, leur préférant les 141 R fuel libérées par les électrifications.

Cependant, au niveau national, c'est au cours de la décennie 1951-1960 que leur activité générale sera la plus intense et digne d'intérêt. L'extension des électrifications conjuguée à la diésélisation lourde leur vaudront une déchéance rapide, consommée à l'automne 1968, alors qu'un contingent de 855 machines type 141 R subsiste encore au parc. Ces dernières, devenues les véritables figures emblématiques de la fin de la vapeur en France, résisteront encore cinq ans avant de disparaître totalement, la SNCF ayant misé jusqu'au bout sur elles pour des considérations purement économiques concernant les frais de maintenance et d'exploitation.

Tout au long de leur carrière, les puissantes 141 P auront fréquenté 31 dépôts différents dont certains souvent peu connus, voire totalement insoupçonnés des jeunes enthousiastes et amateurs ferroviaires n'ayant pas connu l'époque vapeur. Parmi ces dépôts, sept sont en territoire Sud-Est, 13 sur celui de l'Est et 11 sur l'Ouest.

Plusieurs de ces cantonnements auront été

très éphémères, cas de Mohon, Blainville, Hausbergen, Caen, Saint-Brieuc, Langeac, Saint-Étienne, Montargis, Grenoble, le record de longévité revenant par contre à Chaumont, avec vingt-quatre ans de présence assidue de la série (1945-1968).
Trois dépôts auront eu un caractère artificiel au plan administratif : Paris-Lyon, Sotteville et Thouars.
Rien à voir donc avec le saupoudrage géographique des 141 R, qui ont séjourné dans 62 dépôts différents des six régions. En revanche, le nombre de mutations maximum, à savoir 15, pointées dans le cursus des « braves Américaines », n'est pas tellement éloigné de la mobilité des 141 P. C'est la 64 qui affiche en vingt-deux ans 11 changements d'affectation, tournant en rond dans le secteur Ouest et séjournant dans les dépôts du Mans, de Laval, Montrouge et Argentan. Elle est talonnée par la 31, qui a figuré à l'effectif de 10 dépôts différents du Sud-Est et de l'Est.
À l'inverse, 40 machines sont restées fidèles à leur établissement d'origine, notamment celles ayant fait une carrière écourtée.
Certains cantonnements se sont illustrés en recevant en affectation un nombre important de locomotives tout au long de leur carrière, comme l'atteste le tableau en annexe. Dans l'ordre décroissant, Chaumont arrive en tête avec un score de 116 unités, suivi par Argentan 80, Chalindrey 79, Noisy-le-Sec et Le Mans 75, Rennes 68, Châlons 67, Vénissieux 53, l'Ile-Napoléon 48, Nancy 47, Belfort et Laval 36, etc.
Outre l'Est, l'Ouest et le Sud-Est, la région Nord a accueilli les 141 P dans diverses circonstances. En service courant, d'abord, mais pendant une courte durée et avec des percées géographiques lointaines :
— à Aulnoye et Lille, en provenance de Charleville, pour les machines de Mohon ;
— à Amiens-Longueau pour celles de Mézidon, amenant des trains de minerai de fer de Basse-Normandie via Sotteville, Serqueux, et à Tergnier pour les Châlonnaises venant par Reims et Laon.
Tout comme sur le pourtour oriental de la Grande Ceinture de Paris, de Noisy-le-Sec à Juvisy via Villemomble, le triangle de Gagny, Bry-sur-Marne, Sucy-Bonneuil, Valenton et Athis-Mons, section exploitée par le Nord, où les machines Est de Noisy-le-Sec et Châlons circuleront assidûment en tête de trains de messageries.
Mais on les verra aussi en acheminement haut-le-pied, soit entre Valenciennes et Le Bourget, via Cambrai, Busigny, Compiègne et Verberie, soit jusqu'en région parisienne, via Douai, Amiens et Creil, pour toutes les machines flambant neuves sortant des ateliers de la Franco-Belge à Raismes, des Constructions du nord de la France à Blanc-Misseron ou de Fives-Lille.
Au Sud-Ouest, l'intention de la région d'en affecter au dépôt de Saint-Sulpice-Laurière pour le trafic express sur la transversale accidentée du Massif central vers Gannat n'a pu être suivie d'effet en raison de l'insuffisance des structures des grands via-

Contraste entre une machine moderne et des voitures anciennes : les 141 P ont, à leurs débuts, tracté des rames de voitures à portières latérales et caisse en bois tôlé, qui ne disparaîtront qu'à la fin des années 1950 ; ici, un train dans le secteur de Pantin en mai 1955 (VdR-Fénino).

ducs métalliques du parcours. À défaut, en dehors de Juvisy, où elles venaient chercher les trains de messageries au triage RA Sud-Nord, seul le nœud de Tours-Saint-Pierre-des-Corps a eu l'occasion de recevoir les machines du Mans. Bien entendu, pour les locomotives neuves destinées à l'Ouest et construites par les sites du Creusot et de Saint-Chamond, le premier voyage en pression s'est effectué via Nevers ou Roanne, Saincaize, Vierzon et Tours.

Lorsque les levages furent centralisés aux ateliers de Quatre-Mares à Sotteville et de Montigny-lès-Metz, au dépôt du Mans et, dans les derniers temps, au dépôt de Thouars, il n'était pas rare de rencontrer des 141 P haut-le-pied sur des itinéraires inhabituels comme Paris - Le Havre ou Tours - Saumur - Thouars, qu'elles empruntaient pour aller se faire « soigner » et en revenir. Il est bon de remarquer que, sur le Sud-Est, leur circulation dans le couloir rhodanien s'est normalement faite par la ligne de la rive gauche du Rhône, via Valence et Avignon, le passage par la rive droite via Peyraud, La Voulte, Le Teil, Villeneuve-lès-Avignon pouvant toutefois être décidé sans préavis aux mécaniciens.

Si cette région les a congédiées rapidement, dès 1955, le complexe de Dijon-Perrigny-Gevrey a continué à recevoir, jusqu'en 1964, les engins de Chalindrey, Chaumont, Châlons et Nancy. Quant à la gare de Dole, terminus du 1 500 V fin 1956, devenue ensuite commutable en avril 1958, elle a vu pratiquement jusqu'à leur fin les machines d'Ile-Napoléon, puis de Belfort, venant par la ligne de la vallée du Doubs (Lyon - Strasbourg).

D'autres constatations curieuses découlent de la lecture de la carte générale. La série a certes parcouru l'intégralité de l'artère impériale Paris - Marseille, mais avec des disparités dans le temps selon les sections : ainsi, le trajet Montereau - Laroche n'a été fréquenté que quelques semaines durant par les machines de Montargis. Même remarque pour la ligne du Bourbonnais entre Paris et Saint-Germain-des-Fossés, dont le tronçon Saincaize-Moulins n'a connu le passage des « P » de Vénissieux que de façon très fugace.

Trois gares parisiennes, celles du Nord, de Saint-Lazare et d'Austerlitz, les ont ignorées totalement. En revanche, les engins basés à Montargis sont montés à Paris-Lyon un an durant avant d'être proscrites du fait de l'électrification en courant continu de Paris - Laroche impliquant l'instauration d'un relais-traction à Moret-les-Sablons. Celles qui étaient affectées transitoirement à Caen pendant les travaux du tunnel de Bréval, au premier semestre 1956, ont amené quant à elles, à Paris-Batignolles, des messageries, relayant dans le célèbre dépôt du même nom.

Le complexe parisien aura curieusement joué à tout moment le rôle d'écran entre les machines Est, Ouest et Sud-Est, qui ne se sont jamais croisées dans un quelconque triage ou faisceau-relais comme cela a été le cas pour les 141 R à Noisy, Vaires, Le Bourget, Valenton, Achères, Trappes et Juvisy. En revanche, en province, des rencontres ont eu lieu entre les unités Est et Sud-Est, à la fois à Dijon et à Dole.

Alors que les machines « Libération » ont fréquenté régulièrement les gares-fron-

Une 141 P au dépôt de Montrouge, en mars 1954; cet établissement a longtemps accueilli des engins de la série pour la desserte de la ligne de Granville (VdR-Félix Fénino).

La P37, une pensionnaire traditionnelle de Vénissieux, vue dans les années 1950, dans son dépôt d'attache ; si le Sud-Est a accueilli les premières 141 P, il a été également le premier à les renier (Jacques Berlier).

tières de tous les réseaux limitrophes de la SNCF, cela n'a guère été le cas pour les 141 P. Tout au plus, dans la première partie de leur carrière, sont-elles rentrées sur les CFL (Luxembourg), sur la DB (Sarrebruck) et sur le domaine CFF (Bâle Voyageurs, Bâle-Wolf Marchandises et Vallorbe).

Hormis des essais sans lendemain sur la ligne des Cévennes, les 141 P auront rarement eu l'occasion de parcourir des lignes de montagne ou assimilées, exception faite de Lyon - Roanne, Lyon - Grenoble et Dijon - Vallorbe.

Partout en France, elles ont « travaillé » essentiellement sur des grands axes radiaux et transversaux. Du fait d'un poids par essieu assez élevé (19 t pour les essieux moteurs et 20,8 à 21,6 t pour ceux du tender), elles n'étaient pas admises sur les lignes faiblement armées, ou alors avec des limitations de vitesse draconiennes.

Le rôle important qu'elles ont joué découle entre autre de leur forte puissance, appréciée dans les trois gammes de trafic : voyageurs rapides et express, messageries (RA) et marchandises (RO). Partout, elles ont revalorisé les charges admises sur les divers itinéraires empruntés. Seule ombre au tableau, leur vitesse de 105 km/h, un peu faible en régime voyageurs ; certes le diamètre des roues de ces machines était sans comparaison avec celui des Pacific, mais la justification d'une telle limitation nous semble cependant contestable et nous pensons que le taux aurait pu être porté sans dommages pour la voie à 110, alors que des essais à 125 avaient été effectués sans constatations défavorables.

Au début de leur carrière, les 141 P ont poussé vers la retraite les Mountain construites avant guerre, d'abord sur le Sud-Est, puis sur l'Ouest, qui en a profité pour les céder à l'Est, région qui possédait déjà de semblables machines. Les Pacific ont également fait les frais de leur arrivée, notamment sur l'Est et surtout à l'Ouest, en Bretagne et en Basse-Normandie.

En tête d'express lourds à arrêts fréquents, elles excellaient en assurant des démarrages énergiques, lorsque, comme cela est développé dans les chapitres techniques, le mécanicien, abandonnant temporairement le mode compound, alimentait les quatre cylindres en simple expansion ; elles gravissaient convenablement les rampes et maintenaient facilement une vitesse constante en palier. Les Mikado régionales, 141 B, C, D, E, F Sud-Est et 141 C Ouest, ont également souffert de leur introduction, sans pourtant se faire totalement éliminer. Une pléiade d'autres séries régionales à bout de souffle auront vu leurs effectifs s'amenuiser considérablement du fait de la réception conjuguée des 141 P et 141 R, grâce à des mutations en cascade. On peut citer au premier chef les 140 G Baldwin sur les trois régions concernées, mais aussi les 140 A, 230 A Est, 230 B, C, D, F Ouest, 140 B, 230 A, B, C, 240 A

Sur l'Est, la ligne Paris-Mulhouse-Bâle a toujours été un fief des 141 P; ici, un express pour Paris-Est, à l'arrêt à Longueville, à la fin des années 1950; à gauche, l'omnibus de Provins qui vient d'arriver (VdR-Félix Fénino).

Sud-Est. Elles ont souvent précédé puis côtoyé les 141 R dans plusieurs établissements, mais à de nombreuses occasions, et surtout vers la fin, les Américaines les ont évincées.

Le choix de roulements publié dans cet ouvrage éclaire sur le détail de l'activité des 141 P dans les différents centres d'affectation. De même, les cartes montrent le rayonnement de la série à plusieurs époques marquantes.

La faiblesse des prestations journalières, tenant compte des sujétions inhérentes à la traction vapeur (chargement en eau et combustible, tournages aux gares terminus...), de l'ordre de 200 km, souvent moins, aura de quoi surprendre si l'on se réfère aux performances de la traction moderne où le matériel tourne en continuité des heures et des jours durant, sans avoir à rentrer au dépôt pour maintenance.

En chiffres moyens, le parcours des 141 P était de l'ordre de 4 000 à 5 000 km par mois, mais la dotation de Noisy-le-Sec a affiché dans les années 1954-1959 des scores de 8 000 km. À titre comparatif, on peut signaler que leurs « grandes sœurs », les 241 P, aptes à 120 km/h et bénéficiant de tout temps du régime double équipe, ont pour leur part largement dépassé ce seuil, notamment lorsqu'elles étaient basées à Dijon, d'où elles descendaient en 1951 jusqu'en Avignon, ainsi qu'au Mans, dans la période faste 1959-1964, où l'on a relevé des parcours mensuels de 16 000 km, dignes d'engins électriques contemporains.

Si, d'une manière générale, 60 % des machines d'un dépôt étaient en roulement régulier avec évolution constante du service effectué, quelques autres servaient à couvrir le trafic facultatif géré par les postes de commandement des régions, tant marchandises que voyageurs. À ce titre, les 141 P de plusieurs dépôts ont été sollicitées à diverses périodes de leur vie pour l'acheminement des trains supplémentaires. Cela a été le cas plus spécialement des machines de Châlons, Nancy, Strasbourg, Chaumont, Chalindrey, Ile-Napoléon sur les lignes 1, 3, 4, 10 de l'Est, d'Argentan, Granville, Le Mans, Rennes pour les trafics des lignes Ouest de Basse-Normandie, Bretagne et Val de Loire, ainsi que celles de Vénissieux, dans le cas du sillon rhodanien.

Ces dernières ont ainsi remorqué les fameux rapides dédoublés du Train bleu 10 003/10 004 et du Paris-Côte-d'Azur 10019/10020, de Lyon à Avignon, lors d'insuffisances du parc de Pacific.

Dans le cadre de détournements inopinés lors de gros incidents d'exploitation, quelques lignes hors normes ont été empruntées par des trains de voyageurs et fret avec des machines de la série, sur les régions :

— Est, pendant et après la guerre, de Troyes à Vitry-le-François via Brienne-le-Château (lignes 26.7-26.5) et de Saint-Hilaire-au-Temple à Conflans-Jarny via Sainte-Menehould et Verdun (ligne 5) avec renfort pour l'escalade de la bosse de Tavannes, à la faveur de l'interception de l'axe Paris - Nancy ;

— Ouest, postérieurement à la Libération, de Paris au Mans via Chartres par des trains de Granville, du fait d'incidents entre Saint-Cyr et Surdon ; de Tours à Angers en cas d'obstruction des voies entre Paris et Le Mans, obligeant à dévier les trains par les voies Sud-Ouest ;

— Sud-Est, pendant et après la guerre, par la ligne de l'Azergues, de Moulins à Lyon via Paray-le-Monial, lors de problèmes sur les artères Paris - Dijon - Lyon ou Saint-Germain - Roanne - Lyon, ainsi que par la ligne de la rive droite du Rhône, entre Givors et Nîmes, de façon partielle ou totale, lors d'interception sur l'artère impériale entre Lyon et Avignon.

D'autre part, en 1944, les 141 P ont été amenées à circuler d'Avignon à l'Estaque, par l'itinéraire complémentaire via Cavaillon, Miramas et Port-de-Bouc, lors de la coupure de la ligne directe via Arles - Miramas - Rognac par destruction du viaduc d'Arles.

Quelques machines auront eu l'honneur de participer à des voyages officiels, telles des 141 P de Châlons pour des cérémonies du souvenir au mémorial de Verdun, via la difficile ligne 5 traversant l'Argonne, la P 58 de Belfort, lors de la visite à Montbéliard du président de la République finlandaise.

Le développement à vive allure des électrifications en courant alternatif à 50 Hz de tous les grands axes de la région Est entre 1954 et 1964 a accéléré la chute de la série, avec perte de nombreux points d'affectation.

Au-delà de ce seuil, l'activité des 141 P s'est rapidement désagrégée du fait de l'implantation à Chalindrey des machines diesel de ligne 68 000/68 500, utilisées intensément sur la ligne 4 Paris - Mulhouse. Cette série d'engins se substituera aux 141 P de l'Est et les rescapées termineront leur carrière dans l'ombre, à Chaumont, fin 1968, quelques mois après le retrait des 150 P, leurs sœurs unifiées mutées du Nord. Toutefois, le noyau de 241 P refoulé de l'axe Paris - Nancy depuis 1962 bénéficiera d'un sursis et ne disparaîtra qu'un an plus tard.

Sur l'Ouest, leur élimination sera à la fois plus tardive, mais plus condensée. Parmi les causes de leur éviction, on relève la venue des 241 P, émigrées de la région Méditerranée et de La Chapelle dès 1959 et affectées au Mans, le 25 kV du programme Le Mans - Rennes, allié à l'usage concomitant de BB 67 000 et A1A-A1A 68000 sur la Bretagne. L'artère Paris - Granville, qui devait beaucoup à la série, sera leur tout dernier refuge à l'été 1968.

Mais qu'on ne s'y trompe pas, leurs capacités accrues, dues notamment à leur puissance, à leur universalité et à la facilité de conduite, grâce au stoker, en auront fait des engins d'autant plus appréciés que les équipes de conduite avaient connu ou côtoyaient encore les séries régionales à chauffe manuelle et au confort moindre.

D'abord conduites en simple équipe, elles passeront sur l'Est au régime de la double équipe, une mesure qui augmentera leur rendement et sera appliquée également à l'Ouest, à partir de 1955, dans certains dépôts. À cette époque, elles sont même utilisées en banalité par du personnel de différents dépôts Est.

Comme pour les 241 P et 150 P, le seul reproche qu'on pouvait leur faire tenait au supplément de maintenance généré par la présence d'un second groupe moteur intérieur, comme sur toutes machines compound.

Elles sont arrivées trop tard sur l'échiquier ferroviaire français face à l'immense vague de modernisation de la traction qui en a écarté la vapeur en moins de vingt ans. Au plus, les machines les plus « chanceuses » ont eu une carrière de vingt-sept ans, cas des P 13 et 18 mutées du Sud-Est à l'Ouest et ayant terminé à Argentan, mais nombre d'entre elles, en particulier parmi les P 1 à 50, n'auront pas vécu plus d'une quinzaine d'années, ce qui est très peu pour un engin moteur ferroviaire dont des valeurs de trente à trente-cinq ans de service actif constituent la référence.

Parmi les carrières anormalement éphémères, on trouve par exemple la P 6, gravement endommagée lors d'un bombardement et radiée 3 ans après sa mise en service, ou la P 133, victime de sérieuses avaries, réformée au bout de neuf ans, et les 179 et 261, arrêtées après onze ans de carrière.

Au titre de la longévité, elles sont surclassées par la majorité des 141 R sorties à partir de la fin 1945 et dont certaines ont perduré jusqu'au début 1974.

Des débuts difficiles

Vénissieux, leur premier dépôt

Ce sont les Forges et Aciéries de la Marine et d'Homécourt qui sont chargées de fournir la tranche initiale des 141 P 1 à 50. L'usine de Saint-Chamond réussit à livrer, le 25 avril 1942, donc en pleine période de guerre, l'exemplaire tête de série qui prend asile au dépôt lyonnais de Vénissieux. Elle est immédiatement mise à l'épreuve et fait l'objet d'investigations poussées avec machines-freins. Dès le 15 août, alors que les P 1 à 7 sont sorties d'usine, une amorce de roulement à 4 jours, totalisant 882 km, est mise en place avec engagement sur la difficile transversale Rhône - Océan de Lyon à Saint-Germain-des-Fossés, aussi bien par l'itinéraire long via Saint-Étienne, que par celui, court, de Tarare, marqué par la rampe des Sauvages accusant une terrible inclinaison de 26‰. Sur ces deux artères, le service voyageurs était jusque-là confié aux Mountain 241 A, D attachées à Vénissieux à partir de 1941, et qui peinaient durement, « battant souvent la purée » par défaut de combustion.

Les Mikado unifiées ont ainsi fait leurs premières armes sur les express nocturnes MB, BG, 1 017/1 018 entre Lyon-Perrache et Saint-Germain et retour, ainsi que sur le 1 014 diurne entre Saint-Étienne et Saint-Germain.

Aux trains circulant par Tarare, dont le tonnage dépasse 450 t, un renfort reste obligatoire à l'aide d'une 140 J de Lyon-Vaise, d'Amplepuis au tunnel des Sauvages dans le sens pair, de Tarare à ce tunnel en venant de Lyon. De même, au-dessus de 600 t, un renfort est nécessaire de Rive-de-Gier à Saint-Étienne.

Au 1er mars 1943, les P 1 à 31 ont été livrées, mais la moitié seulement est utilisable car la sortie des tenders ne suit pas le même rythme.

Au tout début, les premières unités ont d'abord été attelées à des tenders 36 P normalement affectés aux 240 P de Laroche. Un roulement à 7 journées pour 1 414 km les conduit en sus jusqu'à Moulins avec les MB/BM [2]. Peu à peu, elles vont faire aussi de l'ombre aux 141 C, D, E de Roanne et 141 D de Saint-Étienne.

Le 15 décembre suivant, deux roulements de 8 et 4 journées totalisant 2 558 km englobent en outre une tournée marchandises entre Lyon-Guillotière et Portes, une très éphémère Lyon - Culoz avec retour sur l'express SP et une Lyon - Grenoble.

Sur ce dernier axe, non moins accidenté, marqué par de longues déclivités en 16‰,

(2) Ces trains, dénommés « Milan - Bordeaux », sont alors déviés de Moulins à Montluçon au lieu de circuler via Gannat. Quoi qu'il en soit le relais traction de Moulins, appliqué à d'autres trains par la suite (cas des 1014, 1015, 1018, 1011, 1012, 57, 58, 59, 60), a de quoi surprendre de nos jours. Il faut dire que cette gare était située pendant la guerre au nord de la ligne de démarcation avec la zone Sud, conduisant au stationnement prolongé des trains pour contrôles sévères de l'occupant. Cette pratique perdura un moment après la Libération, notamment aux trains OL/LO jusqu'en 1948, où l'échange machines a ensuite été reporté à Saint-Germain, les 231 F et H ex-PO de Tours prenant le flambeau vers le Sud-Ouest.

La 141 P 2 venant du dépôt de Vénissieux, à la sortie Sud du triage de Lyon-Guillotière, en direction de Grenoble, vers 1948; la signalisation PLM, avec notamment cet indicateur de direction, est naturellement encore bien présente (Berlier).

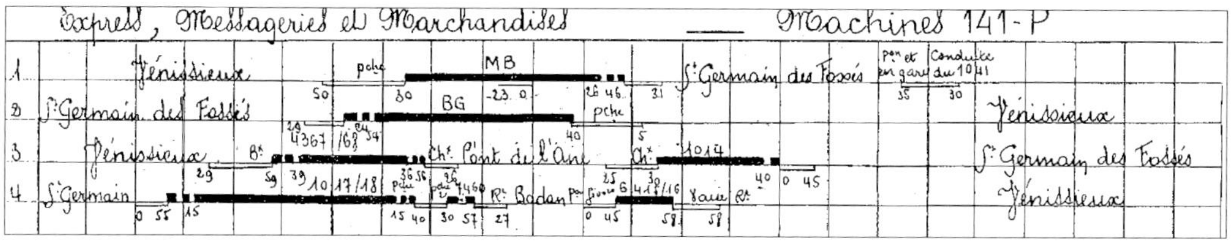

Roulement du dépôt de Vénissieux au 1er septembre 1942 (coll. Rasserie).

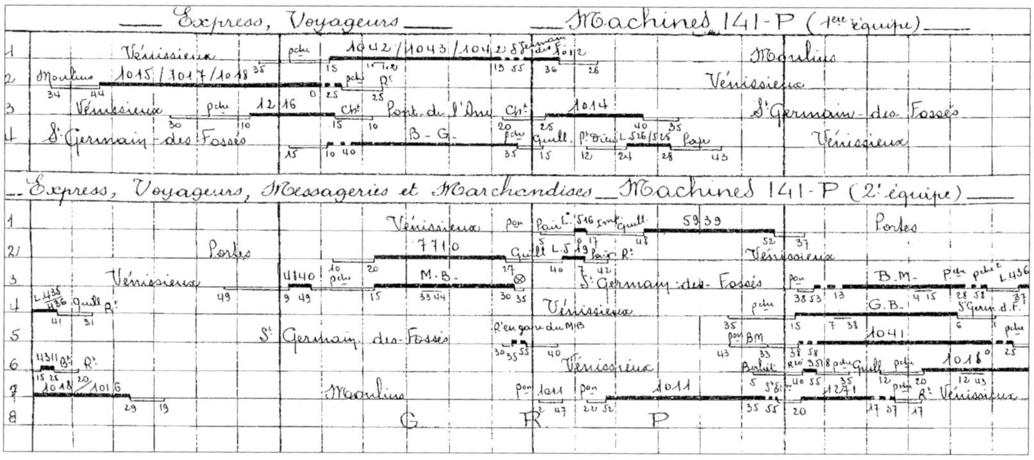

Roulement du dépôt de Vénissieux au 1er novembre 1943 (coll. Rasserie).

elles vont empiéter sur le domaine des machines régionales d'origine PLM : Mountain, Mikado 141 C, D et E de Vénissieux ou Grenoble. À ce stade, le service des imposantes 241 A, D et E a déjà été fortement réduit, se limitant à 4 journées de roulement dont des trains PV vers Valence et une tournée vers Mouchard avec un messageries, le retour étant effectué par remorque du train de voyageurs 863/4.

Des « petites P » en Dauphiné

Pour renforcer le potentiel de traction du dépôt de Grenoble, lequel comprend alors des 141 C, D et des 140 B (ces dernières étant orientées sur la desserte de Veynes), les 141 P 3 et 9 de Vénissieux y sont mutées dès le printemps 1943. Elles sont re-

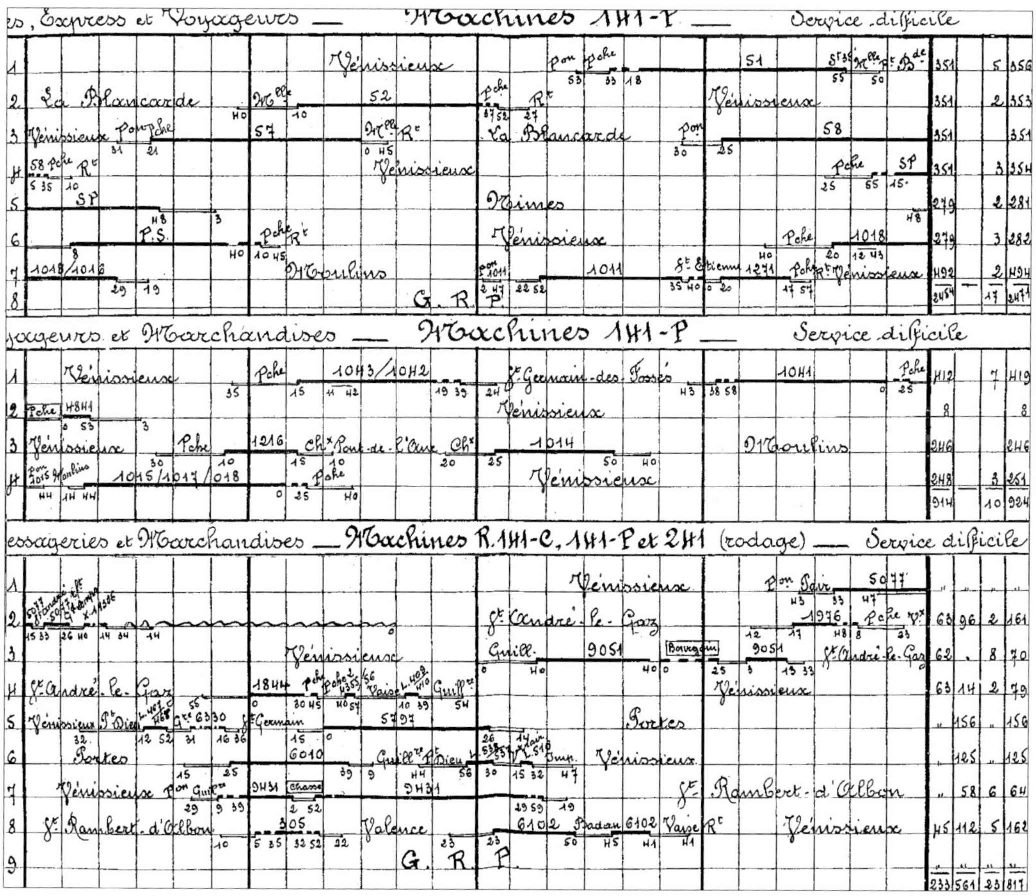

Roulement du dépôt de Vénissieux au 1er mai 1944 (coll. Rasserie).

jointes en janvier-février 1944 par les P 1, 2, 5 à 11 qui vont, au début, tourner sur un roulement à 4 jours, représentant 464 km et couvrant l'axe du Graisivaudan, vers Valence et Portes, avec des marchandises et un demi-tour de Lyon sur le voyageurs 1 852 et retour sur le messageries 4 841. Au 15 mai 1944, alors que les P 1 à 15 sont toutes pensionnaires de Grenoble, le service de ces machines s'étend également en direction de Chambéry.
Bien entendu, elles sont mises à contribution dans la zone pour assurer les trains des troupes d'occupation allemandes suivant des marches-types spéciales, ce qui leur vaut sporadiquement de circuler sur la belle ligne des Alpes, mais à vitesse réduite compte tenu de l'armement léger jusqu'à Veynes.
Il faut dire qu'en cette période pour le moins troublée des derniers temps de l'Occupation, l'emploi des machines ne colle pas toujours aux roulements, qui changent pratiquement tous les mois. Les exigences des Allemands conduisent à utiliser souvent, au pied levé, n'importe quel type d'engin. Par ailleurs, la vitesse des trains de voyageurs, du reste très peu nombreux, n'est pas un facteur primordial. Elle a été autoritairement abaissée de 120 à 100 km/h, afin d'économiser le combustible et de parer aux éventuels sabotages et mitraillages en ligne.
C'est toujours à cette époque que deux machines sont envoyées pour essais au banc de Vitry. Pour ce faire, les P 74 et 75, têtes de liste du lot fabriqué par la Franco-Belge, sont prises en pension à leur sortie d'usine au dépôt du Charolais, à Paris-Lyon, à l'été 1942. Leurs performances vont être passées au crible, en position statique, sur les rouleaux du banc d'essai installé au Centre expérimental de Vitry-sur-Seine. En outre, la 74 sera testée en ligne entre Laroche et Dijon.

Des P pour le minerai normand

Les P 80 et 82 à 85, du lot Franco-Belge, plus la P 74 après ses essais (3), vont être affectées à Mézidon, dépôt situé sur la radiale Paris-Saint-Lazare - Caen, en mai 1943. Cet établissement dispose à l'époque d'un petit groupe de huit Décapod 150 A 1 à 3, 5 et 7 à 10 d'origine État, spécialement chargées des acheminements de trains de minerai de fer du bassin de Caen.
À l'arrivée des 141 P, ces Décapod sont expédiées à Achères pour circuler sur la Grande Ceinture avant d'être regroupées à l'Est en 1949, au dépôt de Mohon, où elles sont renumérotées 1-150 E 196 à 203, à la suite des 1-150 E 1 à 195 de l'Est, identiques.
Les 141 P conduisent les trains entiers issus des mines de Feuguerolles-Saint-André, sur la voie unique Caen - Flers, soit jusqu'à Achères, soit sur Sotteville et même Longueau. L'intense activité des troupes d'occupation, lesquelles renforcent la ligne de défense sur le littoral de la Manche, les conduisent aussi à assurer, par dérogation, en service facultatif, des trains de troupes et de matériels sur les itinéraires précités et jusqu'à Cherbourg.

À son tour, l'Est accueille la série

Lors du transfert au 1er janvier 1938 du matériel moteur des Compagnies de l'Est et d'Alsace-Lorraine à la SNCF, celle-ci n'avait récupéré pour son trafic marchandises, en dehors de plusieurs séries de Consolidation 140 insuffisamment puissantes pour les trains directs à gros tonnage (140 A, 140 B Baldwin, 140 C), qu'un important lot de machines Décapod. Leurs cinq essieux couplés développaient de gros efforts de traction, ce qui correspondait fort bien au trafic lourd des lignes transversales à tracé et profil tourmentés du Nord-Est et de Metz à Nancy et Dijon.
Or, la Deutsche Reischbahn, dès 1941, a réquisitionné, pour les besoins du front de l'Est, la majorité des machines des séries 150 B, 150 C ex-AL d'expression germanique et les 150 D, qui n'étaient autres que les Saxonnes série XIII h confisquées par la France au titre des conventions d'armistice de 1919. La région Est ne disposait donc plus que de 195 Décapod 150 E, souvent concentrées sur les deux transversales précitées et dans le Bassin lorrain.
Quant au trafic messageries, à défaut d'autre chose, les machines de vitesse 230 K, 231 B, C participaient à leur traction avec les 140, à condition que les trains ne soient pas trop lourds.
C'est dire que l'affectation de Mikado neuves et performantes devait combler un vide dans le parc de la région Est, tout en répondant parfaitement au désir d'améliorer la traction des trains de fret sur de nombreuses lignes de son territoire. Évi-

(3) La P 75 reste en utilisation spéciale à la disposition du centre d'essais de Vitry-sur-Seine.

demment, le caractère mixte des 141 P devait aussi permettre une assistance non négligeable au service voyageurs.
Tandis que l'usine de Saint-Chamond livre le dépôt de Vénissieux, ce sont à la fois les tranches Schneider et Franco-Belge, bénéficiant de l'échappement Kylchap double au lieu du type à croisillons équipant la tranche 1 à 50, qui sont affectées à l'Est à partir de l'été 1943. En l'occurrence, les P 51 à 53, 55 à 57, 76 à 79, 81 et 86 à 93 arrivent à Châlons, dans le vieux dépôt Est implanté à la sortie de la gare vers Strasbourg, côté pair.
Malheureusement, plusieurs de ces machines vont devoir rester garées quelques semaines car la livraison des tenders 34 P contenant 34 m³ d'eau et 12 t de charbon, construits par des firmes différentes, ne suit pas la même cadence.
Cependant leur engagement en trafic commercial va connaître une réussite immédiate. D'entrée de jeu, elles accomplissent de beaux parcours, se rendant par exemple à Vaires, Tergnier, Blainville, Metz ou Dijon, en tete de trains PV de 1 200 à 1 500 t et GV de 1 000 t. La « cavalerie » des 140 s'en trouve dépossédée d'autant.
Quelques tournées voyageurs entre Paris et Châlons sont également reprises à des 230 K de Châlons ou 231 C de La Villette. En fin d'année, les P 51, 53 et 57 sont mutées à Chalindrey, dépôt marchandises par excellence où ces machines sont très attendues. On leur alloue d'emblée une tournée difficile en double équipe avec wagon-dortoir aux trains IT 5256 de Chalindrey à Laon, avec retour au RI 1 517 depuis Reims.
Au 1er semestre 1944, le flux des livraisons s'est sans surprise considérablement ralenti, Châlons ne recevant que les P 54, 59, 95, et Chalindrey les 58, 97 à 100 et 103, qui commencent à travailler sur les bosses de la fameuse ligne 15 Nancy - Dijon, alors fief des 150 E du dépôt, pour se rendre au nord à Blainville, Conflans, et à Dijon-Perrigny au sud.

Percées en Provence pour le parc de Vénissieux

Le 1er février 1944, les 141 P se voient confier des tournées voyageurs dans le couloir rhodanien, jusqu'ici domaine des 231 C d'Avignon, 231 G de Lyon-Mouche et Marseille-Saint-Charles. On leur alloue d'abord les express nocturnes 121/122 et les trains de permissionnaires allemands SF 932/832 de Lyon-Perrache à Avignon et retour. Un mois plus tard, les trains changent, ce sont cette fois les express 51/60 et 57/52 qui sont pris en charge, plus les SP/PS de Lyon à Nîmes.
Le 7 mai, Vénissieux dispose de 37 machines 141 P (les 16 à 50, 101 et 102), auxquelles sont offertes 16 journées de roulement cumulant 4 385 km. Outre la tournée sur Nîmes, ayant toujours lieu aux trains SP/PS, viennent s'ajouter les express 51/58 et 57/52, conduits de Lyon à Marseille (4), soit 351 km.

(4) Pendant leur séjour dans la cité phocéenne, les 141 P vont relayer au dépôt de la Blancarde, fief des 241 A, D circulant sur la Côte d'Azur, et non au dépôt de Marseille-Saint-Charles, qui abrite les Pacific.

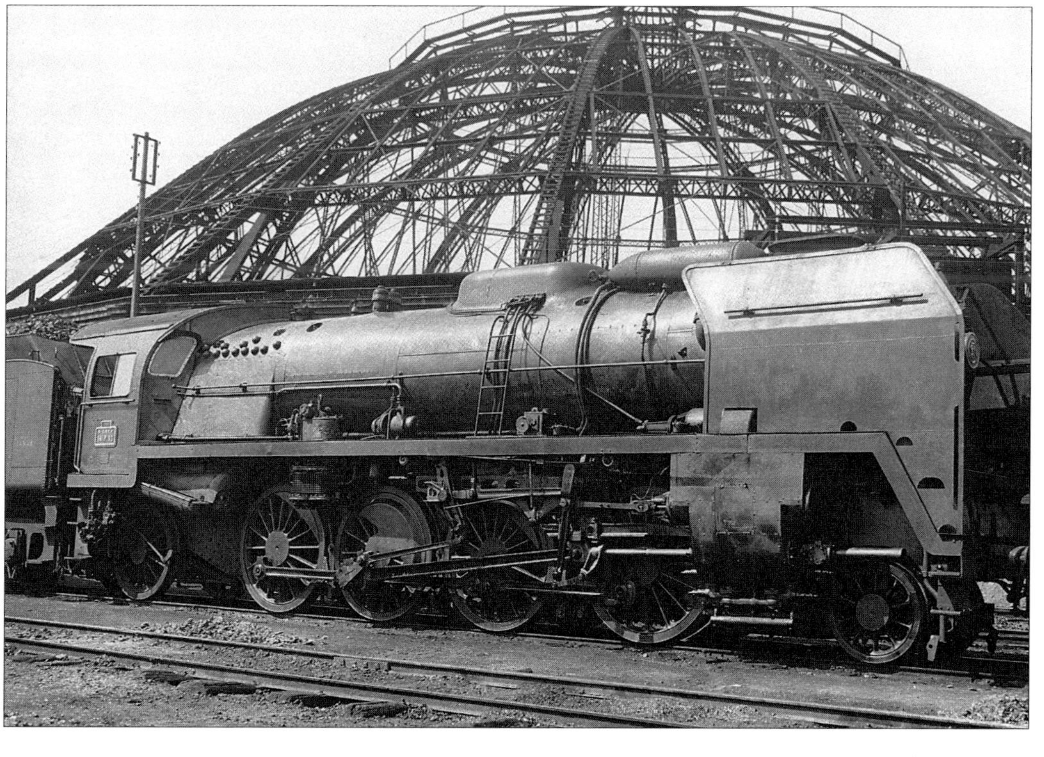

La P 93 devant l'une des deux rotondes du dépôt de Noisy-le-Sec ; on voit la charpente métallique de la coupole, mise à nu après que les bombardements aient soufflé la couverture (VdR-Patingre).

Une 141 P non identifiée, endommagée par fait de guerre, garée à Grenoble, probablement en 1945 ou 46 ; sous le macaron, une inscription en blanc : « 1er mai 1945 » (épreuve anonyme, coll. NC).

Les trains observent alors des marches détendues avec des temps de parcours de 5 h 30 environ, contre 4 h 13 et 3 h 38 aux rapides 27 et 11 d'avant-guerre ! Il n'est pas inutile de rapprocher ces prestations de celles de 1998, où les TGV abattent cette distance en 2 h 35 en attendant 2000, quand la LGV Méditerranée leur permettra de descendre à 1 h 20.
Quelques machines sont susceptibles d'être employées par ailleurs sur un roulement commutable avec les 141 C et 241 A du même dépôt, essentiellement sur des trains PV directs ou de desserte entre les triages de Saint-Germain-au-Mont-d'Or et Portes, de Vénissieux à Saint-André-le-Gaz et à Saint-Rambert-d'Albon.
Ayant laissé aux Grenobloises le soin d'irriguer l'axe Lyon - Grenoble avec escale au dépôt de Lyon-Mouche, elles enlèvent maintenant les trains Paris - Marseille 59/57, 58/60 de Lyon à Moulins via Saint-Germain-des-Fossés pour éviter l'itinéraire de Bourgogne, trop sujet aux mitraillages et sabotages. À partir du 15 mai, les 59/60 sont même conduits depuis Lyon jusqu'à Nevers et repris par une Pacific vers la capitale. Cette situation cesse le 3 septembre lorsque les Allemands en retraite font sauter à l'aide de torpilles le viaduc dit « de Loire », à Nevers.
Les semaines suivantes, l'atmosphère de guerre devient étouffante et désorganise le trafic ferroviaire, dont la régularité souffre terriblement des actions perpétrées par les francs-tireurs isolés, les maquisards organisés et les cheminots eux-mêmes, qui veulent briser tout ce qui touche aux déplacements des troupes d'occupation. Leurs actes se manifestent sous diverses formes : pétardages d'organes vitaux des locomotives, postes d'aiguillages, ouvrages d'art, limaille de fer dans les graisseurs de têtes de bielles ou dans les boîtes d'essieux des véhicules moteur et remorqués, bivoies volontaires, mélange d'étiquettes d'acheminement, etc.
C'est sans regrets que Vénissieux s'est séparé de ses Mountain ex-PLM, ventilées entre Laroche, Dijon, Ambérieu, Marseille-Blancarde et Nice. Du reste, eu égard aux événements, les parcours des machines toutes catégories sombrent, tombant par exemple à 3 060 km en juillet pour les P de ce dépôt. Début août, Vénissieux réceptionne en retour de Grenoble les P 9 à 11 et 14, qui y repartiront à l'automne.

Graves dommages dans le parc à la Libération

Durant le printemps et l'été 1944, le trafic ferroviaire, déjà très perturbé par les sabotages, est la cible privilégiée des raids aériens alliés destinés à désorganiser en profondeur la machine de guerre allemande. Ils interviennent de plus en plus fréquemment, à la fois sur les installations, les gares, triages, faisceaux et grands ouvrages, mais aussi en ligne, sous forme de mitraillages. Outre ces objectifs, l'action porte également sur l'anéantissement des dépôts, où les effets destructeurs sont d'autant plus payants que la concentration d'engins est grande. Deux d'entre eux, propriétaires de 141 P, sont rasés – Châlons le

27 avril et Chalindrey le 13 juillet –, laissant de nombreuses machines partiellement détruites ou emprisonnées sous les décombres. Provisoirement, des machines de Châlons vont devoir être détachées aux dépôts secondaires voisins d'Épernay et de Vitry-le-François, ce qui contrarie leur utilisation, celles de Chalindrey émigrant en partie à Langres.

Le dépôt de Vénissieux subit également un bombardement, toutefois moins violent (des machines présentes dans l'atelier de levage sont endommagées), tandis que celui de Mézidon, situé en pleine zone de combats postérieurs au débarquement, est neutralisé pratiquement en permanence à partir de juin par la coupure des axes ferroviaires convergents. Certaines machines de la série sont également touchées dans d'autres dépôts sous le coup des bombes alliées.

Le raid effectué sur le dépôt savoyard de Chambéry, le 26 mai, neutralise une cinquantaine d'engins électriques et vapeur, dont la 141 P 6 de Grenoble, très sévèrement touchée au point d'être jugée irréparable. Autre fléau – et non des moindres –, les sabotages de voie et de machines opérés, nous l'avons dit, par les maquisards et les cheminots eux-mêmes, très engagés dans la bataille. Dans le premier cas, des équipes de conduite y laisseront leur vie ou seront grièvement blessées.

Leur nombre ne fait que croître au fur et à mesure que la pression des forces alliées s'accentue.

Le Dauphiné, avec les célèbres maquis du Vercors et de la Chartreuse, s'illustre avec de nombreux coups d'éclat sur la ligne de Lyon à Grenoble. Signalons notamment le cas de la 141 P 20 de Vénissieux, lancée à toute allure le 12 août, régulateur grand ouvert et en marche arrière, sur un obstacle établi au km 76, où elle a dévalé un talus, la caisse de son tender 34 P 90 s'étant désolidarisé de ses bogies sous la violence du choc.

Autre incident d'une extrême gravité, le heurt volontaire d'un train d'essence dans le triage de Châlons par la 141 P 93, naturellement très endommagée par l'incendie qui s'est ensuivi.

Lorsque le territoire français est complètement libéré, à l'orée de l'automne, l'heure des comptes fait apparaître d'immenses dégâts : sur les 87 machines figurant à l'inventaire, qui ont souffert des bombardements, des sabotages et d'un entretien parcimonieux avec des ingrédients – charbon, huiles de graissage – de qualité médiocre : près de la moitié sont indisponibles, victimes d'avaries plus ou moins lourdes affectant la machine ou le tender, voire les deux. Les réparations sont effectuées dans un délai de plusieurs semaines à des mois, soit avec des moyens de fortune dans les dépôts restés correctement outillés, tel celui de Vénissieux, au prix d'acrobaties, soit par les grands ateliers SNCF, soit encore par ceux de l'industrie privée. Seule la 141 P 6 est jugée irréparable et réformée par la suite. Quant à la 141 P 93, les ateliers d'Épernay assurent sa reconstruction, terminée fin 1945.

Au point de vue des installations traction, deux dépôts sont à reconstruire totalement : Châlons, qui sera réédifié le long du triage avec des remises aux normes modernes, et Chalindrey, sur le même emplacement, mais avec grande rotonde unifiée de type P

De longues semaines sont nécessaires pour déblayer le chaos du secteur de Mézidon, mutilé par les combats du débarquement en Normandie.

Les difficiles lendemains de l'après-guerre

Jusqu'à la fin de l'exercice 1944, les cheminots mettront tout en œuvre pour faire repartir la machine ferroviaire, qu'il s'agisse du rétablissement des lignes ou du potentiel de traction. Au-delà, ils ne ménageront pas leurs efforts pour assurer la reprise de l'économie du pays sorti exsangue du conflit mondial et dont les besoins en transport sont considérables, pour le réapprovisionnement en vivres et en matériaux nécessaires à la reconstitution des stocks et à la reconstruction. De plus, les besoins des troupes alliées continuant la bataille sur le front occidental entraînent un mouvement considérable de matériels en provenance des ports maritimes de la façade atlantique (Le Havre, Cherbourg et Saint-Nazaire).

Compte tenu de ce contexte, la SNCF ne peut tirer pleinement parti de la qualification des 141 P, bridées par les nombreux chantiers de travaux en ligne limitant les taux de vitesse.

Du reste, la série participe à des détournements permanents dont deux sont spécialement mémorables.

Dans un cas, il s'agit de la destruction du grand viaduc de Nogent-le-Perreux sur la

Marne, rétabli seulement fin 1946; dès la Libération, les rares trains express Paris - Mulhouse - Bâle sont reportés en gare de Paris-Bastille et acheminés via Boissy-Saint-Léger et Verneuil-l'Étang, avec des 230 K de Troyes. En fin d'année, une solution un peu plus rationnelle est appliquée en employant des 141 P de Chalindrey au départ de Paris-Est, avec emprunt successif de la Grande Ceinture complémentaire entre Noisy et Sucy-Bonneuil, le raccordement stratégique n° 2 de Sucy (déposé ultérieurement) puis la ligne de la Bastille au-delà, vers Verneuil. Courant 1945, après rétablissement des viaducs du Mée et du Pêt-au-Diable à Melun, ainsi que celui de Montereau sur la Seine, ces trains partent provisoirement de Paris-Lyon et circulent via Melun, Héricy, Montereau et Flamboin-Gouaix, avec des Pacific Sud-Est de Paris à Montereau, où ils sont relayés par des 140 A de Troyes.

Dans l'autre cas, la neutralisation du tronçon Blaisy-Bas - Dijon-Ville de la grande ligne de Bourgogne, en raison des dommages subis par l'important tunnel de Blaisy à sa tête sud et les viaducs de Mâlain, de Combe-de-Lée, de la combe de Fin et Neu-

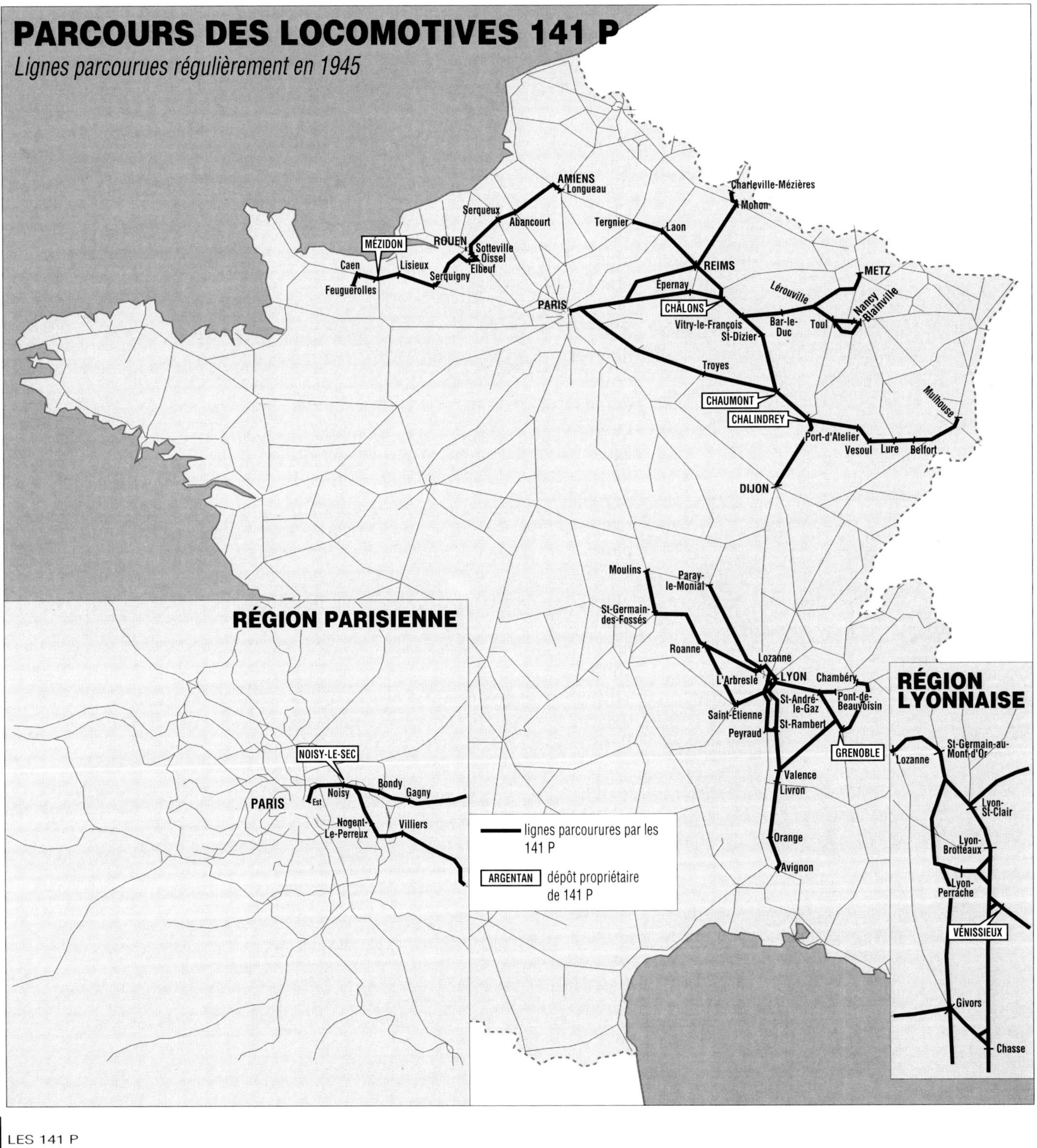

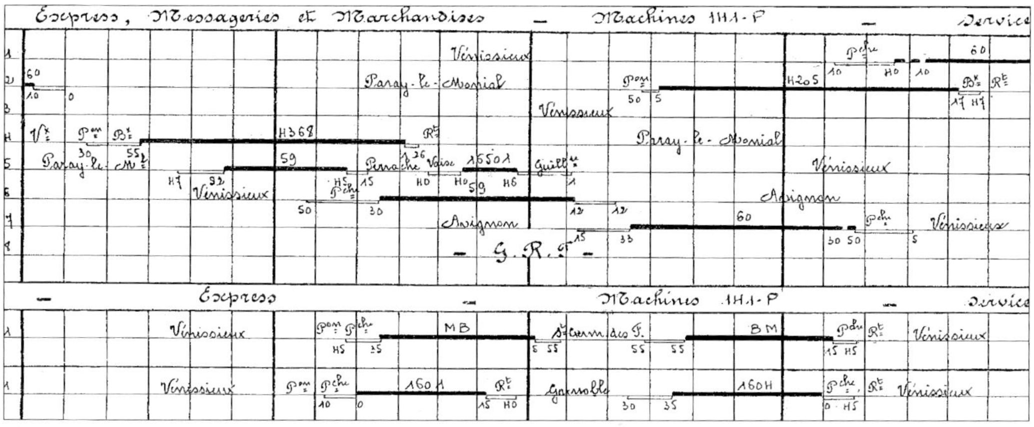

Roulement du dépôt de Vénissieux au 1er janvier 1945 (coll. Rasserie).

von, conduit la région Sud-Est à dévier jusqu'au 6 février 1945 le trafic Paris - Lyon - Marseille par le Bourbonnais [5]. Les 141 P de Vénissieux monteront donc durant quelques semaines les express 59/60 de Lyon à Paray-le-Monial via l'Azergues, où ils seront repris par des 230 A ou 230 C qui les conduiront via Gilly-sur-Loire et Bourbon-Lancy, à Cercy-la-Tour et, de là, à Nevers. En effet, l'accès à Nevers depuis Moulins est alors interdit en raison de la coupure du pont sur la Loire à Nevers.
L'industrie n'étant parvenue à livrer au quatrième trimestre 1944, en novembre, que les P 94 et 96, à Châlons-sur-Marne, la répartition des 89 unités du parc dans les six dépôts propriétaires est au 1er janvier 1945 la suivante :
— Châlons-sur-Marne (22) : 52, 54 à 56, 59, 76 à 81 et 86 à 96 ;
— Chalindrey (9) : 51, 53, 57, 58, 97 à 100, 103 ;
— Mézidon (5) : 74, 82 à 85 ;
— Paris-Lyon (1) : 75 en utilisation spéciale ;
— Vénissieux (37) : 16 à 50, 101, 102 ;
— Grenoble (15) : 1 à 5, 7 à 15 + la 6 en attente d'amortissement.

1945 : une seule machine neuve

Le roulement 450 des machines de Vénissieux au 1er janvier 1945 est particulièrement révélateur des difficultés de la reprise du chemin de fer, compte tenu des énormes destructions d'installations et des immobilisations de matériels. Neuf 141 P seulement peuvent être engagées sur les trains détournés via Paray, vers Avignon et vers Grenoble, où les trains 1 601/1 604 sont graphiqués en 3 h 15/3 h 35 pour accomplir les 131 km ! Leur contribution à l'ouest de Lyon, vers Saint-Germain, se limite alors aux trains MB/BM, seule liaison transversale rétablie via Tarare.
Au 1er février apparaissent des tournées sur des trains PV omnibus entre Vénissieux et Peyraud par la rive droite du Rhône d'une part, Vénissieux et Pont-de-Beauvoisin via Saint-André-le-Gaz d'autre part, reprises peu après par des machines de type 140 E ou 141 C.
Sur le secteur Est, les P 56, 77 et 81 de Châlons sont parties en janvier pour Thionville, dépôt ex-AL qui ignore tout des machines mixtes, sa fonction prépondérante étant axée sur le trafic de pondéreux dans le Bassin lorrain, avec ses 150 C revenues d'Allemagne ou ses 150 X et Y, machines de conception allemande récupérées en cours de montage dans les usines françaises ou confisquées comme prises de guerre.
En avril, Chalindrey, où l'on envisage d'affecter des 141 R à brève échéance pour éliminer les lourdes 150 E travaillant sur la transversale Toul - Dijon, perd son petit parc au profit du dépôt de Chaumont, dont les installations jouxtant la gare voyageurs ont elles aussi été ravagées par un violent bombardement le 23 mai 1944. Détenteur jusqu'à la fin 1944 de Mountain 241 A, machines mutées ensuite à Bar-le-Duc et à La Villette, cet établissement à vocation « vitesse », bien placé, car à mi-chemin entre Paris et Bâle, ne possède alors qu'une douzaine de 231 B 300 ex-AL et ex-PO, ainsi qu'une poignée de 230 B et K. L'apport des 141 P pratiquement neuves revivifie son activité et suppose le départ des Pacific sur le dépôt de Strasbourg. Elles restent utilisées comme auparavant en régime messageries, marchandises sur l'axe Paris - Mulhouse et vers Châlons, Laon et Dijon.
Ce n'est qu'en 1947 qu'elles pourront émigrer dans le nouveau dépôt moderne construit à Choignes, à la sortie est de Chaumont, en compagnie de 241 A de retour.
À l'Ouest, comme au Sud-Est, les machines

(5) Pendant cette période, certains trains remorqués en double traction avec des 230 A des Laumes, 242 TC ou 140 B de Chagny sont détournés également des Laumes à Chagny via Pouilly-en-Auxois, Épinac-les-Mines, à vitesse réduite, eu égard au faible armement de ces voie uniques.

Roulement du dépôt de Vénissieux au 12 juillet 1945 (coll. Rasserie).

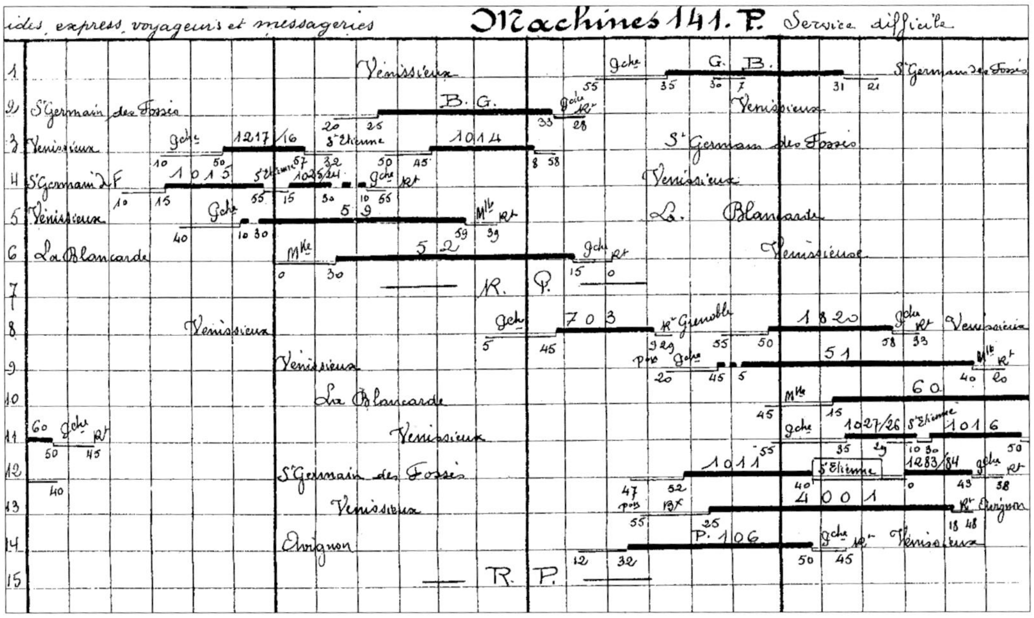

Roulement du dépôt de Grenoble au 1er août 1945 (coll. Rasserie).

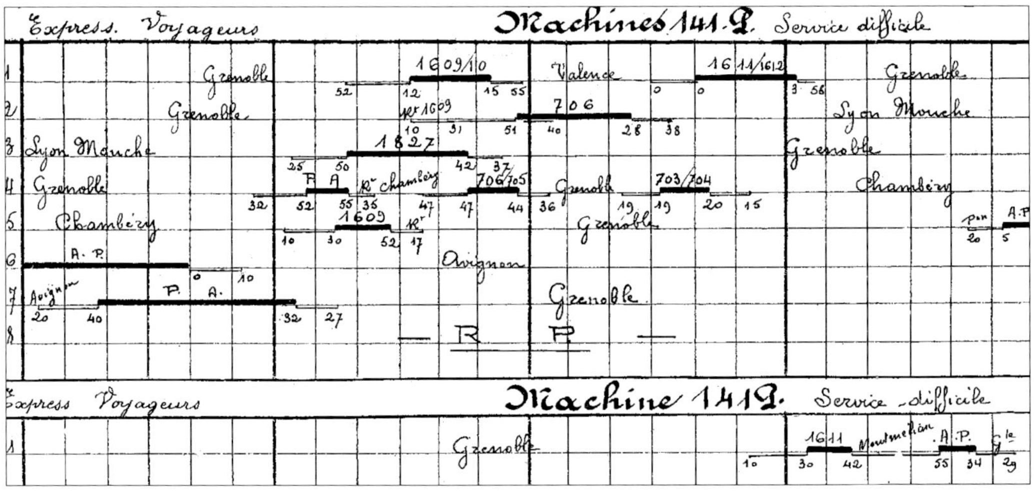

Avec le célèbre « Casque de Néron » en toile de fond, la 141 P 3 de Grenoble, aux abords de cette ville, avec un train de marchandises (SNCF-Paris-Sud-Est).

Un mécanicien en train de graisser le têtes de bielles de la P 38 de Vénissieux, au dépôt de Saint-Germain-des-Fossés qui possède encore sa rotonde couverte du PLM (VdR-Dubruille).

reprennent leurs fonctions antérieures, mais de façon très progressive.
Il faut attendre le mois de juillet 1945 pour que le dépôt de Vénissieux puisse aligner 13 machines en roulement, accomplissant 3 379 km avec les traditionnelles tournées de Saint-Germain aux express 1 015/1014, 1 016/1011, BG/GB (Bordeaux - Genève), 703/1 820 Lyon - Grenoble, 51/60, 59/52 Lyon - Marseille, ainsi que le messageries 4 001/106 Lyon - Avignon.
Au changement de roulement du 1er août suivant, la série ne dépassera plus Avignon, mais reprendra un peu plus tard le chemin du Languedoc, jusqu'à Nîmes.
À cette même date, le parc de Grenoble, ramené à 14 unités, est engagé sur 8 journées de roulement, cumulant 1 294 km et portant uniquement sur des trains de voyageurs du Sillon alpin entre Chambéry et Valence, dont les trains AP/PA (Alpes - Pyrénées) Saint-Gervais - Hendaye et retour, conduits de Grenoble en Avignon par une 141 P ; signalons qu'à cette époque, ces trains transitaient par Chambéry et Grenoble ; plus tard, ils passeront par Ambérieu et Lyon.
La 141 P 60, en chantier à la Libération, est la seule de l'exercice 1945 à être livrée par l'industrie, en février, à Châlons-sur-Marne, ce qui illustre les difficultés de production des usines. Fort heureusement, à défaut, le parc SNCF est renfloué en novembre et décembre par les 50 premières 141 R chauffées au charbon.
Parmi elles, 13 sont affectées au service d'hiver à Châlons-sur-Marne, ce qui détermine le départ du parc de 141 P à la fois vers :
— Noisy-le-Sec, autre dépôt dévasté par bombardement le 18 avril 1944, renaissant de ses cendres et qui va en accueillir 12 pour le trafic messageries vers Reims, Charleville, Bar-le-Duc, Nancy-Jarville, Metz-Sablon et Chaumont ;
— Chaumont, dépôt ayant réceptionné quelques mois auparavant le lot de Chalindrey.

Roulement du dépôt de Vénissieux au 1er décembre 1946 (coll. Rasserie).

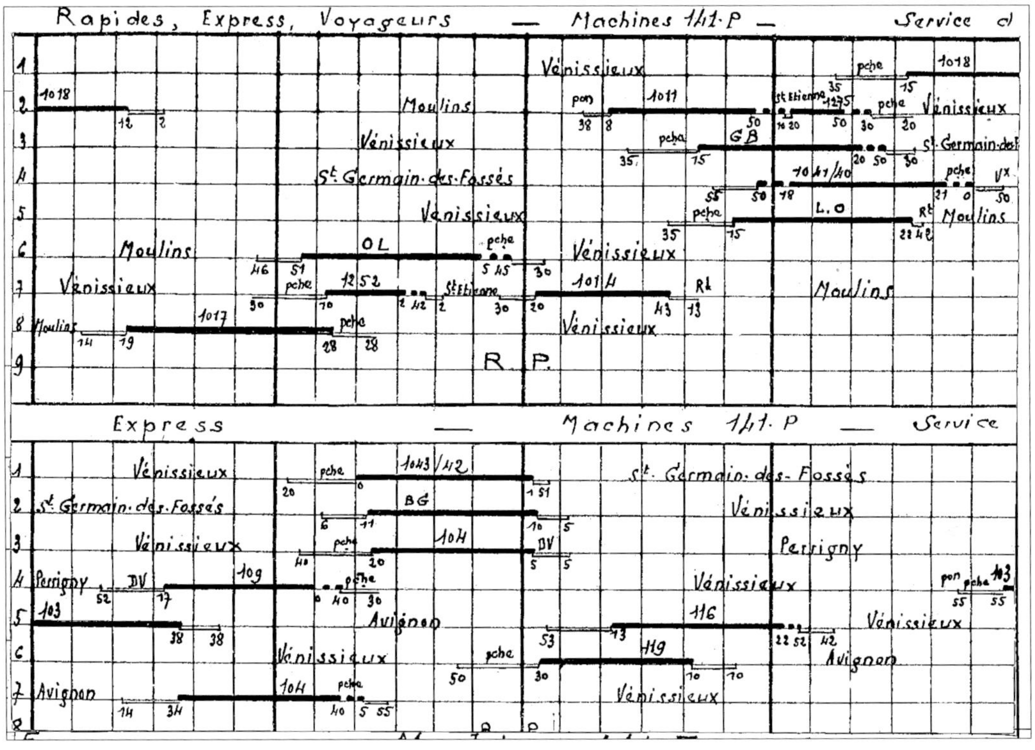

Roulement du dépôt de Grenoble au 1er novembre 1946 (coll. Rasserie)

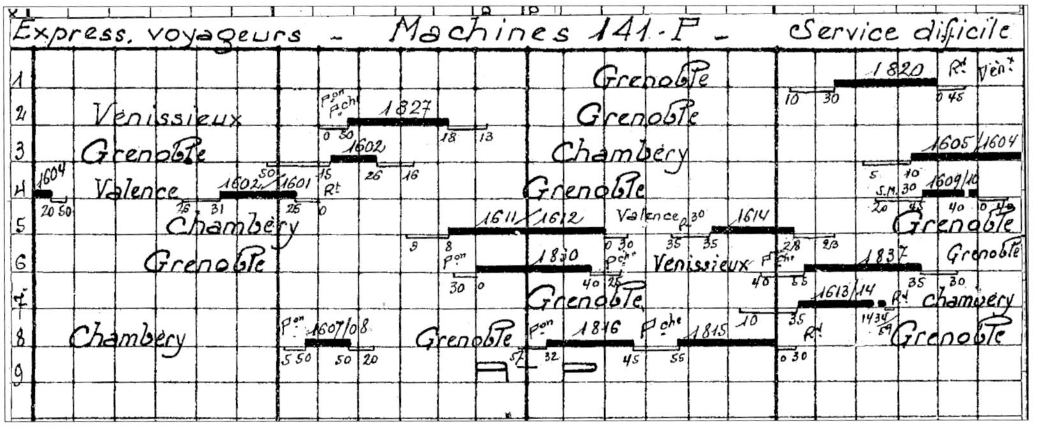

Dans les années de l'immédiat après-guerre, la 141 P 10 démarre un express de la gare de Lyon-Perrache (VdR-Lucien-Maurice Vilain).

Scène traditionnelle de correspondance à Saint-Germain-des-Fossés en 1950, avec la 141 P 36 de Vénissieux qui vient de ralayer une Pacific PO de Saint-Pierre-des-Corps (train venant de Bretagne et à destination de Lyon) et la 231 G 246 (train Paris - Clermont) (VdR-Dubruille).

La 141 P 102 de Vénissieux, prête au départ, sur la voie de sortie de son dépôt d'attache, à l'été 1947 (VdR-Bischoff).

Le renouveau

Les « petites P» au Mans et à Rennes

Sans être considérable, l'apport de 13 machines 141 P neuves au cours de l'année 1946 marque le renouveau de la série. Rien à voir pourtant avec l'énorme flot de 141 R débarqué en France au rythme de trois machines par jour ouvrable!

Les nouvelles venues font pour la plupart partie de la commande de 1941, à savoir les lots Schneider et Marine-Homécourt, non complètement honorés du fait des hostilités, auxquelles se sont ajoutées les trois premières machines du second marché de 1945 passé à Marine et Homécourt (les 104 à 106). Parmi elles, les P 61 à 66, 104 et 105 sont destinées au dépôt du Mans, les P 67 à 70 et la 106, à Rennes.

Au Mans, elles vont partager, avec les machines ex-État 241 A, 231 D et H, 141 C ou 140 C les rotondes du dépôt vapeur installé au triage et qui a terriblement souffert des bombardements.

Une mission noble et prioritaire les attend, celle de remplacer les Mountain État (construites sur le type Est), ayant mauvaise presse, et dont la région Ouest ne veut plus pour la traction de ses express lourds de Bretagne, amenés depuis Paris-Montparnasse en traction électrique par les 2D2 500. En conséquence, l'Est, par souci d'unification et de regroupement, récupère à l'automne huit machines et les affecte à Chaumont et à Bar-le-Duc. Elles sont renumérotées temporairement sur cette région 241 A 300.

D'autres implications découlent de l'arrivée concomitante des petites P et de 141 R à chauffe charbon, comme la réduction progressive d'activité des Pacific ou la mutation de nombreuses 141 C dans des dépôts de deuxième ordre comme Chartres, Laval, Trappes et Dreux.

Le roulement initial des 141 P porte d'abord sur des tournées voyageurs sur Rennes, où elles font aussi bien que les précédentes, grâce à leurs démarrages énergiques, escaladant à vive allure les bosses en 6 ‰ du parcours, avec un minimum d'efforts humains pour le chauffeur.

À Rennes, un scénario quasi identique se produit, également en concordance avec la réception des premières 141 R au charbon, utilisées plus spécialement sur les convois marchandises.

Les P vont prendre en charge les express et les messageries, à la fois vers Le Mans puis vers Brest ou Quimper. Leur arrivée détermine, là aussi, de nombreux bouleversements en cascade, comme :

— le retrait des 241 A précédemment évoqué, avec départ à Chaumont des A 035 et 038 devenant sur l'Est 1-241 A 335 et 338, puis 1-241 A 61 et 63;

— la baisse d'intensité des prestations des 231 D, dont plusieurs sont expédiées sur Batignolles et Caen;

— l'éviction des 141 C, redéployées sur l'arrondissement traction de Rennes, avec envoi dans les dépôts de Saint-Brieuc, Auray et Quimper, ainsi qu'en Normandie, à Lisieux, Dreux, Argentan et Rouen-Martainville;

— la marginalisation des 140 B (Baldwin)

La P 200 du Mans, vers la fin des années 1940 (VdR-Raymond Floquet).

reléguées aux prestations travaux.
Par ailleurs, dans le prolongement de l'affectation de 141 R charbon à Caen et Mézidon, le trafic du minerai est accaparé par cette série, ce qui autorise le transfert du petit lot de 141 P de Mézidon sur Rennes (P 74, 82) et Le Mans (83 à 85).
Sur la région Est, on note seulement la mutation de deux machines de Chaumont à Noisy, qui en abrite désormais 14, la P 56 exilée à Thionville revenant à Chaumont.
Au Sud-Est, les attributions du parc de Vénissieux restent partagées au niveau du roulement du 18 mars 1946, entre les courses voyageurs d'Avignon (trains 115/52, 59/11 402, 11 401/104, 103/60), de Saint-Germain (GB/BG, 1 014/1015, 1 016/1 011) et de Grenoble (1 837/4 840).
À cette époque, les trains de jour AL/LA Nantes - Lyon ont été réintroduits par Paray et confiés aux 141 C de Vénissieux. Ils seront repris un peu plus tard par les 141 P.
Un épisode inattendu a lieu au printemps. Sur ordre de la Division de la traction du Sud-Est, la P 31 est mutée le 7 avril au dépôt de Saint-Étienne, où elle participe au service vers Lyon et Saint-Germain-des-Fossés. Cette dispersion nuisible au rendement de la série cesse le 16 mai, date à laquelle la machine retrouve ses sœurs à Vénissieux.

Campagne d'essais en terre cévenole

Afin de supprimer les doubles tractions de machines 240 A à surchauffe, vieilles maintenant de 35 ans, entre Langeac et Alès , aux trains express de la ligne des Cévennes, ligne marquée par de longues rampes en 25 ‰ et une enfilade de 100 tunnels, le Sud-Est tient à expérimenter des 141 P après l'échec de l'essai de la Mountain 241 D 52 de Nice en 1945.
Pour cela, elle affecte le 4 juillet 1946 au dépôt auvergnat de Langeac les P 24, 25, 26, 42 cédées par Vénissieux, puis, le 26 novembre, la P 9 issue de Grenoble, pour y assurer plusieurs mois durant les trains réguliers Paris-Nîmes 1 115/1 116 nocturnes et 1 111/1 114 diurnes, sur l'étape Langeac-Nîmes.
À l'expérience, les conditions de traction se révèlent à la hauteur des espérances. En revanche, le gabarit assez serré des multiples tunnels à voie unique rend la température excessive sous l'abri des machines, incommodant l'équipe de conduite, notamment sur le versant sud, entre Alès et la Bastide, là où la rampe est la plus dure. De plus, en raison des tunnels rapprochés, les projections d'escarbilles, abondantes en chauffe mécanique, sont de nature à in-

Une vue d'ensemble du dépôt de Rennes, avec trois 141 P devant les imposantes remises (VdR-Orain).

La 141 P 60 à Noisy-le-Sec, son dépôt d'attache, en avril 1947 (VdR-Félix Fénino).

(6) L'essai de deux 141 R à chauffe au fuel (141 R 1151 et 1161 du dépôt de Nîmes), réalisé en août 1947, s'est révélé tout aussi infructueux, toujours en raison du nombre et du gabarit des tunnels où les gaz de combustion du charbon incommodaient fortement le personnel de conduite, mais également les voyageurs, sans parler de la chaleur intense qui régnait sous l'abri.

commoder les voyageurs, qui ne peuvent ouvrir les fenêtres malgré les fréquentes canicules estivales (6). Cet intermède prend fin au printemps 1947, époque où la décision est prise de remplacer les 240 A de Langeac et Alès par des 141 E (141 D et E à Alès), plus puissantes et moins pénibles à la chauffe, provenant des dépôts de Dijon, Ambérieu, Badan, Nevers et Roanne, libérées suite à l'apport massif de 141 R, mais également de Paray, Dole et Vénissieux.

Les P prennent racine en Franche-Comté

L'affectation à Grenoble de 141 R de la tranche 700, initialement chauffées au charbon, a pour conséquence la mutation des 141 P à l'utilisation limitée de ce dépôt (1 à 5, 7, 8 et 10 à 15), entre décembre 1946 et février 1947, à l'établissement jurassien de Dole; possesseur d'une dotation importante de 75 Mikado PLM 141 C, D et E. Les 141 P ont pour mission de supplanter ces dernières et, surtout, d'assurer la relève des Mountain 241 A et D dijonnaises, employées sur l'itinéraire montagneux d'accès à la Suisse, où elles donnent de piètres résultats à la montée du plan incliné à 20 ‰ séparant Mouchard de Frasne. Le premier roulement entre en vigueur le 6 janvier 1947 avec huit machines pour 1 038 km/jour. Il intéresse d'abord :

— les rapides internationaux nocturnes 5/6 Simplon-Orient-Express, 519/520 de Dijon à Vallorbe et retour (qui reçoivent le renfort dans le sens impair au départ de Mouchard jusqu'à Frasne avec une 141 D ou E);
— les 811/812 de Dijon à Besançon;
— des voyageurs et trains RO omnibus de Dijon à Dole.

Le 1er janvier 1947, les 102 machines en service (déduction faite de la P 6 réformée) sont réparties dans 10 dépôts comme mentionné ci-après :

— Noisy-le-Sec : (16) P 51, 52, 54, 55, 58 à 60, 76, 79, 86 à 90, 92 et 93;
— Chaumont : (14) P 53, 56, 57, 78, 80, 91, 94 à 100 et 103;
— Thionville : (2) P 77 et 81;
— Le Mans : (11) P 61 à 66, 83 à 85, 104 et 105;
— Rennes : (7) : P 67 à 70, 74, 82 et 106;
— Paris-Lyon : (1, en utilisation spéciale) P 75;
— Dole : (10) P 1, 2, 4, 5, 7, 10 à 13 et 15;
— Grenoble : (3) : P 3, 8 et 14;
— Langeac : (5) P 9, 24 à 26 et 42;
— Vénissieux : (33) : P 16 à 23, 27 à 41, 43 à 50, 101 et 102.

1947 : une production toujours parcimonieuse

Si la série donne, globalement, entière satisfaction à la SNCF, celle-ci doit encore patienter longtemps pour pouvoir disposer des unités commandées. Heureusement le flot ininterrompu de 141 R a déjà permis de rajeunir très sérieusement le parc de traction des six régions, mais il reste encore beaucoup à faire pour rationaliser les acheminements en pleine mutation, suite à la création des courants RA (régime accéléré) et RO (régime ordinaire), et éliminer des séries anciennes, fatiguées et peu performantes.

Les marchés initiaux de 1941 peuvent enfin être apurés avec la sortie des trois dernières machines du lot Schneider (les P 71 à 73). Les 71, 73, 110, 111, 113 et 118 sont allouées au Mans, les P 72, 107 à 109, 112 et 114 à 117 à Rennes. Dans ces établissements, les nouvelles arrivantes sont engagées (dans certains cas avec retard, suite à la livraison décalée des tenders), comme l'année précédente, sur l'axe Le Mans - Brest, où existe alors un gros courant de primeurs venant du Léon, du Trégor et du secteur de Saint-Malo. Ainsi, la nuit, plusieurs trains RA provenant des antennes bretonnes, et notamment des gares de Roscoff, Saint-Pol-de-Léon, Paimpol, Saint-Malo et La Gouesnière-Cancale, sont pris en charge au départ des gares de jonction, Morlaix, Guingamp ou Rennes, par les 141 P jusqu'au Mans, en remplacement de 141 C Ouest à la puissance dépassée.

Les 141 P du Mans s'immiscent maintenant timidement en direction du Val de Loire, vers Nantes, encore que le gros de l'activité soit désormais du ressort des 141 R au fuel de Nantes et du Mans, où elles ont remplacé les charbonnières en cours d'année.

Un nouveau contingent de 241 A Ouest peut être libéré et cédé à la région Est, cas des :

— rennaises 3-241 A 009, mutées à Bar-le-Duc, 011 et 028, mutées à Chaumont (futures 1-241 A 52, 54, 59) ;

— mancelles 3-241 A 021, mutées à Bar le Duc, 022 et 001 à Chaumont (futures 1-241 A 57, 58, 65).

Par ailleurs, ces apports favorisent la mutation vers Dieppe des petites Pacific État

L'intérieur d'une des anciennes rotondes circulaires de Noisy-le-Sec, en avril 1947 ; côtoyant des 141 R charbonnières et une 140 C, trois 141 P attachées à l'établissement : les 76 et 55, tandis que celle de droite, dépourvue de macaron SNCF, a son numéro illisible (VdR-Félix Fénino).

La P35 de Vénissieux à Saint-Germain-des-Fossés, devant un poste typiquement PLM, en 1950 (VdR-Dubruille).

(7) Des 242 TA de Dole prenaient le relais de Pontarlier aux Verrières (Suisse).

série 231 C non modifiées et 231 H encore affectées aux dépôts de Saint-Brieuc, Brest et Auray, engins déjà plus ou moins « sur la touche » à l'époque.

En sus, trois machines du programme de redémarrage (notifié en 1945 et portant sur 215 unités), à savoir les P 199, 200 et 201 construites par la Franco-Belge, arrivent au Mans d'août à décembre. Rappelons qu'elles bénéficient d'origine de légères améliorations par rapport aux 141 P 1 à 118, comme le siphon Nicholson reliant le ciel du foyer à la plaque tubulaire, des segments de piston de type américain (Koppers), plus résistants, et d'un régulateur BP renforcé.

Ces réceptions entraînent à l'automne 1947 quelques mutations interrégionales, comme la permutation des 141 P 102 de Vénissieux à Laval, compensée par la réception de la 141 P 84 venue du Mans, ainsi que l'envoi de la 141 P 103 de Chaumont à Laval.

Les parcs Est et Sud-Est se stabilisent

Si le parc Est ne subit que peu de fluctuations internes sur l'exercice 1947, celui du Sud-Est voit tout au plus le retour, en avril, des machines de Langeac, où les essais sont restés sans suite; ainsi la P 42 est-elle reversée à Vénissieux, les P 9, 24, 25 et 26 vont à Dole, où elles sont rejointes par les P 19, 31, 32 mutées de Vénissieux.

Pendant l'été, les machines de Vénissieux, dont 21 sont en roulement pour 4254 km/jour, montent à nouveau à Paray-le-Monial avec les express périodiques de jour AL/LA (Lyon - Le Croisic), qui, l'année suivante, seront confiés aux 141 E de Paray-le-Monial.

Au dépôt jurassien, leur plus grand nombre permet d'intensifier leur service en direction de Laroche-Migennes, avec 12 journées pour 2620 km, selon le roulement du

Un train de voyageurs sur Paris - Bâle ; cette artère a été un terrain de prédilection pour les 141 P, tout au long de leur carrière (VdR-Oger).

1er août 1947. Dorénavant, ces machines assurent également les rapides diurnes Paris - Milan 505/506, de Laroche à Vallorbe, avec changement de machine à Dijon ou Dole, les 811/812 de Laroche à Dole, le 104, express à arrêts fréquents, deux messageries et le rapide 5 de Dijon à Laroche et retour. Ces tournées sont prises aux locomotives 241 A ou D, 240 P et 231 G de Laroche, 241 A ou D et 231 G de Dijon. Un peu plus tard, les 141 P de Dole remorquent aussi les trains de nuit 511/512 de Dole à Pontarlier (7).

Le 1er janvier 1948, le bilan de la série regroupant 120 machines est alors réparti entre l'Est (31), l'Ouest (37) et le Sud-Est (52), avec la ventilation suivante :

— Noisy-le-Sec : (16) P 51, 52, 54, 55, 58 à 60, 76, 79, 86 à 90, 92 et 93 ;
— Chaumont : (15) P 53, 56, 57, 77, 78, 80, 81, 91 et 94 à 100 ;
— Le Mans : (19) P 61 à 66, 71, 73, 83, 85, 104, 105, 110, 111, 113, 118 et 199 à 201 ;
— Laval : (2) P 102 et 103 ;
— Rennes : (16) P 67 à 70, 72, 74, 82, 106 à 109, 112 et 114 à 117 ;
— Paris-Lyon : (1) P 75 en utilisation spéciale au banc de Vitry ;
— Dole : (19) P 1 à 5, 7 à 15, 19, 24 à 26 et 32 ;
— Vénissieux : (32) P 16 à 18, 20 à 23, 27 à 31, 33 à 50, 84 et 101.

La P 81, briquée à l'extrême pour la campagne de clichés officiels du laboratoire de Paris-Lyon, photographiée ici par Lucien-Maurice Vilain (VdR).

1948-1949 : importantes dotations sur l'Est et l'Ouest

La production en tir groupé des sept usines chargées d'honorer le programme de démarrage se traduit enfin par des réceptions, sinon massives, du moins conséquentes comparées aux années précédentes. Comme chacune d'elles fabrique un lot distinct, les arrivées, concernant en principe les premières unités de chacun des lots, apparaissent sans continuité numérique.

Au total, ce sont 63 machines (P 149 à 160, 169 à 180, 202 à 215, 229 à 245, 259 à 263 et 289 à 291) qui pourront être mises en service en 1948 à la fois dans les dépôts déjà pourvus de Noisy-le-Sec, Chaumont, Le Mans et Rennes, et dans celui tout à fait nouveau d'Ile-Napoléon à Mulhouse ; dans ce cantonnement de haute Alsace, elles ont tôt fait d'évincer les 231 B 300 ex-AL dont 30 sont des transfuges du PO, machines de puissance inférieure et qui sont reversées à Belfort et Strasbourg. Un premier lot sortant de construction (P 209 à 213) est attribué à Ile-Napoléon de juillet à octobre 1948. Il est suivi par un second comprenant les P 181 à 183, 216, 217, 293 à 300 et 302 de janvier à août 1949. En dehors de ces engins neufs, l'établissement accueille les P 157 de Noisy, en décembre 1948, et 241 de Chaumont, en janvier 1949.

Elles commencent donc à assurer certains des trains express internationaux, cas des 31, 33, 39, 34, 36 sur la transversale Strasbourg - Bâle, dans la plaine d'Alsace, mais vont aussi opérer en direction de la Bourgogne, vers Dijon-Perrigny via Besançon et Dole, avec des convois de messageries.

À Noisy-le-Sec, leur service s'intensifie, notamment en régime RA sur les lignes 1, 2, 4, 10, 11, jusqu'à Nancy, Metz, Charleville ou Chaumont. En raison de la réforme des acheminements, les P de Noisy, et ultérieurement celles de Châlons-sur-Marne, vont prendre les trains de messageries au triage sud-ouest de Juvisy, spécialisé au courant Sud-Nord. Pour cela, elles circulent en charge via Valenton, soit via l'Évite-Villeneuve par le poste R d'Orly, soit via Vigneux et Villeneuve, puis par la Grande Ceinture complémentaire pour rejoindre le triangle de Gagny. Elles vont à Juvisy haut-le-pied soit par la GC-Est via Nogent et Champigny, soit par la complémentaire.

Quant à celles de Chaumont, renforcées par la P 83 mutée du Mans, elles se ren-

Trois vues du service des 141 P sur l'artère impériale, en juillet 1947, avant l'électrification :
- La P 25 de Dole va s'engouffrer dans le tunnel de Vélars, sur la section Les Laumes - Dijon.
- La P 42 de Vénissieux vient de quitter la gare de Lyon-Perrache et de franchir le pont sur la Saône.
- Vue générale de la gare de Dijon-Ville, avec une 141 P qui démarre un train de voyageurs international venant de Suisse ; dans l'attente des premières livraisons de voitures DEV, le parc voyageurs est resté tel qu'il était dans les années 1930. (VdR-Félix Fénino).

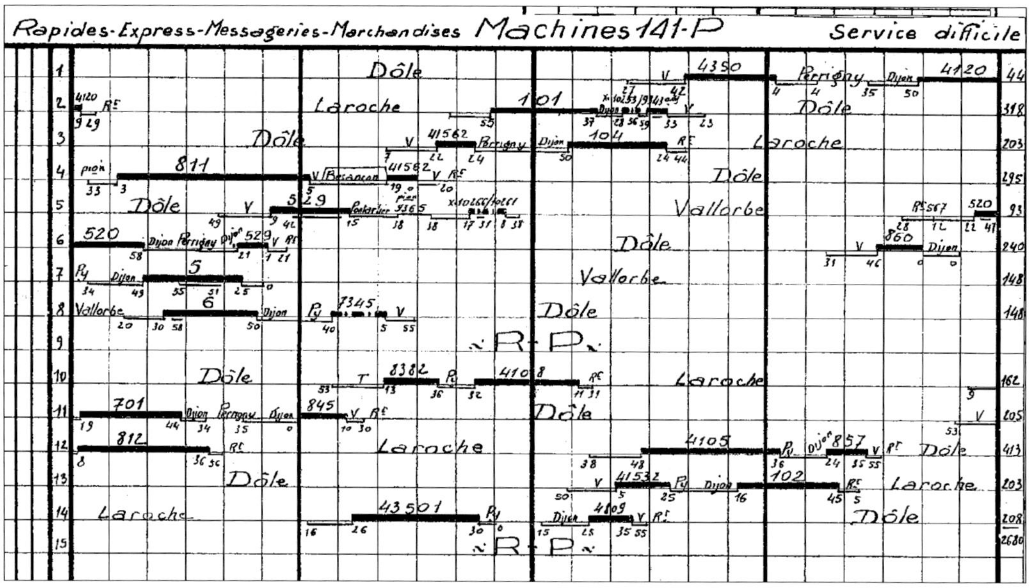

Roulement du dépôt de Dole au 3 octobre 1948 (coll. Rasserie).

dent à Paris, Reims et Laon via Châlons-sur-Marne, Mulhouse et Dijon.
Leur participation au trafic RO est également remarquée, mais là, seulement comme appoint aux 141 R, toutes-puissantes à Noisy-le-Sec, Vaires, Châlons-sur-Marne, Reims, Chalindrey, Blainville et Mulhouse-Nord. Elles empiètent en revanche sur le terrain des Pacific en assurant des petits express Paris - Châlons-sur-Marne, Paris - Troyes et Paris - Chalindrey jusqu'ici réservés aux 231 C de La Villette et Troyes.
Bien entendu, par décalage, le rôle des 230 A et 140 A, C et G Baldwin de l'Est va en déclinant, suite à des mouvements en cascade.
Au Mans, comme à Rennes, elles achèvent l'élimination des dernières 241 A, garées avant expédition aux dépôts Est de Paris-La Villette, Chaumont et Strasbourg. Là, l'emploi des 141 P se cristallise surtout en service voyageurs et messageries sur l'axe Le Mans - Brest, faisant également du tort aux Pacific ex-État des deux dépôts, en particulier aux unités les moins perfectionnées, cas des 3-231 H. En outre, des incursions sur d'autres lignes sont observées comme la transversale Caen - Le Mans - Tours, de Rennes à Saint-Malo ainsi que de Rennes à Quimper. Toutefois, pour le moment, les Mancelles ne s'aventurent pas au-delà de Nantes, vers Saint-Nazaire et Le Croisic, fief des 231 D, 141 C et 140 H de Nantes-Blottereau.
À l'instar de l'Est, elles épaulent le cas échéant le fort contingent de 141 R fuel régnant à la fois au Mans, à Rennes, Saint-Brieuc, Nantes et Auray en trafic RO. On remarquera qu'à cette époque, à part une paire de trains rapides Paris - Nantes, les Pacific ont dû capituler face aux 141 R de Nantes qui enlèvent dans de bonnes conditions, depuis Le Mans, les express lourds peu tendus, quelquefois chargés à 900 t, qu'elles conduisent jusqu'à Quimper via Savenay et Redon.

La 141 P 1 de Dole en relais au dépôt de Villeneuve-Saint-Georges, en septembre 1948 (VdR-Félix Fénino).

En gare de Paris-Est, en juillet 1947, deux machines sous pression attendent le départ: la P 54 de Noisy-le-Sec et une 231 B (Pacific ex-Est, mais de type État) (VdR-Félix Fénino).

Ci-dessous, la P 4 de Dole, attelé à un train de marchandises, va quitter Laroche-Migennes, la célèbre gare-étape de la ligne Paris - Dijon, en mai 1948 (VdR-Félix Fénino).

Des P également à Laval

Il semble, avec le recul du temps, que l'affectation de 141 P à ce dépôt, situé à mi-chemin entre Paris et Brest, jadis titulaire de 241 A et 231 D avant l'électrification Paris - Le Mans en 1938, ait été décidée pour compenser la chute brutale des charges d'entretien et probablement pour éviter de blesser la susceptibilité des anciens « mécaniciens de grandes roues » ainsi que la notoriété du dépôt en matière de vitesse.
Or, ce choix peut aujourd'hui être sujet à controverse et sembler peu judicieux dans la mesure où Laval, à seulement 90 km du Mans et 72 km de Rennes, se prête à l'époque fort mal aux échanges traction des grands trains. On leur alloue donc des tournées Laval - Le Mans avec retour Le Mans - Rennes à certains trains RA, RO. En tout cas, l'arrivée timide des 141 P signe le départ des dernières 241 A hors service et un recul des 141 C Ouest.
La dotation de Laval débute à l'automne 1947 avec l'affectation des P 102 de Vénissieux et 103 de Chaumont. La réception continue de machines neuves au Mans permet le glissement progressif d'unités sur le dépôt mayennais. C'est le cas, en 1948, des P 105, 235 et 236, mutées d'octobre à décembre.
Afin de parfaire ses enseignements sur les capacités de la série, le service central du Matériel organise au cours du printemps et de l'été de l'exercice 1948 une longue série d'essais en ligne sur l'artère du Bourbonnais, avec la 141 P 75, des voitures dynamométriques et des machines-freins 230 B

Deux vues du service des 141 P sur la ligne de Granville : ci-dessus, une de ces machine en attente de départ en gare Montparnasse, en septembre 1951 (Jacques Bazin) ; ci-contre, la 141 P 236 en juin 1950, en tête d'un Paris - Granville, à l'arrêt à Versailles-Chantiers ; on notera l'archaïsme de la rame, composée de voitures en bois tôlé ex-État, les OCEM et DEV circulant de préférence sur les lignes de Bretagne (André Renault).

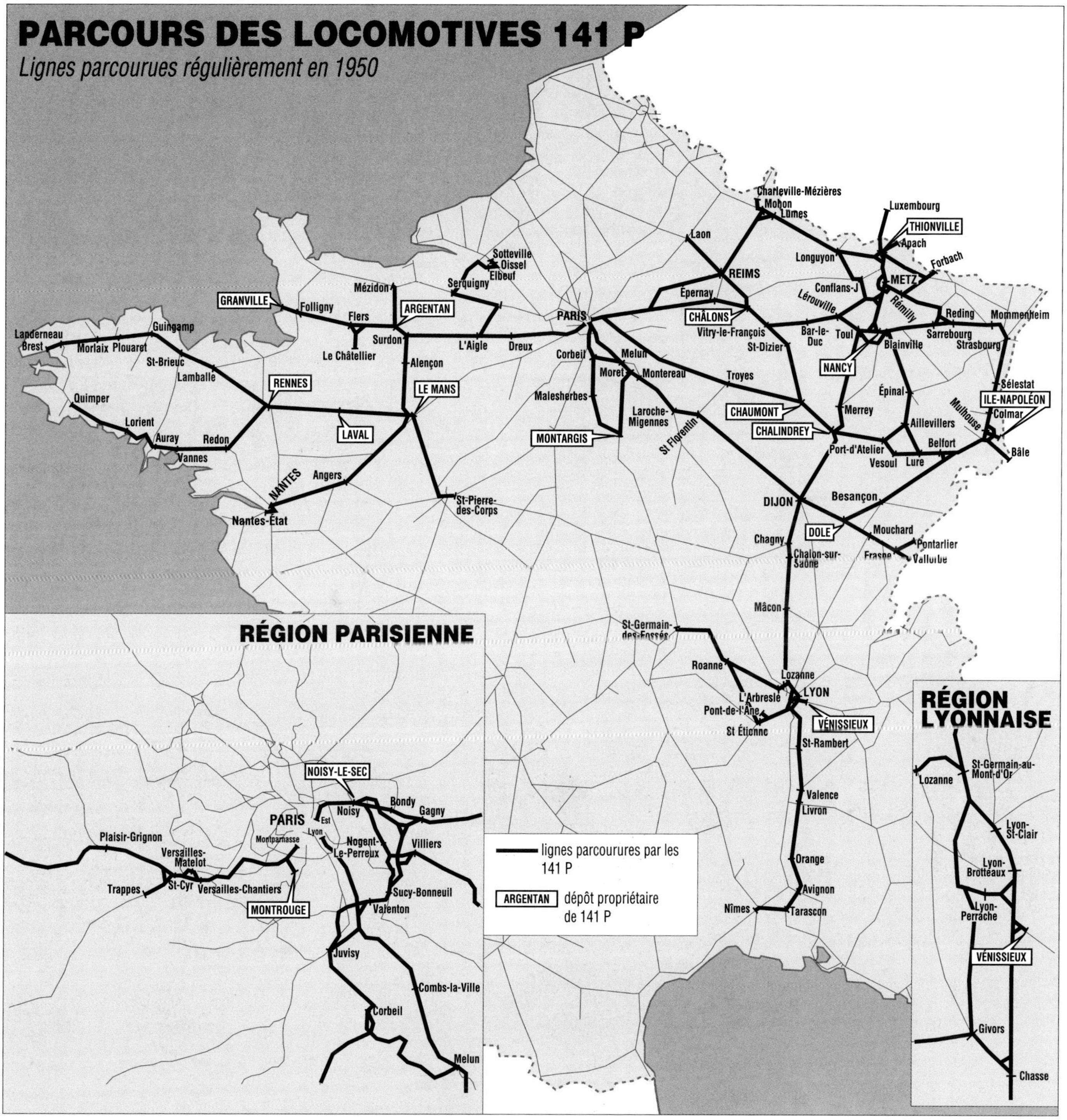

et 230 D Sud-Est. On notera qu'à ce stade, vu l'ampleur du parc de machines à vapeur de vitesse (231 G ou H de Lyon-Mouche) et des 141 R dont dispose la région Méditerranée, les incursions de 141 P de Vénissieux sont limitées dans le couloir rhodanien. Tout au plus descendent-elles encore à une reprise à Avignon et assurent-elles parfois la liaison omnibus Lyon - Nîmes et retour par la rive droite du Rhône. Le gros de leurs attributions reste concentré sur Saint-Germain-des-Fossés, où elles enlèvent alors les express transversaux OL/LO, BG/GB et BS/SB.

Durant l'année 1949, le rythme ne faiblit pas, avec l'arrivée sur le réseau national de 65 machines (P 161 à 167, 181 à 195, 216 à 225, 246 à 258, 264 à 268 et 292 à 306).
Une fois de plus, ce sont les dépôts classiques de Noisy-le-Sec, Chaumont, Ile-Napoléon, Le Mans et Rennes qui accueillent cette vague importante d'engins unifiés très prisés.
Alors qu'à l'Est quelques machines sont réintroduites à Châlons-sur-Marne, à l'Ouest, le complément de parc est mis à profit pour grossir la dotation de Laval avec, entre autres, la P 252 reçue directement

Roulement du dépôt de Vénissieux au 1er juillet 1950 (coll. Rasserie).

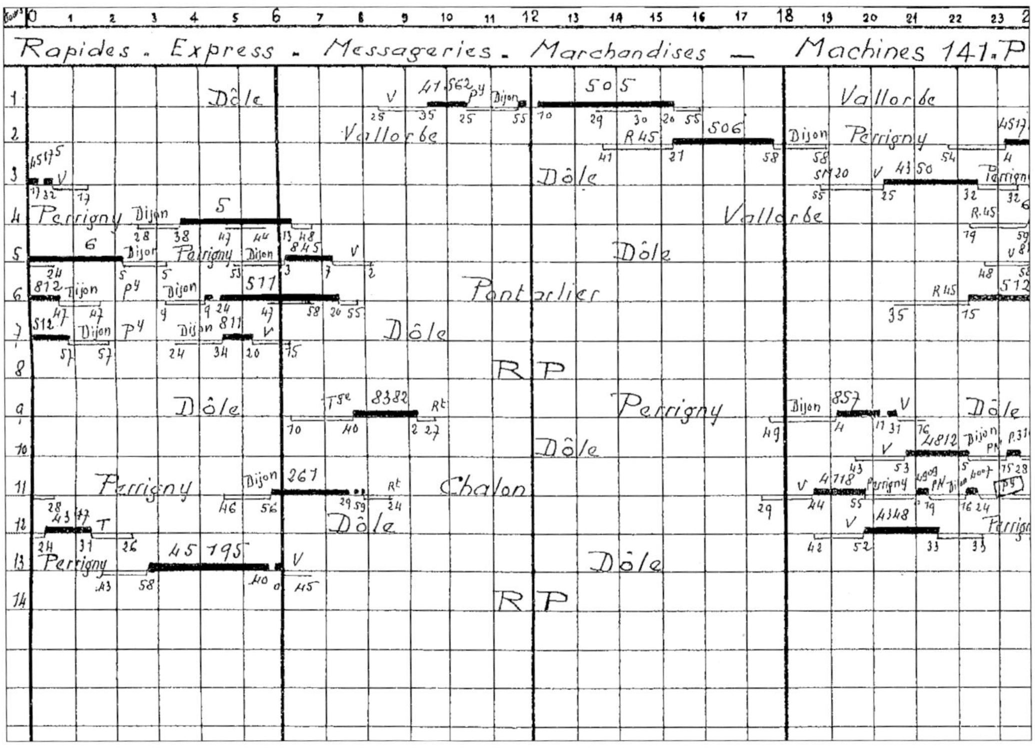

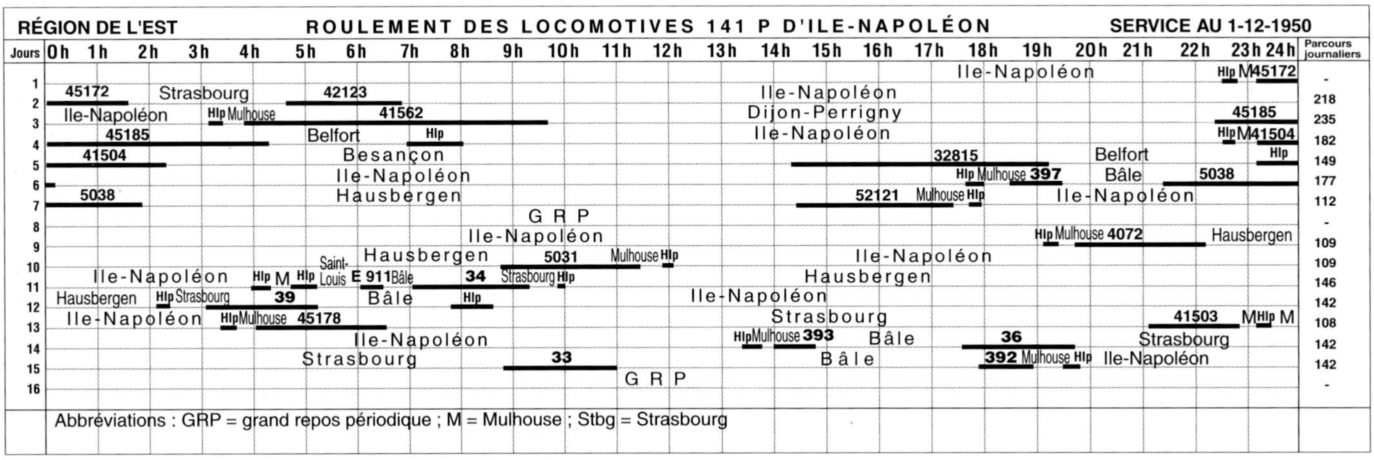

Croisement de deux 141 P aux abords de Saint-Brieuc, en 1950 (Yves Broncard).

La P 160 de Châlons assurant l'express 101 Paris-Est - Nancy, au passage à Liverdun, en 1950 (Yves Broncard).

de construction. En outre, dans le cadre de l'amélioration de l'artère à mauvais profil Paris - Granville, hérissée de dos-d'âne en 10 ‰ et spécialement déshéritée, car exploitée avec les 231 H basées à Montrouge, Argentan et Granville, sept 141 P provenant du Mans et de Laval commencent à être affectées aux premier et troisième dépôts pour le service d'hiver.
Il s'ensuit une nouvelle réduction des prestations des Pacific d'est en ouest, en commençant par les moins élaborées (1-231 B 300, 3-231 C et H).

Le 1er janvier 1950, ce sont 248 machines qui roulent sur les trois régions Est (104), Ouest (93) et Sud-Est (51). Elles sont alors réparties comme suit :
— Noisy-le-Sec : (37) P 51, 52, 54, 59, 60, 75, 79, 86, 87, 89, 90, 92, 93, 155, 156, 175, 178, 184, 208, 218, 219, 238, 240, 242 à 250, 260, 261, 264, 265, 267;
— Châlons-sur-Marne : (9) P 58, 76, 88, 160, 176, 179, 289, 290, 306;
— Chaumont : (37) P 53, 55 à 57, 77, 78, 80, 81, 83, 91, 94 à 100, 161 à 164, 177, 220, 239, 254 à 258, 262, 266, 291, 292, 301, 303 à 305;
— Ile-Napoléon : (21) P 157, 181 à 183, 209 à 213, 216, 217, 241, 293 à 300, 302;
— Montrouge : (4) P 202, 233, 235, 236;
— Granville : (3) P 232, 234, 237;
— Le Mans : (27) P 63, 65, 66, 113, 158, 159, 165, 166, 180, 199 à 201, 203, 207, 214, 215, 221 à 225, 229 à 231, 251, 263, 268;
— Laval : (15) P 61, 62, 64, 71, 73, 82, 85, 102 à 105, 110, 111, 118, 252;
— Rennes : (44) P 67 à 70, 72, 74, 106 à 109, 112, 114 à 117, 149 à 154, 167, 169 à 174, 185 à 195, 204 à 206, 253, 259;
— Dole : (19) 1 à 5, 7 à 15, 19, 24 à 26, 32;
— Vénissieux : (32) P 16 à 18, 20 à 23, 27 à 31, 33 à 50, 84, 101.

1950 : affectations à Thionville et Nancy

L'exercice 1950 voit la poursuite de la livraison des 141 P. Sur les 69 dernières machines à livrer, les P 168, 196 à 198, 226 à 228, 269, 270 et 307 à 316 arrivent neuves cette année-là, par petits groupes épars, et sont comme les précédentes affectées d'origine aux dépôts déjà titulaires de la série de Châlons-sur-Marne, Chaumont, Ile-Napoléon, Le Mans et Rennes.
La région de l'Est va d'abord être le théâtre de mutations internes, en vue de la constitution d'un parc d'une vingtaine d'engins à Thionville, dépôt où la série avait fait une timide et fugace apparition auparavant. De janvier à août, outre les P 309, 310, 314 sortant neuves de la Société alsacienne (SACM), vont converger les P 98, 99, 161, 177, 254, 258, 291 cédées par Chaumont, P 178, 240, 265, 267, par Noisy. Elles vont partager les lieux avec les 150 C, X et Y, 230 G, 050 B et 040 D.
Leur mission consiste à assurer une partie du trafic voyageurs express et messageries sur la transversale internationale Benelux-

(8) Ce nouvel établissement moderne remplace l'ex-dépôt Est situé dans les emprises de la gare de Nancy-Ville démoli par faits de guerre en 1944.

Suisse, entre Luxembourg et Strasbourg, en remplacement des 231 B de Metz-Frescaty et 241 A, 231 B de Strasbourg. En outre, elles vont circuler en direction de Nancy, Forbach et Charleville via Longuyon et Sedan.
Autre site bénéficiaire, Nancy, alors fief de Pacific 231 B ex-Est, 230 B et K, et 140 A. L'établissement bénéficie d'un nouveau dépôt établi à Heillecourt, en bordure de la ligne 14, entre Jarville et Houdemont, qui vient d'être terminé [8]. La dotation en 141 P s'y effectue entre mai et décembre, soit par mutation, cas des P 77, 79, 86 et 210 d'Ile-Napoléon, P 75 de Noisy, 94, 95, 162, 255, 257 et 292 de Chaumont, ou directement d'usine pour les P 315, 316. Ces machines vont œuvrer en trafic messageries et marchandises, à la fois sur la région parisienne (Noisy et Vaires) et sur Metz, Strasbourg et Belfort via Épinal.
Elles s'attaquent également au trafic express, notamment en direction de Metz et Chalindrey via Aillevillers, où se situe la bosse pré-vosgienne de Xertigny en rampe de 10‰. On observera que simultanément Nancy réceptionne du Sud-Est un premier contingent de 231 K issues de Lyon-Mouche et Dijon destinées à remplacer les 231 B Est.

Encore du nouveau... à l'Ouest

Cette région profite de la réception de neuf machines neuves au Mans et à Rennes, au cours de l'exercice 1950, pour renforcer significativement le potentiel de traction affecté à l'axe bas-normand Paris - Granville comportant des montagnes russes en rampe de 10‰. Les quelques 141 P déjà engagées y font merveille en tête des express à arrêts fréquents. Mais pour retendre, au service d'été, les marches de 30 à 40 minutes de tous les trains, calculées par rapport aux performances des Pacific 231 H qui souffrent dans les rampes, leur nombre doit être augmenté.
Dans cette perspective, Rennes envoie à Granville, de janvier à février, les P 151 à 153, 205, 253 et 259, Laval la 252 et Le Mans la 251. En outre, ce dernier dépôt mute à Montrouge la P 222.
Un autre dépôt de cette artère se voit doté de Mikado unifiées: Argentan, qui détient déjà des 141 C Ouest ainsi que des 141 R à chauffe au charbon présentes depuis août 1946. Les 141 P sont à pied d'œuvre juste avant le service d'été. Au nombre de 14, elles proviennent de Laval (P 102, 103,

Le train 405 Paris - Granville démarre de Versailles-Chantiers, en 1950 (Yves Broncard).

113, 118) et de Rennes (P 70, 72, 74, 107, 108, 112, 114 à 117), sauf les P 106 et 109, qui arrivent de Rennes plus tardivement, en octobre.

L'arrivée des 141 P à Argentan entraîne le reflux des 141 R sur les dépôts Est de Noisy, Vaires, Blainville, Chalindrey et Mulhouse-Nord, ainsi qu'une réduction d'activité des Mikado régionales type 141 C, quelque peu dépassées.

Non seulement, les P sont affectées aux trafics express, RA, RO, mais elles prennent aussi en charge les trains de minerai de fer sortant des gisements du bassin de l'Orne, dont les mines sont raccordées sur la voie unique Caen - Flers - Laval, dans les gares du Châtellier et de Saint-Bomer-Champsecret.

Elles vont acheminer ces convois, destinés à la sidérurgie du Nord et de Belgique, via le raccordement direct de Messei évitant Flers, sur Versailles-Matelots, où des machines Nord 150 P, 141 R prennent le relais par la Grande Ceinture Ouest via Achères et Creil. La charge de ces trains lourds, dépassant souvent 1 200 t, justifie la double traction 141 P + 141 P ou 141 P + 141 C.

À certaines périodes, ces trains entiers seront également conduits directement d'Argentan à Darnétal via Mézidon, Serquigny et Sotteville ou via Laigle et les raccordements de Conches et Serquigny.

En haut, une 141 P attendant le départ pour Brest, en gare de Rennes, en 1950 (Yves Broncard).

Ci-dessus, deux BB 900 ex-État et la 141 P 104, au dépôt de Montrouge (VdR-Félix Fénino).

Dole dépossédé au printemps 1950

Dès la mi-décembre 1949, le 1500 V étant sous tension de Laroche à Dijon, les petites BB 8100, en attendant les puissantes 2D2 9100, vont se voir confier une grande partie du trafic rapides, express, messageries et marchandises grâce à des demi-tours très serrés qui leur confèrent une utilisation maximale.
Au même titre que les séries vitesse attachées à Laroche et Dijon, les 141 P doloises perdent de ce fait quelques tournées sur Laroche, marquées par l'escalade du seuil de Bourgogne.
Au roulement du 6 janvier 1950, elles ne conservent que les rotations aux express 812/103 et 110/811, reprises en mars en électrique. Au 20 avril, elles ne dépassent plus Dijon, leur chute d'activité étant compensée par une maigre tournée sur Chalon-sur-Saône.
Des 141 R au charbon, libérées de Dijon suite à l'électrification Laroche - Dijon, pouvant être affectées à Dole, les 141 P doivent donc s'effacer pour le mois de mai, les grands trains vers la Suisse étant, eux, repris par des 141 R fuel de Dijon.
Toujours au Sud-Est, dans le couloir rhodanien, les activités des 141 P sont maintenant freinées par les puissantes 241 P en cours de livraison à Lyon-Mouche et par celles de Dijon, libérées des courses vers Laroche et Paris-Lyon, et qui descendent dès lors jusqu'en Avignon à certains grands rapides.

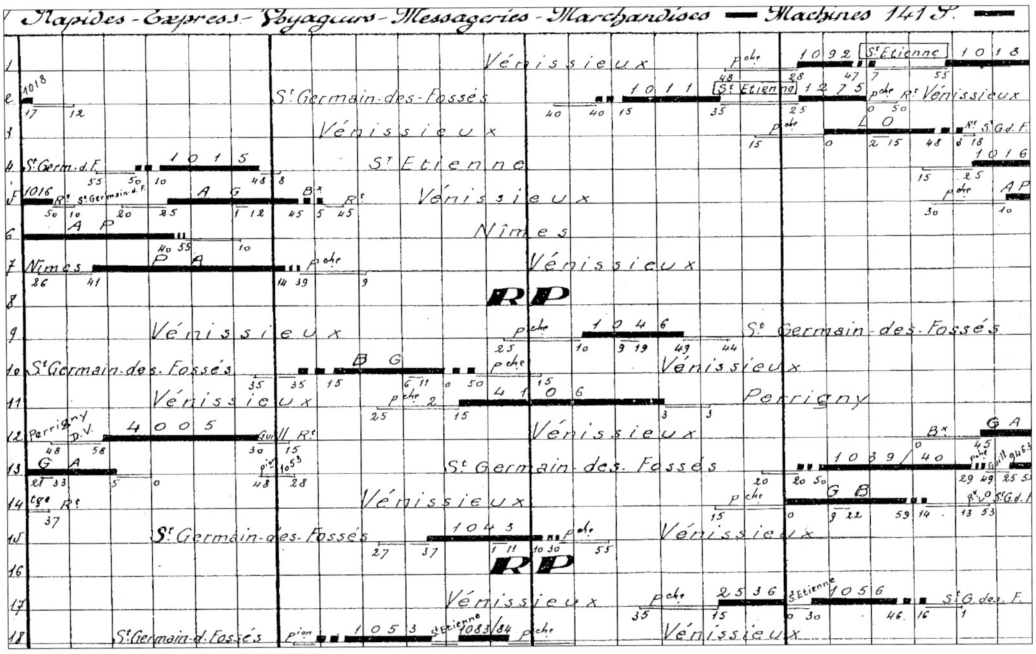

Roulement du dépôt de Dole au 20 avril 1950 (coll. Rasserie).

Cohabitation entre une 141 P et une 141 R sous la verrière de la gare de Lyon-Perrache (VdR-Félix Fénino).

Une 141 P remorquant un Paris - Montargis, vue sous caténaire, à Corbeil (Jacques Bazin).

Montargis titulaire de 141 P

À l'exception des 141 P 2 et 11 reversées à Vénissieux, les autres machines de Dole, les P 1, 3 à 5, 7 à 10, 12 à 14, 19, 24, 25 et 32, déménagent à Montargis de la fin avril à juin 1950.
Dans ce nouvel établissement gérant, elles provoquent le déclassement du service express des 231 D Sud-Est, aux performances moyennes. Leur tableau de service concerne d'abord du trafic voyageurs omnibus entre Paris et Montargis via Moret ou Malesherbes, Paris et Montereau, ainsi que le messageries 45 400 de Montargis à Juvisy. Des trains de banlieue Paris - Corbeil et Paris - Combs-la-Ville sont même prévus !

À partir du 10 juillet, alors que le parc s'est enrichi de la P 26 ex-Dole, leur roulement concerne 12 journées pour 1 961 km. Elles se rendent alors de Paris-Bercy à Laroche avec les trains RA 45 601 et 46 566.
Le 9 août, avec l'arrivée tardive de la P 15, la dotation est au complet. Cependant, les 141 P, comme toutes les autres machines à vapeur, sont indésirables dès la fin septembre sous la caténaire 1 500 V toute neuve entre Paris-Lyon et Moret les-Sablons, cette gare devenant lieu de relais-traction obligé pour les trains du Bourbonnais. Aux rapides et express, le relais des BB 8100, puis des 2D2 9100, est pris par les 231 G de Nevers, alors qu'aux trains omnibus, RA et RO, les 141 P, 231 D, 140 E de Montargis et 141 R de Nevers succèdent aux BB 8 100 ou 1 à 80.

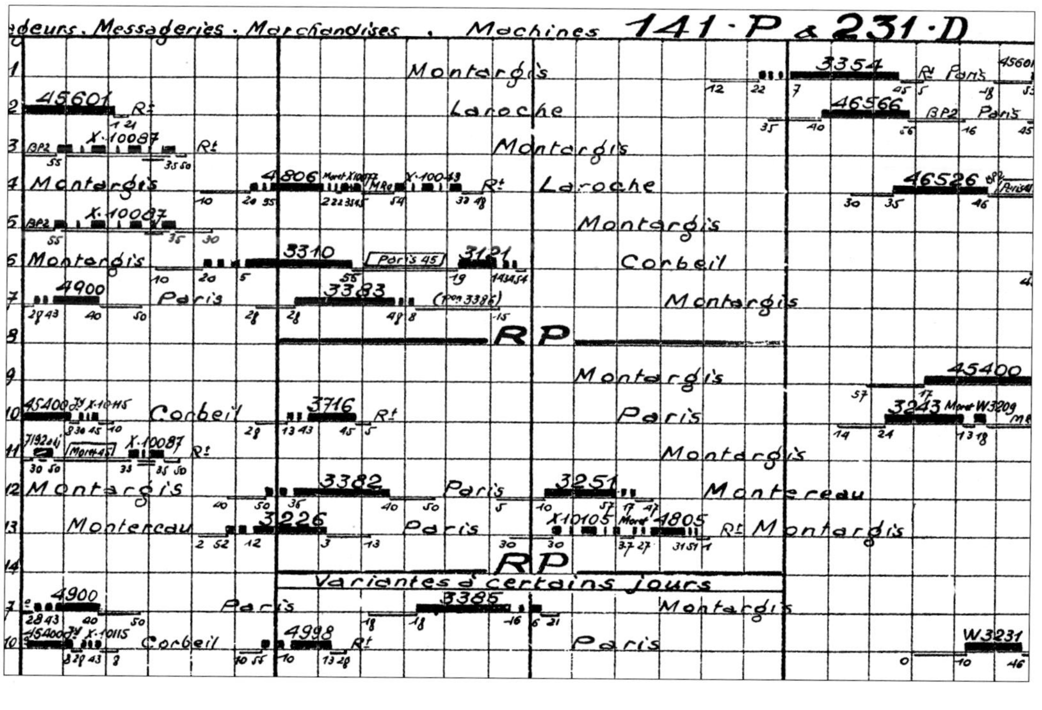

Roulement du dépôt de Montargis au 10 juillet 1950 (coll. Rasserie)

L'express transversal LY Lille - Bâle, remorqué par la 141 P 302 de Thionville, passe devant le poste 1 d'Audun-le-Roman, sur l'artère Nord-Est Valenciennes - Thionville, en mai 1954 (Jacques Renaud).

La 141 P 49 vient retrouver ses sœurs au début décembre mais repart à Vénissieux six semaines plus tard.
Toutefois, à titre transitoire, jusqu'en avril 1951, en raison de l'insuffisance du parc de machines électriques 1500 V, les 141 P continuent à venir à Paris avec les trains omnibus en provenance de Montargis via Malesherbes ou Corbeil ; de même poursuivent-elles de Moret jusqu'au triage de Villeneuve-Saint-Georges avec des trains RO.
Les incursions des 141 P sous les verrières de la gare terminus de Paris-Lyon, enfumée jadis par d'innombrables séries de machines à vapeur, aura donc été de très courte durée.
Toujours au Sud-Est, à Vénissieux, le service d'été 1950, qui porte sur 20 journées de roulement, pour 4 269 km, a vu la prise en compte des rapides AP/PA (Genève - Irun) de Lyon-Perrache à Nîmes et retour, via Avignon, et l'intégration d'un demi-tour messageries entre Lyon et Dijon-Perrigny.
À ce stade, pas moins de 9 tournées quotidiennes sont prévues sur Saint-Germain-des-Fossés.
L'hiver suivant, leur programme de traction perpétuellement évolutif prévoit, côté Bourgogne, l'express 110 nocturne à la place du train RA 4 106 vers Dijon. En régime facultatif, les machines utilisées en régime fret peuvent être amenées à gagner Dijon par la ligne de la Bresse, via Bourg et Louhans, du fait des travaux d'électrification sur Dijon - Chalon - Lyon.

Des P sur l'artère Nord-Est

Avec 35 machines livrées, l'exercice 1951 sera le meilleur de la période d'après guerre, avec l'apparition des P 119 à 143, 271 à 273, 275 à 279, 317 et 318. L'arrivée de cette dernière, le 24 avril, laissera croire que la série est soldée. Pourtant, il n'en est rien car 45 de ses sœurs restent à sortir des chaînes de montage.
Outre les dépôts de Noisy-le-Sec, Nancy, Chaumont, Ile-Napoléon, Le Mans et Rennes déjà pourvus, deux autres en héritent à leur tour : Chalindrey et Mohon.
À Chalindrey ce n'est pas en soi une nouveauté puisque ce dépôt avait eu en compte des unités de la série à la fin de la guerre ; en avril et mai, il touche les P 56, 97 de Chaumont, 216, 217, 241 d'Ile-Napoléon et, jusqu'en décembre, successivement les P 318, 130, 132, 135, 137, 279 sortant d'usine. Alors que les 141 R sont spécialisées aux trains RO et complets, les 141 P vont circuler vers Metz, Nancy, Dijon, Paris et Mulhouse, surtout en messageries, faisant quelque peu concurrence aux P de Chaumont, dont les effectifs vont chuter lentement.
En revanche, pour Mohon, situé aux portes de Charleville-Mézières, c'est un événement car jusqu'alors son parc n'avait intégré que des 231 B, C, 230 B, K, 141 R et 150 E.
Les Mikado unifiées vont ainsi résider sous

les deux rotondes jumelées à coupole centrale et combles annulaires. En mai 1951 arrivent « en éclaireur » les P 51 et 93 de Noisy, 53 de Chaumont, 58 de Châlons-sur-Marne, 75 de Nancy, 161, 177 et 178 de Thionville. Elles sont suivies par sept autres machines reçues directement de construction, les P 131 et 275 en juillet, 276 en août, 136 en septembre, 278 en octobre, 142 en novembre et 277 en décembre, cette dernière étant permutée le mois suivant avec la 309 de Thionville.

C'est donc à partir du service d'été qu'elles sont engagées en régime voyageurs et messageries sur la difficile transversale Nord-Est comportant des déclivités en 10 et 11 ‰, à la fois dans le Hainaut, entre Valenciennes et Charleville, et de Longuyon à Thionville. Elles sont responsables du départ des 141 R vers Châlons-sur-Marne, Reims, Chalindrey, Blainville, Metz-Frescaty et Mulhouse-Nord, des 231 B Est à Reims, Belfort ou Nancy, tandis qu'elles réduisent le champ d'activité des 231 C Nord. On les engage donc alors sur :

— les express de jour LY/YL Lille/Metz - Nancy, et FY/YF Calais - Bâle, acheminés selon les cas jusqu'à Aulnoye ou Lille, et Thionville ;

— le rapide nocturne CB/BC Calais - Bâle et ses dédoublements, conduits à Lille d'une part, Metz d'autre part.

Par contre, elles n'interfèrent pas sur le trafic express Paris-Est - Charleville, devenu fief exclusif des 231 B de Reims.

En outre, elles assurent :

— des courses RA depuis le triage de Vrigne-Meuse, près de Lumes, vers Nancy-Jarville et Metz-Sablon ;

— RO et trains complets en direction de la région parisienne jusqu'à Vaires-Triage via Reims.

À côté d'un bel ensemble de signaux mécaniques ex-Est, la P 266, en tête d'un train de marchandises (VdR-Raymond Floquet).

Exceptionnellement, on les voit rouler le long de la Meuse avec des trains facultatifs en direction de Givet.

En fin d'année 1951, le volume des prestations assurées par les 141 P au plan national a cru fortement et peut être ventilé entre les voyageurs (40 %), les trains RA (40 %) et les trains RO (20 %). Cette répartition moyenne cache toutefois des disparités régionales. Ainsi, sur l'Est, la proportion est de 30, 40 et 30, tandis qu'à l'Ouest, le poids du trafic voyageurs est plus important et va jusqu'à 60 %, voire 70 % l'été avec les trains périodiques et supplémentaires vers les terminus balnéaires.

Une 141 P sur un train de voyageurs, prenant de la vitesse au droit du toboggan du dépôt de La Villette (VdR-Raymond Floquet).

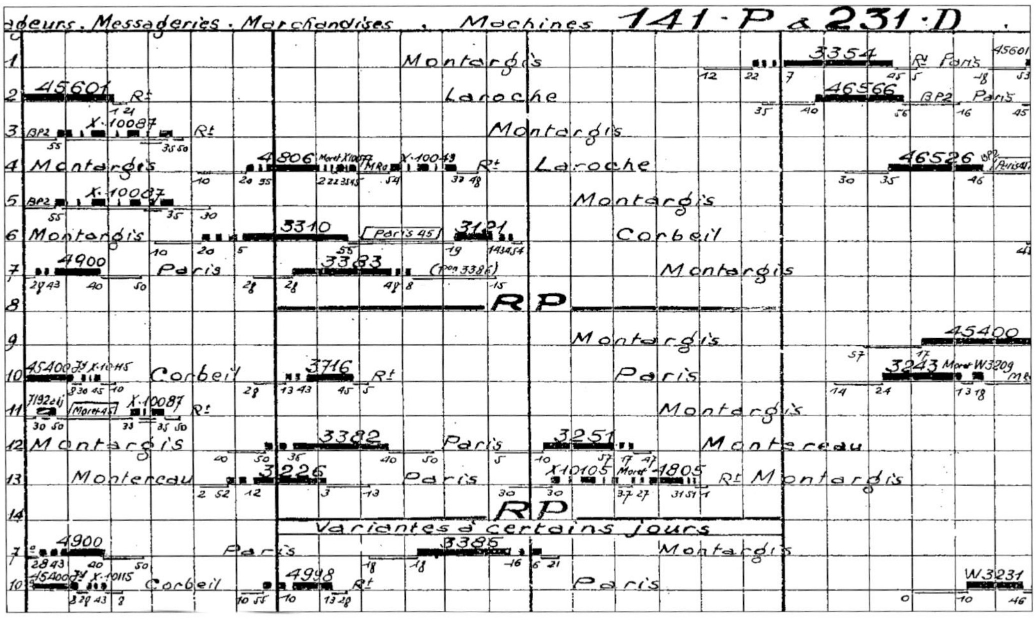

Roulement du dépôt de Montargis au 1er juillet 1952 (coll. Rasserie).

Premier trimestre 1952 : dernières livraisons de P neuves

Les diverses queues de série, soit 15 unités, sont enfin reçues de construction, de janvier à mars, sur la région Est. Il s'agit des P 144, 146, 147, 280 à 282 et 287 à Chalindrey, 145 et 285 à Chaumont, 148 et 283 à Châlons-sur-Marne, 274 à Noisy-le-Sec et 284, 286 à Ile-Napoléon, 288 à Thionville. Cette dernière ferme le ban une fois pour toutes le 21 mars, soit dix ans après l'arrivée de la 141 P 1 à Vénissieux.

Avec 317 unités, la série désormais adulte rallie tous les suffrages pour ses multiples qualités : bonne stabilité, facilité de conduite, abondante vaporisation, traction généreuse permettant une utilisation au moins en double équipe, voire en banalité intégrale, notamment sur l'Est, dans toutes les gammes de trafics. Seule ombre au tableau, son coût d'entretien, un peu élevé, avec fragilité du mouvement basse pression intérieur, nécessitant un graissage suivi, et de l'essieu coudé polybloc auto-équilibré.

Quant à la limitation à 105, elle n'est pas encore trop gênante car, en ces années 1950, la mode est encore aux trains de grande ligne lourds (et corrélativement peu fréquents), tracés à 80/75 km/h de moyenne.

Seize dépôts se partagent alors la cavalerie des petites P, à raison de 153 machines à l'Est, 113 à l'Ouest et 51 au Sud-Est :

— Noisy-le-Sec : (27) P 52, 54, 55, 59, 60, 87, 90, 92, 141, 143, 175, 184, 208, 218, 219, 238, 242, 245 à 250, 261, 264, 274, 317;

— Châlons-sur-Marne : (18) P 76, 80, 81, 88, 148, 155, 156, 160, 176, 179, 244, 260, 262, 283, 289, 290, 306, 307;

— Mohon : (15) P 51, 53, 58, 75, 93, 131, 136, 142, 161, 177, 178, 275, 276, 278, 309;

— Chaumont : (16) P 57, 78, 83, 91, 96, 100, 133, 134, 145, 163, 164, 220, 239, 285, 312, 313;

— Chalindrey : (20) P 56, 97, 130, 132, 135, 137, 144, 146, 147, 216, 217, 241, 243, 256, 279 à 282, 287, 318;

— Thionville : (19) P 139, 213, 240, 254, 258, 265, 267, 277, 288, 291, 301 à 305, 308, 310, 311, 314;

— Ile-Napoléon : (19) P 128, 129, 157, 181 à 183, 209, 211, 212, 284, 286, 293 à 300;

— Nancy : (19) P 77, 79, 86, 89, 94, 95, 98, 99, 138, 140, 162, 210, 255, 257, 266, 273, 292, 315, 316;

— Montrouge : (5) P 202, 222, 233, 235, 236;

— Argentan : (17) P 62, 70, 72, 74, 102, 103, 106, 107 à 109, 112 à 118;

— Granville : (13) P 151 à 153, 205, 230 à 232, 234, 237, 251 à 253, 259;

— Le Mans : (32) P 61, 63 à 65, 119, 120, 122, 125 à 127, 158, 159, 165, 166, 180, 196, 197, 199 à 201, 203, 207, 214, 215, 221, 223, 224, 227, 263, 268 à 270;

— Laval : (14) P 66, 71, 73, 82, 85, 104, 105, 110, 111, 121, 225, 226, 228, 229;

— Rennes : (32) P 67 à 69, 123, 124, 149, 150, 154, 167 à 174, 185 à 195, 198, 204, 206, 271, 272;

— Montargis : (17) P 1, 3 à 5, 7 à 10, 12 à 15, 24 à 26, 31, 32;

— Vénissieux : (34) P 2, 11, 16 à 23, 27 à 30, 33 à 50, 84, 101.

Fin 1952, Strasbourg titulaire de P

D'août à décembre, le grand dépôt alsacien de Strasbourg reçoit les P 213, 240, 254, 258, 277, 301, 305 et 310 de Thionville et les P 136 et 142 de Mohon. Ce lot, qui arrive en concomitance avec des 231 K mutées de Lyon-Mouche, Nancy ou Belfort, a pour mission de reprendre, aux Pacific 231 B 300 et Mountain 241 A mutées de l'Ouest, le service express et messageries sur Nancy, Metz et Luxembourg, ceci en partenariat avec les 141 P de Nancy et Thionville, ainsi qu'en direction de Bâle, là en partage avec les 141 P d'Ile-Napoléon. Toutefois, les rapides de et vers Paris (trains 1/2, 3/4 assurés avec rames inox sur pneus) restent l'apanage des 230 K au fuel d'Hausbergen. Un lot complémentaire formé par les P 161, 275, 276, 278 et 309, cédées par Mohon, renforce la dotation de Strasbourg en mai 1953. Ceci entraîne le départ des dernières Mountain vers Chaumont, Bar-le-Duc, La Villette et la liquidation des 231 B 300.

1953 : les affectations de Mohon et Montargis disparaissent

La famille des 141 P n'aura fait qu'une brève apparition dans les Ardennes, dans le Nord de la France et sur la partie septentrionale du Bourbonnais.
Déjà amenuisé par la mutation de quelques unités à Strasbourg, le parc de Mohon disparaît en décembre 1953, alors que l'effervescence est de règle sur toute la transversale Nord-Est en cours d'électrification.

Ci-dessus, la sortie du tunnel de Sainte-Irénée à Lyon, en 1952 ; ci-dessous, départ de Moret (Yves Broncard).

Après trente mois de présence, les P 51, 53, 75, 93, 131 et 177 quittent les lieux pour Chaumont, la P 58 rallie Châlons-sur-Marne et la 178, Thionville. Ainsi, à quelques mois de distance, les P manquent le grand rendez-vous, sous les dômes des vieilles rotondes Est, avec les BB 12 001, 13 001 et CC 14 101, premières représentantes du parc monophasé. Aux trains express de la transversale, l'intérim est assuré, côté Nord, par les 231 C d'Aulnoye, côté Est, par le parc 141 P de Thionville.

Autre affectation de courte durée, celle de Montargis, dépôt ayant perdu de son importance depuis l'électrification complète de l'artère Paris-Lyon en mai 1952. En effet, le report, via l'itinéraire de Bourgogne, du trafic messageries issu du Midi, de la vallée du Rhône et dc la région lyonnaise, qui empruntait auparavant les lignes de l'Azergues et du Bourbonnais à partir de Moulins, a réduit fortement son activité.

Dès avril 1951, l'interdiction définitive faite à la traction vapeur de pénétrer en gare de Paris-Lyon a tronqué à Moret et à Corbeil les parcours des 141 P. En compensation, elles élargissent timidement leur rayon d'action vers le Sud, reprenant à leur compte, au détriment des Pacific nivernaises, les express à arrêts fréquents 1 071/1 072 de Moret à Saincaize, 1 019 de Corbeil à Nevers via Malesherbes et 1 020 de Nevers à Moret.

Le roulement du 7 octobre 1951 avec 14 journées et 2 173 km marquera le point culminant de l'activité de la série dans ce dépôt où elles assurent également des trains de fret directs et omnibus. Mais la surabondance du parc des 231 G et 141 R de Nevers a en définitive le dernier mot et active son déclin. Une première fournée comprenant les P 8, 19, puis les P 3, 12, 13, 15, 32, est transférée sur Vénissieux d'octobre 1952 à janvier 1953. Le reliquat suit à distance en mai-juin.

Au cours de l'été suivant, le parc des 141 P lyonnaises, fort de 51 unités, connaîtra son chant du cygne avec un roulement applicable le 1er août, portant sur 25 journées pour 5 012 km et conduisant les machines

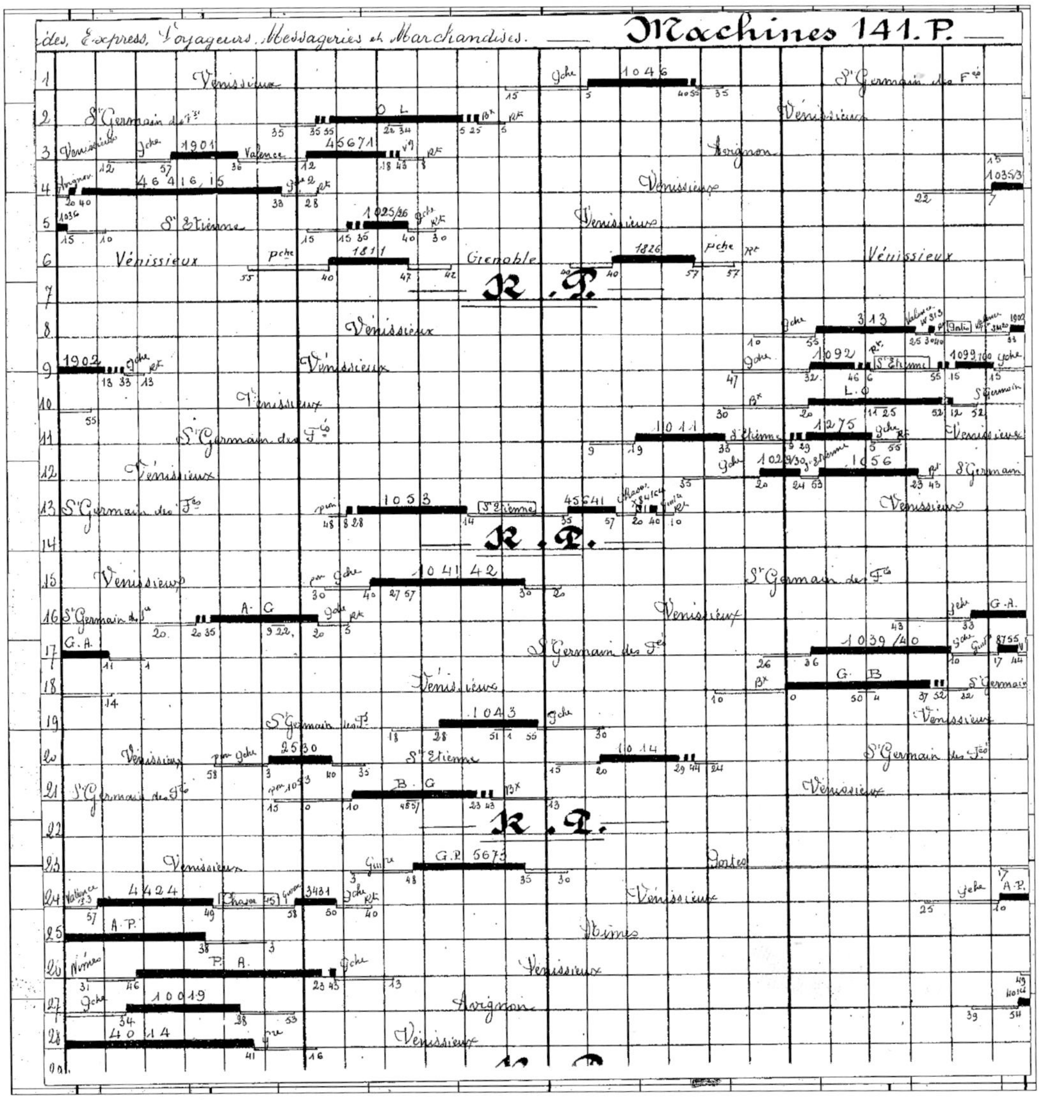

Roulement du dépôt de Vénissieux au 1er août 1953 (coll. Rasserie).

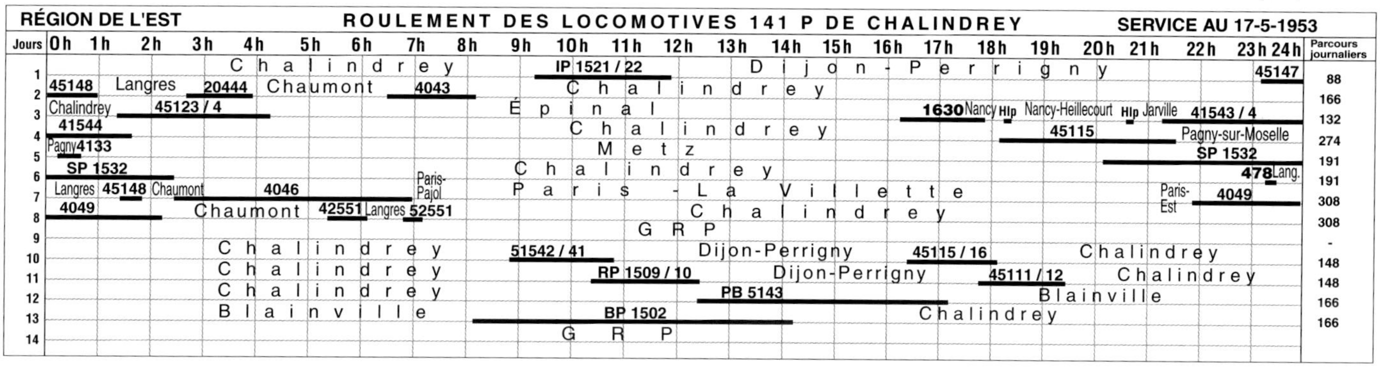

à Saint-Germain-des-Fossés, Saint-Étienne, Grenoble, Nîmes (AP/PA), Valence (1901-1902) et Avignon (10 019 et messageries).

Vénissieux : les R fuel grignotent le service des 141 P

La fin de l'électrification Paris-Lyon, en mai 1952, suivie par la jonction du 1 500 V de Lyon à Culoz via Ambérieu en septembre 1953, a libéré de nombreuses machines 141 R fuel des dépôts de Badan et Ambérieu. La région Sud-Est en profite donc pour en affecter huit à Vénissieux pour le service d'hiver, à savoir les R 717, 741, 742, 744, 758, 809, 880 et 881 cédées par Grenoble.

Ipso facto, les Mikado françaises, déjà exclues de la Bourgogne par l'électrification, font les frais de cette introduction. Sur la vallée du Rhône, la concurrence est rude face à la « meute » des 141 R fuel de Badan, Avignon, Miramas, Le Teil, des 241 P, 231 G, H de Lyon-Mouche, Marseille, ou des 231 G d'Avignon et Nîmes.

Les P 1, 2, 22, 23, 28, 30, 34 à 37, 40, 43, 45 et 50, à fin de parcours de levage, sont les premières à être garées en réparation différée.

Les effectifs de la série, déjà pléthoriques car n'ayant plus comme véritable porte de sortie que l'ouest de Lyon, avec les dures tournées de Saint-Germain-des-Fossés via Saint-Étienne et Tarare, vont rapidement fondre. Ainsi, à l'automne 1954, les 141 P 3, 8, 15, 20 partent en éclaireur à Strasbourg, suivies de la P 48 pour Noisy-le-Sec. De leur côté, les 141 P 10, 12, 13, 16, 21, 22, 25 à 27, 29, 32, 33, 41, 42, 44, 46, 84 et 101 passent en réparation différée.

Un ultime roulement dépouillé, en date du 3 octobre 1954, ne prévoit plus que 13 journées pour 2 642 km, avec notamment les sempiternels 1 018/1017, GB/BG sur Saint-Germain-des-Fossés, les AP/PA sur Nîmes, un demi-tour de Portes et un d'Avignon en messageries.

Les P 4, 5, 7, 9, 11, 14, 17 à 19, 24, 31, 38, 39, 47 et 49 seront les dernières à rouler à Vénissieux.

L'exercice 1954 va donc constituer un tournant dans la carrière de la série, avec cette décision du Sud-Est visant à retirer de la scène les pensionnaires de Vénissieux.

Une 141 P sur le pont du Rhône à la sortie de Lyon-Perrache (VdR-Fénino).

Un RA Paris - Belfort au début des années 1950 (Oger).

Activité maximale à l'Est comme à l'Ouest

La région de l'Est qui, à l'inverse du Sud-Est, manifeste une propension marquée pour la série, reçoit de l'Ouest cinq machines supplémentaires : les P 67, 68, 69, 186 et 204, transférées de Rennes à Chalindrey.
Sur l'Est, encore vierge d'électrifications, à l'aube de la grande opération de l'artère Nord-Est, les 141 P sont spécialement appréciées pour leur universalité et employées avec un excellent rendement : jusqu'à 7 500 km par mois pour les machines de Chalindrey et 8 000 km pour celles de Noisy, dont le parc a été gonflé, autorisant le transfert des 141 R.
Si leur usage aux trains express est bien localisé selon les dépôts et les lignes, il est régulièrement fait appel à elles pour les trafics de pointe. C'est spécialement le cas les veilles et lendemains de fêtes, pour la traction des trains supplémentaires, en assistance aux Mountain et Pacific. En particulier sur les lignes 1 et 4 aux trains 11/12, 13/14 Paris - Strasbourg avec relais à Bar-le-Duc, 103/104 sur l'étape Paris - Nancy, 43/42, 45/44 Paris - Bâle avec relais à Chaumont. En hiver, elles participent au gros courant de trains spéciaux de skieurs ayant pour origine Calais ou Paris, et convergeant vers la Suisse et l'Autriche, jusqu'à Bâle et Delle, en sus des dédoublements des trains réguliers CB/BC via Strasbourg, et CE/EC venant de Boulogne via Laon et Chaumont.
Autre activité, marginale, mais non moins importante et très développée sur la région Est, en raison de la forte concentration des garnisons militaires : la traction de nombreux trains de militaires – jusqu'à une dizaine certains jours – d'origine Paris, le Nord ou le Sud-Est, et à destination de la Lorraine, l'Alsace et l'Allemagne (Rhénanie-Palatinat, Bade-Wurtemberg) et inversement. Dans ce registre particulier, ce sont surtout les machines de Noisy, Châlons-sur-Marne, Nancy et Strasbourg du volant facultatif qui sont à la tâche, avec tournées sur Paris - Strasbourg et Metz, Nancy - Dijon, Metz - Apach et Sarrebruck. Celles de Noisy ont une vocation messageries régulière marquée sur Nancy-Jarville, Metz, Chaumont, Charleville et assurent les express à arrêts fréquents 409/410 de Paris à Chalindrey.
À Châlons-sur-Marne, les fonctions sont partagées entre les convois RA et RO sur l'axe Paris - Nancy et sur la transversale Reims - Chaumont.
Pour les trains de marchandises lourds du lotissement inter-triages et entiers circulant sur ligne 1, l'escalade des hauts de Meuse, marquée par la bosse d'Ernécourt-

Loxéville aux flancs inclinés à 8 ‰, nécessite un renfort en queue non attelé à l'aide d'une 141 TB de Lérouville, entre :
— Nançois - Tronville et Ernecourt, dans le sens impair ;
— Lérouville et Ernecourt, dans le sens pair.
En voyageurs elles enlèvent le train direct 100 de matinée jusqu'à Paris et participent activement aux trains supplémentaires des périodes de fêtes.

Les effectifs de Chaumont couvrent la ligne 4 de Paris à Mulhouse, notamment en messageries et en tête de quelques marchandises. Elles vont également à Châlons-sur-Marne, à Reims et à Dijon, tout comme celles de Chalindrey qui, elles, en plus, se rendent à Nancy, Pagny-sur-Moselle, Metz-Sablon, par les lignes 15 et12 (transversale Metz - Dijon), à Épinal par les lignes 16^5 et 16, via Port-d'Atelier et Aillevillers (voir roulement du 17 mai 1953 avec 12 jour-

Un express tiré par la P 80 de Châlons, passant en vitesse à Esbly en juillet 1952 (VdR-Fénino).

Relayant une machine Nord, la P 265 du dépôt de Thionville vient de se mettre en tête de l'express LY Lille - Bâle, en gare de Mézières-Charleville, en septembre 1952 (Maufroid).

Sémaphore Alsace-Moselle et circulation à droite, en 1954, à Lutzelbourg, sur la ligne Paris - Strasbourg, avec un RO se dirigeant vers Réding (Yves Broncard).

Un ensemble de machines froides sous la nouvelle rotonde type P de Noisy-le-Sec en 1950 ; on remarque l'unique « petite P », cernée par ses futures concurrentes, les 141 R (Yves Broncard).

nées et 2286 km).

La « cavalerie nancéienne », qui dispose d'une vingtaine de journées de roulement, a une activité messageries dominante en direction de Paris, Strasbourg, Thionville, Mulhouse via Épinal et Belfort. En réutilisation, elle circule également de Metz à Forbach et assure les express DE de Chalindrey à Nancy, DY de Nancy à Metz, amenuisant d'autant les attributions des 231 G ou K du dépôt.

Une course en variante les conduit aussi à Conflans-Jarny avec le messageries 41 301 et retour à l'express 1204.

À Thionville, le petit parc assure certains des trains express entre Luxembourg et Strasbourg, cas des 33/32, 35/34, 37/36, 39/38 et se rend, pour peu de temps encore, à Charleville avec les BC/CB depuis Metz, YF/FY, YL/LY. Par contre, étant en concurrence avec les 141 R de Metz-Frescaty, les tournées vers Béning, Apach et de Metz à Forbach ont un caractère évanescent.

Les machines de Strasbourg participent également à la remorque des grands trains Belgique - Suisse - Italie, à la fois en direction de Metz, Luxembourg et vers Bâle.

Elles travaillent aussi en régime messageries vers Nancy (Jarville), Bar-le-Duc, Metz-Sablon et Mulhouse depuis le triage RA de Strasbourg-Cronenbourg.
Quant au dépôt d'Ile-Napoléon, ses pensionnaires sillonnent la plaine d'Alsace de Strasbourg à Bâle, en tête d'express et messageries, et se rendent également, d'une part, à Dijon-Perrigny et Gevrey via Besançon, d'autre part à Chaumont et Langres-Jorquenay, avec des trains RA et RO.
Sur la région Ouest, l'activité de la série est moins soutenue qu'à l'Est en raison des variations saisonnières du trafic voyageurs. En dehors de la période d'été, marquée par le doublement du nombre de trains express vers la Bretagne et la Vendée, 40 % du parc du Mans et de Rennes doit être garé bon état le reste du temps. Quelques machines sont toutefois réallumées pour les départs et retours des fêtes de Noël, jour de l'An, Pâques et Pentecôte.
À Montrouge, sur les cinq machines, deux tournent en permanence sur les express 405 de soirée et 402 de matinée Paris - Granville et retour. Une troisième est engagée sur les périodiques 403/408 des week-ends d'été, alors que les quelques 231 H encore présentes se limitent aux courses omnibus Paris - Dreux.
Le parc d'Argentan assure, sur l'axe Paris-Granville, en voyageurs, un service complémentaire à celui fourni par les dépôts extrêmes de Montrouge et Granville. Il enlève donc seulement les trains 429/420 Paris-Flers et les supplémentaires des veilles, lendemains de fêtes et surtout des fortes pointes d'été. Ses machines assurent en sus les trains de minerai de Saint-Bomer sur Versailles-Matelots, un RA d'Argentan à Trappes et des RO omnibus vers Mézidon et de Trappes à Dreux, L'Aigle et Argentan. On peut noter que les incursions des P d'Argentan sur la transversale vers Le Mans sont inexistantes en régulier, cette rocade étant la chasse gardée des 141 R de Mézidon et du Mans, les P du Mans y circulant également.
Les pensionnaires de Granville se partagent avec Montrouge le service noble sur la radiale Paris - Granville en remorquant régulièrement les express 406 de soirée et 401 de matinée. Une tournée marchan-

Un Paris - Granville franchit le pont sur l'autoroute de l'Ouest (actuelle A 12) en 1951 ; la consistance du trafic automobile a de quoi laisser rêveur... (Yves Broncard).

L'express 401 pour Granville au départ de la gare du Maine, en mars 1950 ; à gauche, une rame réversible ex-État, encadrée par deux BB 800 (Yves Broncard).

La P 63 du Mans, vue à Chartres, en 1950; lors des super-pointes estivales provoquant une pénurie de machines électriques, ou lors d'incidents caténaires, les machines à vapeur pouvaient être amenées à circuler sous la caténaire 1500 V de Paris - Le Mans (Yves Broncard).

La P 116 de Rennes au début de l'année 1950, « décolle » de la gare de Morlaix, après avoir franchi le viaduc; à gauche, la voie métrique de la ligne de Carhaix, imbriquée dans la voie normale au franchissement du viaduc (VdR-Lucien-Maurice Vilain).

dises avec les trains de desserte 5 452/5 455 Granville - Argentan et retour est également prévue avec coupure à Vire.

Avec une trentaine de machines à l'inventaire, le dépôt du Mans a un effectif artificiel en service d'hiver où une quinzaine sont garées bon état. Pendant cette période en effet, neuf machines seulement sont en roulement pour assurer notamment :

— les express 511/514 jusqu'à Brest, tournée très dure de 413 km ;

— le lourd train de nuit 524 pouvant atteindre jusqu'à 800 t, de Rennes au Mans ;

— des messageries du Mans à Nantes-État, à Rennes et à Sotteville.

Les autres restent allumées pour couvrir du trafic facultatif sur la Bretagne et le Val de Loire.

En été, 16 machines tournent régulièrement et jusqu'à 22 les jours de grande pointe. Elles conservent alors la traction des 511/711 mais font aussi les temporaires 501/707-704/684 du Mans à Auray, les 589/590 du Mans à Saint-Brieuc, les 581/590 du Mans à Rennes.

On peut observer que les prestations des Pacific 231 D du même dépôt ont bien chuté car, à ce moment, en dehors des 757/756 chargés à 600 t maximum et conduits au Croisic, celles-ci n'assurent que les TR/RT jusqu'à Mézidon et deux messageries sur Tours et Saint-Brieuc.

La petite dotation de Laval est, comme nous l'avons déjà souligné, coincée entre les grands dépôts du Mans et de Rennes. Elle est le plus souvent peu active car récoltant les « miettes » entre ces deux points, avec roulement de 4 journées en double équipe portant sur quelques trains RA, RO, avec, en prime, l'express nocturne 523 à gros tonnage. L'été, les machines connaissent pourtant une meilleure utilisation en participant au fort trafic voyageurs se manifestant lors des grands départs en vacances vers la Bretagne.

Comme au Mans, 40 % de l'effectif de 141 P rennaises est en sommeil d'octobre à mai, quelques dégarages ayant toutefois lieu comme nous l'avons dit pour les pointes de fin d'année, Pâques et Pentecôte.

En hiver, elles remorquent, sur les montagnes russes de l'Armorique, les express lourds 501/506 de jour du Mans à Brest avec relais à Rennes dans les deux sens, 523/524 de nuit et plusieurs messageries en direction de Saint-Brieuc, Lorient, Quimper, Nantes et Le Mans.

L'été, la redondance du parc n'est pas superflue et leur rendement augmente avec des tournées voyageurs périodiques et supplémentaires sur Lannion, Brest, Quimper et Saint-Malo.

À l'instar du Mans, les 231 D de Rennes sont réduites à la portion congrue, l'hiver, avec traction des seuls rapides 502/517 tracés à 130 km/h, de la tranche Paris - Quimper des 711/714, acheminée de Paris à Rennes par les 511/514, et d'un aller-retour de voitures directes sur Saint-Malo. Par contre, en période estivale, elles retrouvent une activité plus soutenue vers la cité malouine et vers Nantes (trains 621/2-633/4 Cherbourg - Bordeaux) ;

Le 1er janvier 1955, la répartition des 317 unités de la série donne 163 machines à l'Est, 108 à l'Ouest et 46 au Sud-Est. Numériquement parlant, elles sont ventilées ainsi :

— Noisy-le-Sec : (27) P 48, 52, 54, 55, 59, 60, 87, 90, 92, 141, 143, 175, 184, 218, 219, 238, 242, 245 à 250, 261, 264, 274 et 317 ;

— Châlons-sur-Marne : (19) P 58, 76, 80, 81, 88, 148, 155, 156, 160, 176, 179, 244, 260, 262, 283, 289, 290, 306 et 307 ;

— Chaumont : (20) P 51, 53, 57, 75, 78, 83, 91, 93, 96, 100, 131, 133, 134, 163, 164, 177, 220, 285, 311 et 313 ;

— Chalindrey : (16) P 56, 67 à 69, 135, 137, 142, 144, 146, 147, 186, 256, 279, 280, 282 et 318 ;

— Nancy : (26) P 77, 79, 86, 89, 94, 95, 97 à 99, 130, 138 à 140, 145, 162, 204, 210, 216, 217, 255, 257, 266, 273, 292, 315 et 316 ;

— Thionville : (11) P 178, 265, 267, 288, 291, 302 à 304, 308, 311 et 314.

— Strasbourg : (25) P 3, 8, 15, 20, 132, 136, 161, 208, 213, 239 à 241, 243, 254, 258, 275 à 278, 281, 287, 301, 305, 309 et 310 ;

— Ile-Napoléon : (19) : P 128, 129, 157, 181 à 183, 209, 211, 212, 284, 286, 293 à 300 ;

— Montrouge : (5) P 202, 222, 233, 235 et 236 ;

— Argentan : (20) P 62, 70, 72, 74, 102 à 109, 111 à 118 ;

— Granville : (13) P 151 à 153, 205, 230 à 232, 234, 237, 251 à 253 et 259 ;

— Le Mans : (32) P 61, 63 à 66, 119, 120, 122, 125 à 127, 158, 159, 165, 166, 180, 196, 197, 199 à 201, 203, 214, 215, 221, 223, 224, 227, 263, 268 à 270 ;

— Laval : (11) P 71, 73, 82, 85, 110, 121, 207, 225, 226, 228 et 229 ;

— Rennes : (27) P 123, 124, 149, 150, 154, 167 à 174, 185, 187 à 195, 198, 206, 271 et 272 ;

— Vénissieux : (46) P 1, 2, 4, 5, 7, 9 à 14, 16 à 19, 21 à 47, 49, 50, 84 et 101.

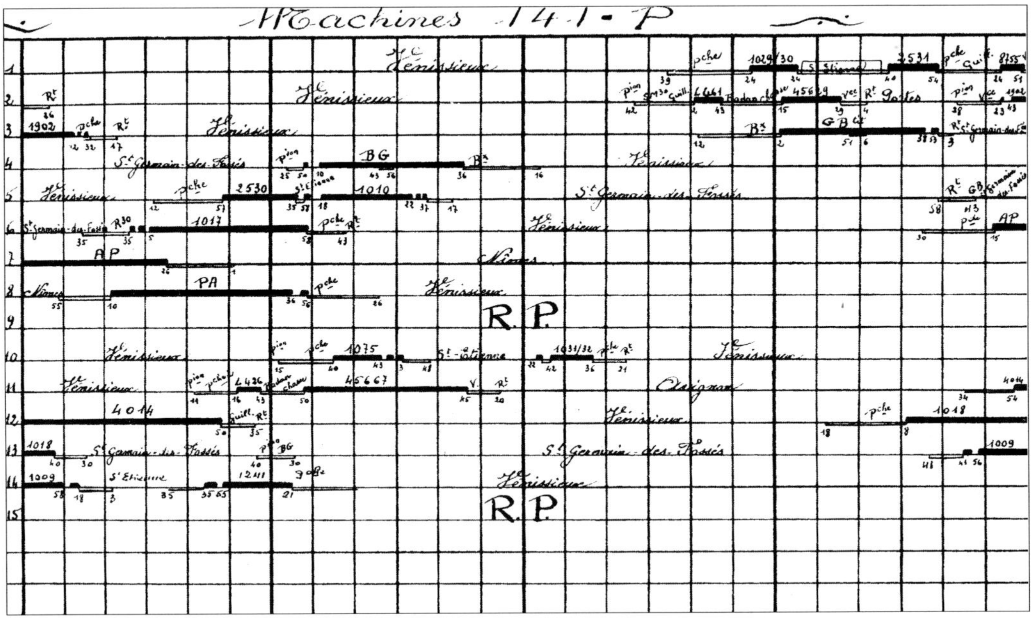

Roulement du dépôt de Vénissieux au 3 octobre 1954 (coll. Rasserie).

Le redéploiement

1955 : les « petites P » bannies du Sud-Est

La libération par Badan d'un lot complémentaire de treize 141 R fuel permet de renforcer la dotation de Vénissieux et de liquider le dernier carré de 141 P dès le début de l'année. Cette décision brutale et sans appel jette la consternation dans l'esprit des tractionnaires du dépôt qui appréciaient ces belles machines à la mécanique et à l'esthétique élaborées. Nous serions tentés de dire que les dirigeants de la division de la Traction Sud-Est n'en sont pas à leur coup d'essai, ayant déjà « fossoyé » de la sorte et en bloc les 25 machines 240 P de Laroche, au lendemain de la mise sous tension du tronçon Paris - Laroche à l'automne 1950.

Résultat, le parc des P de Vénissieux, alors à la fleur de l'âge, se retrouve sans emploi et est provisoirement garé en attente de décision. En tout état de cause son réemploi sur cette région en pleine période d'électrification est exclue, vu la présence massive des 141 R ayant indéniablement le vent en poupe. Leurs dernières attributions sont facilement absorbées par des séries concurrentes aux effectifs surabon-

La 141 P 261 de Noisy, au milieu des années 1950, dans la rotonde de son dépôt d'attache (Yves Machefert-Tassin).

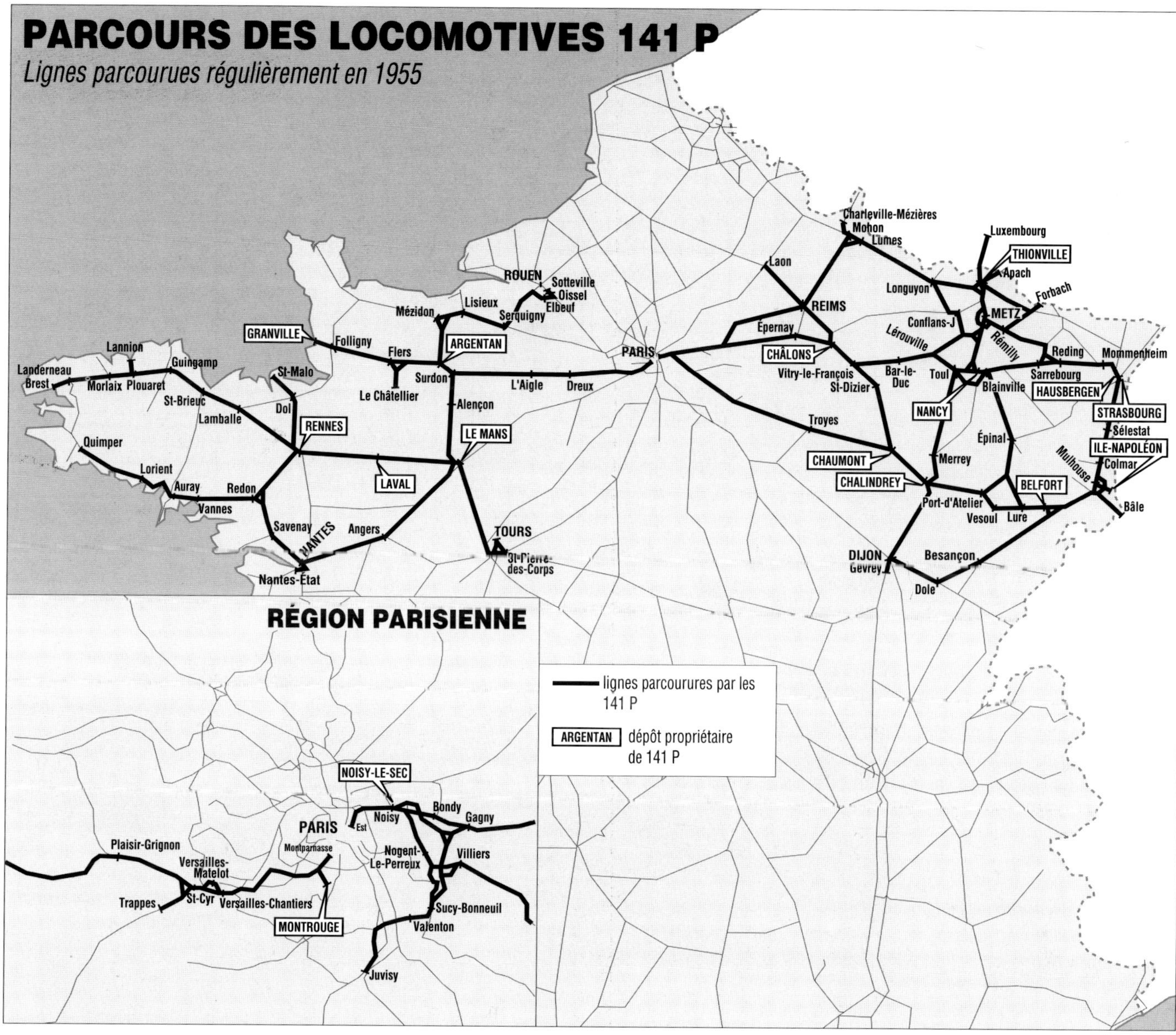

dants. Ainsi les 141 R fuel du même dépôt et de Nevers s'emparent des trains express vers Roanne, Saint-Germain-des-Fossés et Saint-Étienne, les 141 R fuel de Badan, Avignon, Le Teil s'octroient des messageries de la vallée de la Rhône, les 231 G de Nîmes reprennent l'AP/PA, les 231 G de Clermont les 1 011/1014, 1 009/1 010 de Saint-Germain à Saint-Étienne, les 141 E de Saint-Étienne certains des omnibus Lyon-Saint-Étienne, etc.

Importantes migrations vers l'Est et l'Ouest

Quelques machines de Vénissieux n'ayant pas épuisé leur parcours de levage peuvent échapper à l'extinction définitive. Elles sont alors cédées à divers dépôts courant 1955. Il s'agit des 141 P 4, 9 et 14, expédiées à Chaumont, 11 et 24 à Noisy-le-Sec, 12 à Laval, 18 et 47 à Argentan, 26 et 31 à Rennes, 19, 27 et 35 à Chalindrey, 38 et 39 à Strasbourg. Seuls les trois engins basés à Chalindrey rouleront très peu avant d'être rapidement transformés sur place en machines-magasins, les autres donnant toute satisfaction à leurs nouveaux propriétaires, qui les assimilent bien, malgré certains équipements un peu moins élaborés (échappement à croisillons, etc.).

Finalement, l'hécatombe au Sud-Est porte sur 31 machines, pour la plupart garées, dépossédées de leurs tenders, dans l'enceinte du dépôt de Chalon-sur-Saône, alors fermé à la vapeur mais gérant toujours les autorails ADN. Cette longue cohorte offre un spectacle assez pitoyable aux voyageurs de l'artère impériale passant en trombe dans les grands trains descendant vers le Sud au crochet des 2D2 9 100 et autres CC 7 100.

Toutefois, quelques unités jugées dans un état général correct seront ultérieurement dirigées sur le grand atelier de Sotteville-Quatre-Mares pour y subir un levage avec épreuve hydraulique ou être « cannibalisé » de façon à maintenir le stock de pièces de rechange. Nous donnons ci-dessous le roulement en vigueur au service d'été 1955, relatif au dépôt de Granville.

Roulement du dépôt de Granville au 22 mai 1955 (coll. Canteloup).

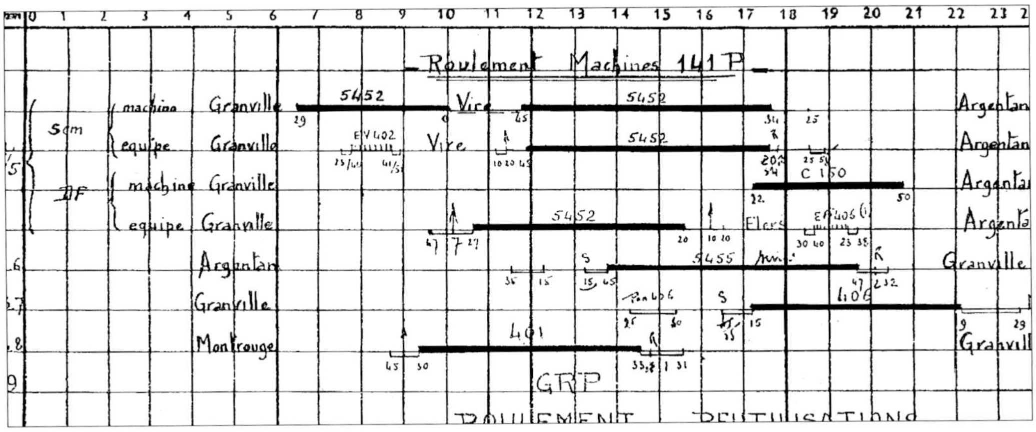

Arrivée du train 402 Granville - Paris en gare de Verneuil-sur-Avre (VdR-Poullennec).

Un express pour Paris quittant la gare de Flers (Vdr-Fénino).

Trains de minerai de fer dans l'Orne, en 1955/56 :
- au départ de Saint-Bomer, à la soudure de l'embranchement des mines dont la voie se trouve au premier plan (Yves Broncard) ;
- deux 141 P en gare de Saint-Bomer-Champsecret (VdR-Félix Fénino) ;
- train en marche sur la ligne Caen - Flers, toujours dans le secteur de Saint-Bomer (Yves Broncard).

Sortie d'une 141 P, après levage, de l'atelier du dépôt de Rennes (VdR-Orain).

Arrêt et prise d'eau pour l'express de Paris, en gare de Saint-Brieuc (VdR-Lucien-Maurice Vilain).

Cohabitation entre une 230 B et une 141 P, en gare de Metz, en mai 1955 (VdR-Félix Fénino).

Démarrage d'une 141 P de Strasbourg sous la neige, en février 1955 (VdR-Félix Fénino).

Thionville perd ses P, Hausbergen en accueille

Courant 1955, le parc 141 P de l'Est, nous l'avons dit, déjà enrichi par 15 machines sauvées du raz de marée Sud-Est, en récupère trois autres de l'Ouest, les P 85, 107 et 116, affectées respectivement à Chalindrey, Châlons-sur-Marne et Noisy.
Pour juillet, la petite dotation de Thionville est dissoute en raison de l'arrivée dans les lieux du monophasé provenant de Longuyon par la ligne 7. Il s'agit en effet de préparer la reconversion des installations de l'établissement appelé à accueillir les machines monocabine CC 14 100 et BB 12 000 du Nord-Est.
Cédant leur fonds de commerce aux jeunes BB 13 000, les petites P sont alors reportées sur Noisy, Chaumont ou Chalindrey, sauf pour les 178, 304 et 311 affectées à Hausbergen, dépôt titulaire de 141 R, 150 Y et 040 D, où elles assurent un service analogue aux Strasbourgeoises.

Les derniers temps des 141 P sur l'artère Nord-Est, sous caténaires, avant la mise en service de la traction électrique, à l'été 1955 :
- ci-dessus, une 141 P en tête d'un train pour Charleville dépasse la BB 13001 en essai, à Thionville ;
- ci-contre, arrivée du rapide 135 Amsterdam-Milan à Thionville ;
- ci-dessous, entre Mohon et Sedan, à Vrigne-Meuse, passage d'un train express interrégional Nord-Est ; (Yves Broncard).

Départ de Thionville du train 135 tracté par la 141 P 275 de Strasbourg (Yves Broncard).

L'express 24 Luxembourg - Paris, démarrant de Longuyon (Jacques Renaud).

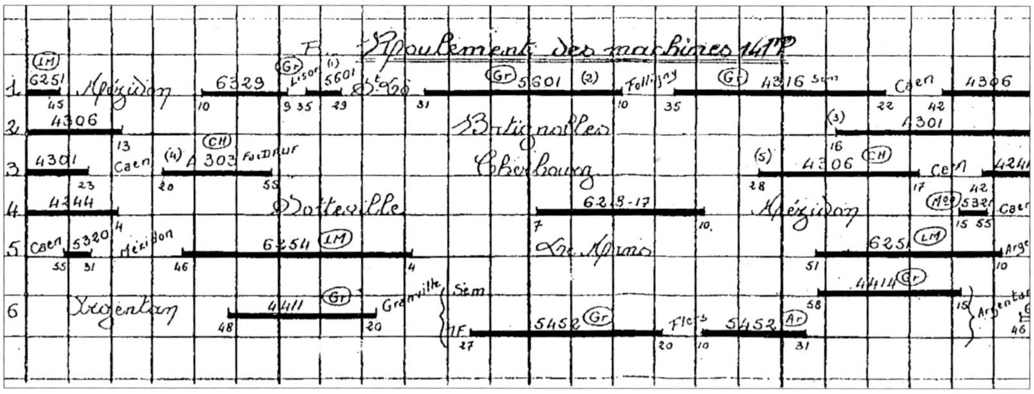

Roulement du dépôt de Caen au 10 mars 1956 (coll. Canteloup).

Devant un ancien carré État à plaque « Attention » éclairé par lanterne, une 141 P s'élance vers Mézidon (Yves Broncard).

1956 : les 141 P remplacent les R fuel sous le tunnel de Bréval

Un épisode tout à fait inattendu met en vedette la famille des 141 P, de la fin janvier à la mi-mai 1956.

En effet, pour effectuer commodément la réfection du tunnel de Bréval sur l'artère principale Mantes - Cherbourg, le service de la voie et des bâtiments de la région Ouest exige l'élimination des 141 R fuel dont les émanations sont nocives pour le personnel chargé des travaux dans le souterrain. La division de la Traction se voit contrainte durant ce laps de temps de supprimer les circulations des machines de l'espèce appartenant aux dépôts d'Achères, Mézidon et Caen, qui assurent de concert exclusivement du trafic RA et RO sur cet axe.

Une solution palliative est trouvée en affectant temporairement au dépôt de Caen un lot de 16 machines 141 P qui peuvent être prélevées sans dommages sur les parcs d'engins garées en bon état en dehors de la période estivale dans les dépôts du Mans, de Laval et de Rennes. Ce sont les P 26, 63, 73, 124, 125, 150, 158, 171, 172, 185, 197, 221, 223 et 224, plus la 252 ponctionnée sur l'inventaire de Granville.

Elles assurent pendant cette courte période, suivant un roulement à 8 jours pour 1 671 km, des trains RA entre Caen et Paris-Batignolles, RO de Mézidon à Mantes et Achères, Caen à Trappes via Mantes et Plaisir-Grignon. En service facultatif, elles sont engagées également en direction de Sotteville et Cherbourg.

À l'issue de cet intermède exceptionnel où la série aura eu le loisir d'étendre à souhait son rayon d'action, les machines retrouvent leurs cantonnements respectifs.

Sur la transversale Rouen - Caen, une 141 P tracte un train de marchandises à hauteur de Forêt-de-la-Londe (Yves Broncard).

En gare d'Almenèche, sur la ligne Paris - Granville, un train de minerai sort d'une voie d'évitement et s'engage sur les principales (VdR-Roger Commault).

En bas, une vue du dépôt du Mans en octobre 1956 ; les 141 P y cotoient les 141 R et les 141 C Ouest (VdR-Félix Fénino).

Démarrage énergique de l'express 32 en direction de Metz, en gare de Strasbourg, en 1955 (Yves Broncard).

Les Strasbourgeoises en repli sur Hausbergen

Dans le but de convertir les installations du vieux dépôt ex-AL de Strasbourg à la traction électrique arrivant de Metz via Réding, les effectifs vapeur, regroupant les 231 K, 141 P et 242 TA, sont progressivement évacués [9]. Le parc des 141 P éclate d'août 1955 à juin 1956, une partie des machines étant immédiatement mutée dans d'autres dépôts Est, tandis que le reste trouve refuge à Hausbergen, son voisin immédiat jusqu'en fin d'année où le 25 kV est en service. Un second lot quitte alors l'Alsace pour Ile-Napoléon et Châlons-sur-Marne.

Dorénavant, les 13 machines 141 P restantes ne circulent plus en direction de Metz, ni de Nancy, se contentant de courses vers Bâle, en mélange avec les machines d'Ile-Napoléon.

L'électrification de la ligne 3 Nord, de Metz à Strasbourg, a pour conséquence directe un changement de machines à Sarrebourg pour les trains de la ligne 1 Paris - Strasbourg, avec reprise par les BB 12 000 et 13 000. Côté 141 P, celles de Nancy voient donc leur rayon d'action limité aux portes de l'Alsace ; de même elles ne dépassent plus Metz, tandis que les parcours de celles de Noisy vont transitoirement être allongés. Jusqu'à la mise sous tension du tronçon Blainville-Sarrebourg en février 1960, elles emmènent des trains RA de Noisy à Sarrebourg, soit le parcours remarquable de 424 km, figurant parmi les plus belles étapes de la série, avec Le Mans - Brest sur l'Ouest. À ce titre, on se rapportera utilement page 123 au roulement valable à l'été 1959, portant sur 14 journées (4 310 km) et comportant de nombreux messageries nocturnes à longue distance.

(9) Pour la Noël 1956, les Pacific vont à Belfort et Nancy et les 242 TA à Hausbergen.

Un train régional composé de voitures ex-AL et Est quitte la gare de Metz, en mai 1955 (VdR Félix Fénino).

Le dépôt de Strasbourg, en septembre 1956, avec notamment des 141 P et 241 A (VdR-Dubruille).

Dans la plaine d'Alsace, à hauteur de Sélestat, passage du train MS Vintimille - Strasbourg, en 1956 (Yves Broncard).

Des 141 P dans des ambiances AL, avec notamment ces sémaphores de block typiques de la signalisation d'origine allemande.

Ci-dessus, en 1956, un express en direction de Strasbourg, au départ de la gare de Colmar, sur la ligne Strasbourg - Bâle (Yves Broncard).

Ci-contre, une vue prise aux abord de la gare de Metz à la même époque (VdR-Félix Fénino).

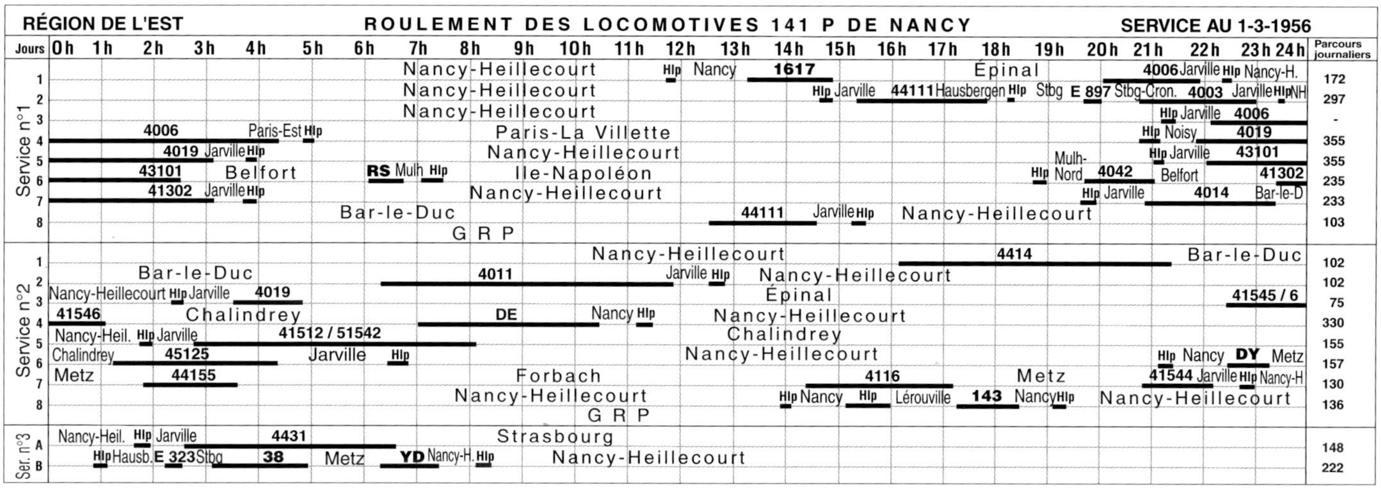

Le long du canal de la Marne au Rhin, à hauteur d'Arzviller, sur la ligne Paris - Strasbourg, un express sort de la tête Ouest du tunnel d'Hommarting (Yves Broncard).

À Oberstinzel, sur Metz - Strasbourg déjà sous caténaire (la ligne de contact n'est pas encore régularisée, ni pendulée), passage du train 37 Bruxelles - Bâle en 1956 (Yves Broncard).

Une double traction de 141 P attelée à une rame de tombereaux, en gare d'Argentan, en 1956 (Yves Broncard).

En dessous, un express pour Granville, à Fontenay-le-Fleury (VdR-Lucien-Maurice Vilain).

La crise de Suez et ses implications

À partir de novembre 1956, le blocus du canal de Suez, reliant la Méditerranée à la mer Rouge, suite à la décision de nationalisation de l'Égypte, prive le monde occidental d'un approvisionnement normal en pétrole. La raréfaction de ce combustible conduit la SNCF à réduire ses consommations de fuel traction, en particulier sur la région Ouest, où la production des raffineries est la plus affectée. D'urgence, elle prend la décision de réduire les prestations des 141 R au fuel, hébergées par les dépôts de Sotteville, Le Havre, Mézidon, Caen, Le Mans, Nantes, La Rochelle, Rennes, Saint-Brieuc et Auray. Si des 141 C Ouest à chauffe charbon, encore nombreuses, peuvent compenser en partie cet état de fait en haute Normandie, il n'en est pas de même sur les axes Le Mans - Brest et Quimper.

Force est donc de recourir à un apport de 141 P, obtenu à la fois en dégarant les machines normalement hibernées au Mans, à Laval et à Rennes et en mutant au Mans et

Une 141 P sur un train RA, sur la Grande Ceinture complémentaire, en juillet 1955 (VdR-Félix Fénino).

La P 125, pensionnaire du Mans, photographiée dans son dépôt d'attache en 1956 (Yves Broncard).

à Rennes la quasi-totalité des contingents propriété de Montrouge et Granville plus quelques-unes d'Argentan. La ligne Paris - Granville s'en trouve naturellement « déshabillée », le parc résiduel de petites P maintenues à Argentan ne pouvant absorber les trois paires d'express, dont un Paris - Flers, et les messageries. Ceci conduit à réaffecter des 231 D de Batignolles et Caen respectivement à Montrouge et à Granville, avec des détentes de marche engendrée par de moindres performances en rampe.
Une autre conséquence peu connue de cet événement, c'est la mutation des 141 P 105 et 112 de Rennes à Saint-Brieuc, dépôt où elles ne feront qu'un court séjour, revenant dans leurs foyers le 20 décembre.
La situation internationale s'étant éclaircie à la fin janvier 1957, les unités transférées ont toutes, à ce moment, rejoint leurs bases initiales.

Rappelons que, devant les risques de prolongement de l'embargo, la SNCF a, en urgence, et sur demande des pouvoirs publics, transformé à l'époque pour la chauffe au charbon vingt 141 R fuel.

Deux vues du dépôt de Metz-Frescaty :
- en septembre 1959, sur des voies de remisage, la P316 en compagnie d'une 040D et d'une 230K (VdR-Félix Fénino).
- en avril 1957, une vue d'ensemble du gril avec une 141P côtoyant des 141R et une 231K (Jacques Renaud).

1957 : un parc constitué à Sarreguemines

Avant d'aborder ce dépôt mosellan, examinons la répartition de l'effectif en début d'exercice. Si l'inventaire fait toujours état de 317 machines, le parc résiduel Sud-Est, garé en réparation différée et portant sur 31 engins, ramène l'effectif réel exploitable à 286 locomotives 141 P. L'Est en compte 178, chiffre maximal détenu par cette région, et l'Ouest 108, selon les affectations suivante :

— Noisy-le-Sec : (35) P 24, 52, 54, 55, 59, 60, 81, 87, 90, 92, 107, 116, 118, 141, 143, 175, 184, 218, 219, 238, 245 à 248, 250, 261, 264, 267, 274, 288, 291, 302, 303, 306 et 308 ;

— Châlons-sur-Marne : (28) P 53, 58, 68, 76, 80, 88, 98, 136, 145, 147, 148, 155, 156, 160, 176, 179, 208, 239, 244, 260, 262, 277, 278, 283, 289, 290, 307 et 309 ;

— Chaumont : (20) P 4, 20, 51, 57, 72, 75, 78, 83, 91, 93, 96, 133, 134, 137, 163, 241, 285, 293, 313 et 314 ;

— Chalindrey : (30) P 9, 11, 14, 19, 27, 35, 38, 48, 56, 67, 85, 100, 131, 135, 144, 146, 164, 177, 186, 220, 242, 249, 256, 265, 279, 280, 282, 310, 312 et 317 ;

— Nancy : (27) P 3, 39, 69, 77, 79, 86, 89, 94, 95, 97, 99, 128, 130, 138 à 140, 162,

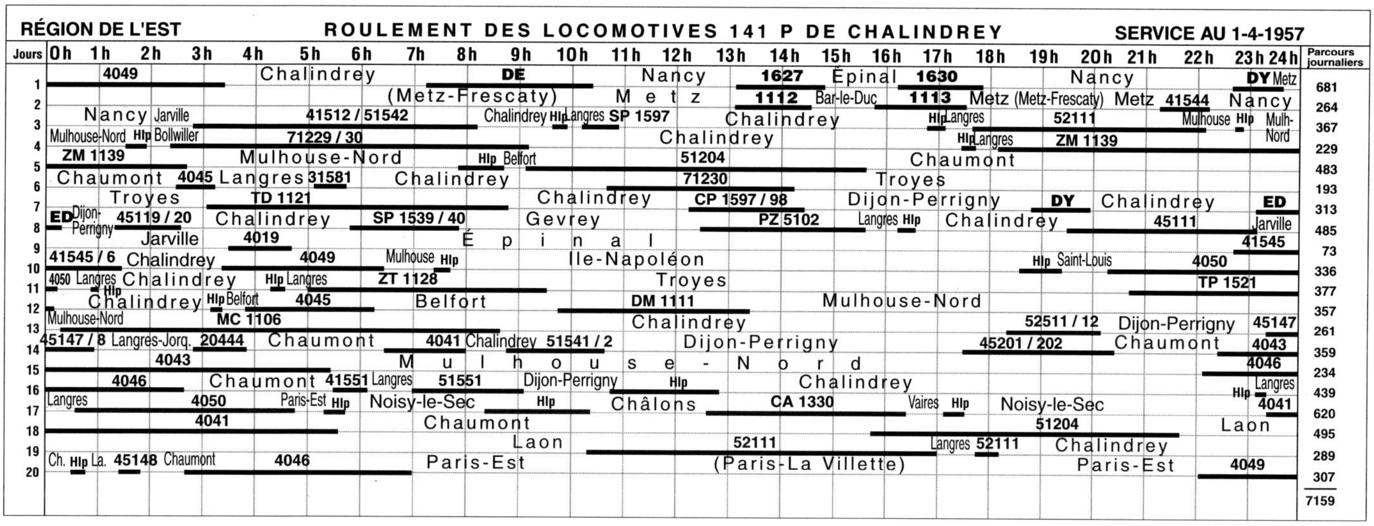

204, 210, 216, 217, 257, 266, 273, 281, 305 et 315;
— Hausbergen : (13) P 15, 142, 161, 213, 254, 255, 258, 275, 292, 301, 304, 311 et 318;
— Ile-Napoléon : (25) P 8, 129, 132, 157, 178, 181 à 183, 209, 211, 212, 240, 243, 276, 284, 286, 287, 294 à 300 et 316;
— Montrouge : (1) P 202;
— Argentan : (20) P 18, 47, 62, 70, 71, 74, 82, 102 à 104, 106, 108, 109, 111, 114, 115, 117, 207, 231 et 234;
— Le Mans : (41) P 63 à 66, 119 à 122, 125 à 127, 151, 153, 158, 159, 165, 166, 180, 192, 196, 197, 199 à 201, 203, 214, 221 à 224, 226, 227, 230, 232, 233, 235, 251, 259, 263, 269 et 270;
— Laval : (9) P 12, 73, 110, 113, 215, 225, 228, 229 et 268.
— Rennes : (37) P 26, 31, 61, 105, 112, 123, 124, 149, 150, 152, 154, 167 à 174, 185, 187 à 191, 193 à 195, 198, 205, 206, 236, 237, 252, 253, 271 et 272;
— Sotteville : (4 machines en réparation différée) P 25, 42, 44 et 84 utilisées comme machines-magasins à Quatre-Mares;
— Vénissieux : (27 machines en réparation différée) P 1, 2, 5, 7, 10, 13, 16, 17, 21, 22, 23, 28 à 30, 32 à 34, 36, 37, 40, 41, 43, 45, 46, 49, 50 et 101.

Devenue excédentaire en Alsace, la dotation d'Hausbergen trouve finalement un point de chute en janvier 1957. Sur les 13 engins, les P 15, 275, 318 sont dirigés sur Chalindrey, les P 301, 311 sur Ile-Napoléon. Les huit autres, P 142, 161, 213, 254, 255, 258, 292 et 304, prennent pension au dépôt lorrain de Sarreguemines, déjà détenteur de 141 R affectées au service RO, de quelques 150 X, 230 F et de 040 D en fin de carrière. Elles sont rejointes par les Ph183, 276 venant d'Ile-Napoléon.

On leur confie notamment les deux aller-retour express 91/90, 97/96 Strasbourg - Sarrebruck par la ligne 9, trains qui étaient auparavant l'apanage des 231 K de Strasbourg. De plus, quelques trains RO leur sont confiés sur ce parcours et de Sarreguemines à Blainville via Sarralbe, Sarre-Union, Sarrebourg. Elles reprennent aussi à leur compte certains des trains omnibus ouvriers, empruntés par les mineurs des Houillères de Lorraine sur le petit parcours de Sarreguemines à Hargarten-Falck via Béning, auparavant tractés par des 141 TB d'Hargarten qui sont alors reversées en banlieue parisienne.
En 1958, la dotation de Sarreguemines est étoffée par les P 162 et 266 de Nancy, 163 de Chaumont, 176, 277 et 307 de Châlons-sur-Marne, 240 de l'Ile-Napoléon.

Chalindrey : osmose entre 141 P et 150 P

Apparues timidement pendant la guerre dans ce dépôt, les 141 P ont déserté les lieux dès avril 1945 en prévision de l'affectation de 141 R neuves. Revenues dans ce carrefour névralgique à la croisée de la transversale Metz - Dijon et de la radiale Paris-Est - Bâle à partir de 1951, leur nombre s'est progressivement étoffé pour atteindre 30 unités fin 1956. Peu à peu, le gonflement du parc s'est fait au détriment de celui de Chaumont. Dans l'intervalle, elles ont fait bon ménage avec les R américaines qui se chargeaient pour leur part essentiellement du trafic RO vers Blainville, Metz, Conflans, Châlons-sur-Marne, Mulhouse-Nord et Gevrey (Dijon). De leur côté, les petites P tournaient en tête des trains RA sur Paris, Mulhouse, Nancy, Di-

(10) Des mutations de cette série intervenues jusqu'en 1963 en faveur de la région de l'Est porteront au total sur 54 machines 150 P.

jon, Châlons-sur-Marne et Laon et sur quelques marchandises, épaulant les 241 A de Chaumont et La Villette, aux trains de voyageurs supplémentaires le cas échéant.
Lors de très graves accidents d'exploitation survenus au fil des années sur l'artère principale Paris - Dijon (accidents de Lézinnes, Velars, Montbard, etc.), conduisant au détournement des rapides, express par Is-sur-Tille, Chaumont et Troyes jusqu'à Paris-Est, les 141 P de Chalindrey ont été fortement mises à contribution, remorquant dans certains cas les trains de Dijon à Paris-Est et inversement, soit une étape difficile de 385 km avec des charges atteignant 750 t.
À partir de l'automne 1956, en raison des sureffectifs provoqués par l'électrification en monophasé des lignes du nord de la France, un premier contingent comprenant 14 Décapod 150 P unifiées (8, 10, 11, 17, 37, 43 à 47, 55, 58, 68, 78) est cédé par les dépôts de Longueau, Lens, Somain et arrive à Chalindrey [(10)]. Elles ont pour mission de reprendre à leur compte les attributions fret RA et RO sur les étapes Metz et Blainville - Dijon des 141 R, qui vont peu à peu s'éclipser et joindre d'autres dépôts Est et Nord.
Cette dualité de séries unifiées dans un même dépôt, exception faite bien évidemment des 141 R, la première du genre sur la SNCF, va se renouveler à plusieurs reprises avant que les 141 P ne soient totalement éliminées.
Il y aura ultérieurement d'autres cohabitations de ce type, telles celles des 141 P et 241 P au Mans et à Noisy-le-Sec, 141 P, 150 P et 241 P à Chaumont.
Comme en témoigne le roulement des 141 P de Chalindrey au 1er avril 1957, avec 20 journées totalisant 7 159 km, l'activité de la série utilisée en banalité par les équipes du dépôt et de ceux de Chaumont, Noisy, Nancy est à ce moment particulièrement forte avec une proportion écrasante de trains RA, RO et quelques courses express (DE de Chalindrey à Nancy, 1 627/1 630 Nancy-Épinal, DY de Nancy à Metz, DY/ED de Chalindrey à Dijon, 1 112/1 113 de Metz à Bar-le-Duc).

Les 141 P proscrites en plaine d'Alsace

Le 26 octobre, la caténaire 25 kV est sous tension de Strasbourg à Bâle, y compris via le contournement de Mulhouse-Nord. Les « fers à repasser » du Nord-Est, BB 12 000 et 13 000, prennent immédiatement possession de la majeure partie du trafic toutes catégories sur cet axe fréquenté. Ils sont rejoints en fin d'année par les toutes nouvelles BB 16 000 et 16 500.
Les courses vapeur en direction de Strasbourg cessent définitivement à la fin janvier 1958, ce qui, pour les 141 P d'Ile-Napoléon, 141 R de Mulhouse-Nord et d'Hausbergen, sous-entend un dégraissage obligatoire des effectifs. Les P 157 et 316 sont dirigées sur Nancy, encore peu touché par le monophasé, les P 183, 211, 212 et 240 sur Sarreguemines à titre de renforcement du parc.
Par voie de conséquence les P de Mulhouse augmentent leurs prestations RA et RO en direction de Dole, devenue gare commutable, Langres et Chaumont.

Le direct 310 Bâle - Thionville, tracté par la 141 P 212 d'Hausbergen, à Colmar, devant un poste typiquement AL (Jacques Renaud).

Réforme de machines Est avariées

L'avancée extraordinaire des électrifications en monophasé sur la région de l'Est depuis 1954, tout comme les prévisions de mise sous tension des prochaines années avec l'équipement intégral des lignes 1, 11, conduit le service Matériel et Traction à adapter continuellement, on l'a vu, la situation des affectations et les effectifs des dépôts. Il est clair que les besoins vapeur sont en chute notoire et vont permettre de se séparer sur tout le territoire à la fois de séries régionales plus ou moins anciennes (241 A, 231 B, 231 G/K, 230 B, 230 K, 150 E, 150 X, Y, 040 D), mais aussi de machines appartenant à des séries récentes, présentant un état général défectueux.

Dans la catégorie 141 P, quelques engins considérés comme des « brebis galeuses » vont faire les frais de cette purge, annonciatrice des liquidations massives qui interviendront tout au long des années 1960.

Les machines concernées sont, soit arrivées à limite de parcours de levage, mais coutumières d'incidents ou générant de gros frais d'entretien ou de combustible, soit victimes d'avaries sérieuses au bloc moteur basse pression ou sur la chaudière, et coûteuses à réparer. Il s'agit des P 83 de Chaumont, 87, 130 de Nancy, 133 de Chalindrey, 179 de Châlons-sur-Marne, 261 de Noisy-le-Sec, mises en réparation différée en 1958, s'ajoutant aux P 19, 27 et 35 de Chalindrey et 39 de Nancy, déjà placées dans cette situation en 1956.

En haut, un RA au Chenay-Gagny, en septembre 1955 (Jacques Renaud).

Ci-dessus, un autre convoi de marchandises à la bifurcation de Trilport, en 1957 (Yves Broncard).

Un express d'après-midi Strasbourg - Paris, remorqué par une 141 P, près de La Ferté-sous-Jouarre, en avril 1959 (Daniel Haviland).

Un express traversant la gare de Lutzelbourg, sur la ligne Paris - Strasbourg, en 1956 (Yves Broncard).

Deux vues du dépôt de Sarrebourg, avec des 141 P relayant dans l'établissement, photographiées en compagnies d'autres machines : ci-dessus, en avril 1958 (Jacques Renaud), et ci-dessous, en août 1957 (Yves Broncard).

En février 1957, l'express 108 Châlons-sur-Marne - Paris emmené par une 141 P dépasse le train de marchandises BA 1470 arrêté à un carré, à la bifurcation de Germigny, à Trilport (VdR-Fénino).

La P 134 de Châlons sortant du tunnel de Chalifert (VdR-Raymond Floquet).

La P 58 de Châlons sur un Paris - Château-Thierry, au passage à Lagny ; on notera à gauche le panneau de l'ancien block Est (VdR-Lucien-Maurice Vilain).

Les 26 ans d'activité des « petites P »

En haut, un express tiré par une 141 P à La Villette (VdR-Raymond Floquet).

Ci-dessus, l'express 405 à tranches multiples pour les villes d'eau (Plombières, Luxeuil et Bains-les-Bains), à l'arrêt de Culmont-Chalindrey, en septembre 1957 (Jacques Renaud).

Passage d'un rapide sans arrêt à Lérouville, tandis que des voyageurs attendent leur train (Walter Hofer).

Le 108 Châlons - Paris, vu sur le pont sur la Marne à hauteur de Nanteuil-Saacy, en 1957 (Yves Broncard).

Un express pour Paris, le long de la Marne, longeant le village de Dormans, en avril 1957 (Yves Broncard).

La 141 P 210 de Nancy, remorquant un Nancy - Paris, lors d'un arrêt à Bar-le-Duc, en mai 1958 (Jacques Renaud).

Un autre Nancy - Paris, le 104, vu à hauteur de Nogent-l'Artaud, en 1957 (Yves Broncard).

Ci-dessus, deux vues du dépôt de La Villette, en juin et août 1958 (Jacques Renaud).

Ci-contre, la 141 P 255 sur les voies de classement de La Villette (VdR-Félix Fénino).

Un messagerie en direction de Chalindrey, à Dijon-Porte-Neuve (Walter Hofer).

La P 304, également de Châlons, en tête d'un RA, aux abords de Meaux, sur la ligne Paris - Strasbourg (VdR-M. Oger).

Le 101 Paris - Châlons, assuré exceptionnellement en voitures à portières latérales, à Épernay, devant les bâtiments du Champagne Mercier dont l'embranchement est visiblement très actif à l'époque (Yves Broncard).

Le traditionnel «coup de palette» pour le départ du train 410 Culmont-Chalindrey - Paris, en gare de Nangis, en octobre 1958 (VdR-Bernier).

À Belfort, une belle rame homogène de voitures ex-AL ou Armistice, tractée par la 141 P 129 d'Ile-Napoléon et assurant l'omnibus 495 pour Mulhouse (Guy Laforgerie).

Six machines de Vénissieux sortent de l'oubli

Début 1958, la région Ouest se déclarant prête à accepter des machines 141 P supplémentaires, les P 13, 30, 32, 33, 34, 40, 43, 45 et 50 quittent le « mouroir » de Chalon-sur-Saône pour les ateliers de Sotteville-Quatre-Mares afin d'y subir un levage avec épreuve hydraulique et une remise en état générale. Au plan administratif, elles vont figurer pour ordre sur l'inventaire du dépôt voisin de Sotteville. À leur sortie de réparations, les mois suivants, six seulement sont affectées au dépôt du Mans, les P 30, 43 et 45 étant jugées en trop mauvais état pour une remise en service et servent de « banques d'organes » avant d'aller grossir les rangs du cimetière de Rosny-sur-Seine, déjà occupé par les 231 H, D, 141 C, 140 C, 131 TA de l'arrondissement traction de Rouen.

L'inventaire de la série le 1er janvier 1959 fait toujours mention de 317 unités, mais doit être pondéré par le fait que 35 machines sont hors course à titre définitif sur les trois régions. L'Est reste la région phare avec 178 machines, les effectifs de Chaumont étant alors en régime d'étiage avec une dizaine d'unités, son voisin Chalindrey jouissant d'une certaine faveur.

L'Ouest arrive loin derrière avec 122 engins. Quant au Sud-Est, les 18 unités restantes pour mémoire sont réduites à l'état peu glorieux de ferrailles rouillées.

La répartition est alors la suivante :

— Noisy-le-Sec : (29 dont 1 en RD) P 24, 52, 54, 55, 59, 60, 90, 107, 116, 141, 143, 175, 184, 218, 219, 238, 246 à 248, 250, 261, 264, 267, 274, 291, 302, 303, 306, 308;

— Châlons-sur-Marne : (29 dont 1 en RD) P 4, 53, 58, 68, 76, 80, 88, 98, 134, 136, 142, 145, 147, 148, 155, 156, 160, 179, 208, 239, 244, 260, 262, 283, 289, 290, 304, 309 et 314;

— Chaumont : (9 dont 1 en RD) P 51, 72, 78, 83, 91, 93, 96, 137 et 293;

— Chalindrey : (38 dont 4 en RD) P 9, 11, 14, 15, 19, 20, 27, 35, 38, 48, 56, 57, 81, 85, 92, 100, 131, 133, 135, 144, 146, 164, 177, 220, 241, 242, 256, 265, 278 à 280, 282, 285, 310, 312, 313, 317 et 318;

— Nancy : (35 dont 3 en RD) P 39, 67, 69, 75, 79, 86, 87, 89, 94, 95, 97, 99, 118, 128, 130, 138 à 140, 157, 186, 204, 210, 216, 217, 249, 257, 273, 275, 281, 294, 301, 305, 311, 315 et 316;

— Sarreguemines : (17) P 161 à 163, 176, 183, 211 à 213, 240, 254, 255, 258, 266, 276, 277, 292 et 307;

— Ile-Napoléon : (21) P 3, 8, 77, 129, 132, 178, 181, 182, 209, 243, 245, 284, 286 à 288, 295 à 300;

— Montrouge : (5) P 192, 202, 222, 233 et 236;

— Argentan : (20) P 18, 47, 62, 70, 71, 74, 82, 102 à 104, 106, 108, 109, 111, 114, 115, 117, 207, 231 et 234;

— Granville : (10) P 33, 151, 153, 168, 188, 205, 230, 232, 252 et 259.

— Le Mans : (43) P 13, 32, 34, 40, 50, 63 à 66, 110, 113, 119 à 122, 125 à 127, 150, 158, 159, 165, 166, 180, 196, 197, 199 à 201, 203, 214, 215, 221, 223, 224, 226 à 228, 235, 251, 263, 269 et 270;

— Laval : (5) P 12, 73, 225, 229 et 268;

— Rennes : (32) P 26, 28, 31, 61, 105, 112, 123, 124, 149, 152, 154, 167, 169 à 174, 185, 187, 189 à 191, 193 à 195, 198, 206, 237, 253, 271 et 272;

— Sotteville : (5 en RD) P 30, 42, 43, 45 et 84;

— Thouars : (2 en RD) P 25 et 44;

— Vénissieux : (18 en RD) P 1, 2, 5, 7, 10, 16, 17, 21 à 23, 29, 36, 37, 41, 46, 49 et 101.

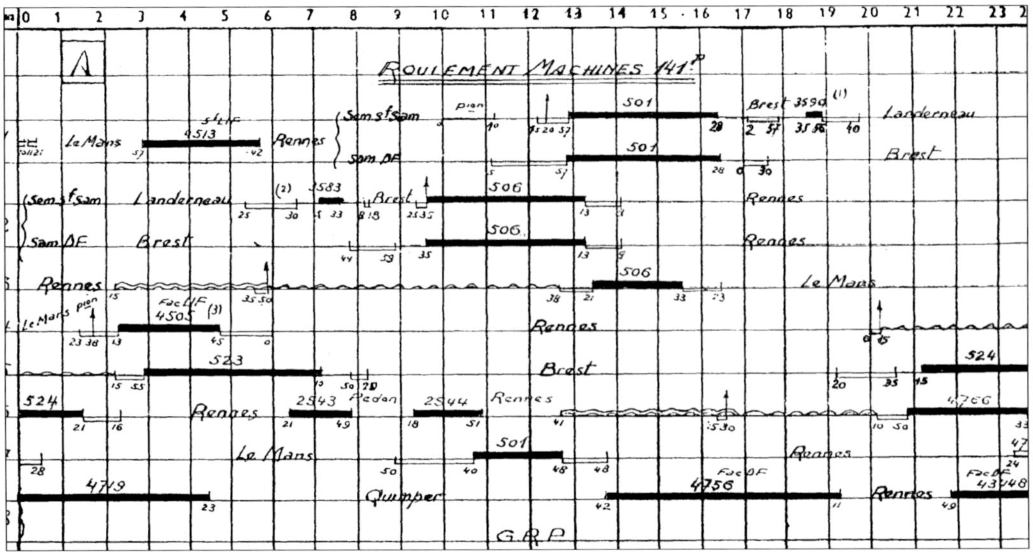

Roulement du dépôt de Rennes au 1er février 1958 (coll. Canteloup).

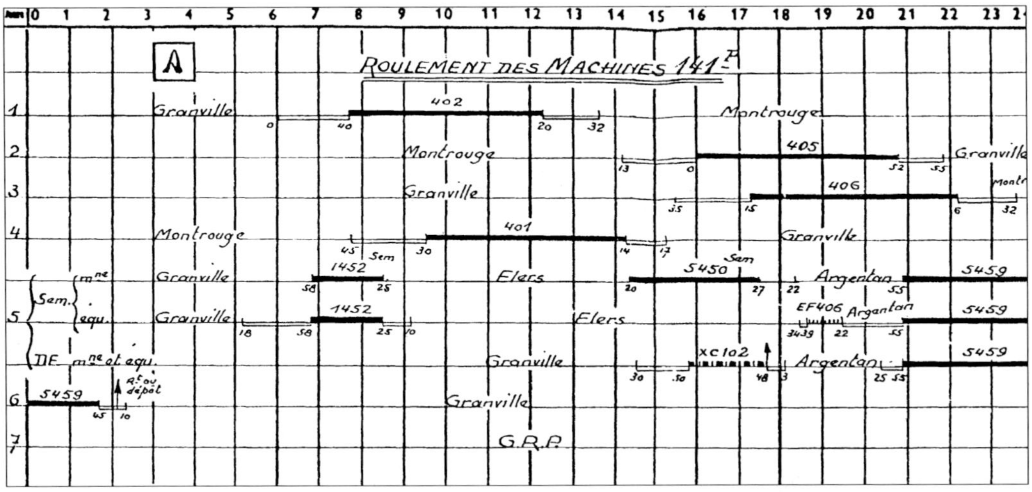

Roulement du dépôt de Granville au 31 mai 1959 (coll. Canteloup).

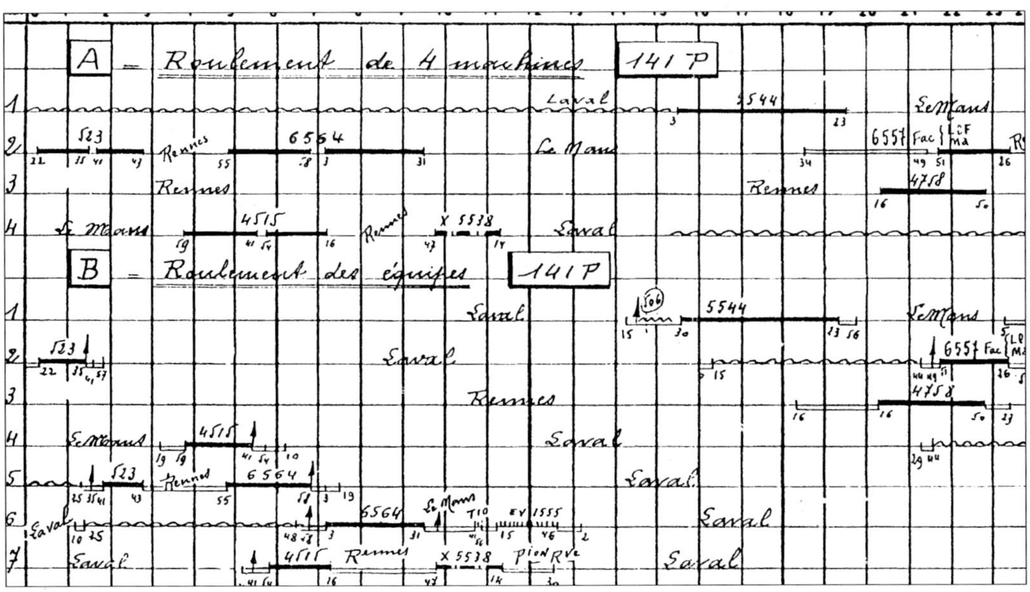

Roulement du dépôt de Laval au 14 décembre 1959 (coll. Canteloup).

Été 1959 : Montrouge cède ses P

Établissement de traction mixte électrique-vapeur depuis l'électrification Paris - Le Mans en 1937, Montrouge, après avoir congédié ses dernières 231 H en 1957, se sépare de son ultime noyau vapeur pour le service d'été 1959. Les P 192, 202, 222 et 236 sont absorbées par Argentan et la 233 par Granville, dépôts qui se partagent désormais la remorque des trains sur la radiale Paris - Dreux - Granville.

Le déclin

À l'Ouest, les « grosses P » font de l'ombre aux petites

Du fait de l'achèvement des électrifications Nord - Paris et Lyon - Valence, de puissantes Mountain unifiées peuvent être libérées. De septembre 1958 à janvier 1959, les 241 P 21, 25 et 26 provenant de Lyon-Mouche et les 241 P 31, 32, 34 de La Chapelle sont affectées au dépôt Est de Paris-La Villette. Ces engins aptes à 120 km/h remplacent sur l'artère Paris - Strasbourg essentiellement les 241 A et 231 G/K aux trains les plus lourds ou les plus rapides, en ne dépassant pas Sarrebourg.
Elles n'interfèrent donc pas dans les fonctions des 141 P. Du moins pour l'instant…
Mais ce transfert en annonce un autre dont les effets immédiats vont être plus dévastateurs dans les rangs des Mikado unifiées. De janvier à mars 1959, La Chapelle se sépare cette fois des 241 P 27 à 30, 33 et 35, chassées de l'axe Paris - Lille, qui vont trouver refuge au dépôt du Mans, lequel, rappelons-le, avait congédié ses Mountain ex-État vingt ans plus tôt.
Utilisé en double équipe avec participation des personnels de Rennes et de Nantes, ce petit lot de 241 P, après une période de rodage sur des messageries, est versé au service commercial en mars. On leur confie les deux paires de trains les plus nobles, dont la charge peut être relevée ; c'est alors le fleuron des 2D2 5 400 entre Paris et Le Mans, à savoir les 517/502 Le Mans - Rennes et 719/700, trains jusqu'ici assurés par des Pacific 231 D autorisées à 130 km/h du Mans et de Nantes-Blottereau.
En première étape, le rapprochement 241 P et 141 P au dépôt manceau se passe donc bien pour les secondes, comme le montre le roulement appliqué le 27 juin 1959 et intéressant 14 journées pour 3 618 km avec majorité d'express. On y trouve alors, pour peu de temps encore, les trains 511/711, 714/514 remorqués du Mans à Quimper, tournée très dure de 407 km rappelant les étapes Le Mans - Brest longues de 412 km.
Mais cela n'est qu'un prélude, car la progression du courant continu dans le couloir rhodanien, où Avignon est atteint en juillet, entraîne la réduction du parc des 241 P marseillaises, avec envoi pour l'automne de la 241 P 18 à La Villette et des 15, 17 et 20 au Mans, suivies début 1960 par les 11 à 14, 16 et 19. Utilisé en banalité complète, ce parc de 15 « 2 P » va cette fois faire des ravages dans les rangs des petites P du Mans et de Rennes. Dès le service d'été suivant, il permet une refonte horaire de qualité avec des gains de 10 à 20 minutes aux trains de jour classiques 501/506 Paris - Brest, 511/711-714/514 Paris - Quimper via Rennes, emmenés de bout en bout depuis Le Mans. Côté Val de Loire, les 241 P « subtilisent » aux 141 R de Nantes les trains 703/708 du Mans à Quimper via Nantes, avec une accélération remarquable d'une demi-heure.

À Clermont-sur-Loire, un Paris - Nantes assuré par une 141 P entre Le Mans et Nantes (Guy Laforgerie).

Le gril du dépôt de Rennes, avec une Pacific encadrée par deux 141 P (VdR-Orain).

L'express 506 Brest - Paris, passant en vitesse à Sillé-le-Guillaume, entre Rennes et Le Mans (VdR-Perrelle).

Les locomotives 141 P subissent durement cette suprématie et perdent une partie de leurs attributions voyageurs vers la Bretagne, gardant cependant la mainmise sur les messageries, trains périodiques et supplémentaires, y compris sur Nantes et Le Croisic.

Autre conséquence indirecte de cette mutation, la dissolution du petit parc de Laval. Sur les cinq machines restantes, la P 12 tombe en réparation différée, les P 73 et 225 sont mutées à Rennes, tandis que les P 229 et 268 retournent au Mans, leur affectation d'origine, début 1960.

Un train de banlieue remorqué par une 141 TB et un «grandes lignes» confié à une 141 P circulent, pour un temps côte à côte, à la sortie de la gare de l'Est, en 1957 (Yves Broncard).

Passage à Trilport d'un marchandises du régime ordinaire, en 1959 (Yves Broncard).

Aux environs de Chézy-sur-Marne, sur la ligne Paris - Strasbourg, un express remorqué par une 141 P, en 1959 (Yves Broncard).

Le train 10012 Strasbourg - Paris, en pleine vitesse, devant le bourg de Dormans (Yves Broncard).

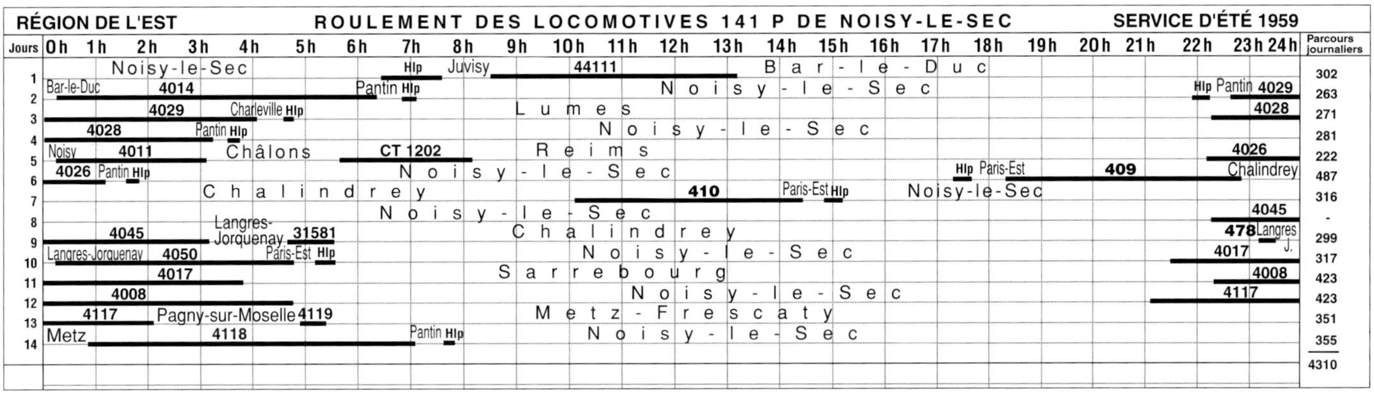

Début des radiations

Désireuse d'apurer efficacement les inventaires encombrés par plusieurs machines passées, vu leur état, de réparation différée en attente d'amortissement, et en raison de la chute des besoins, la direction Matériel et Traction entame un processus de réforme massif de la série.

Une première vague intervient le 17 octobre 1959 et concerne 13 machines, pour la plupart arrêtées depuis longtemps et devenues de véritables épaves : P 19, 25, 27, 35, 43, 44, 45, 83, 84, 87, 130, 179 et 261. Une deuxième avec effet au 30 avril 1960 touche cette fois les P 22, 29, 53, 76, 78 à 80, 89, 97 et 101, c'est-à-dire les machines de la première tranche.

Dans la rampe de Loxéville, l'express international 1113 Paris - Metz - Sarrebruck, avec voitures pour Berlin et Francfort, en mai 1958 (Jacques Renaud).

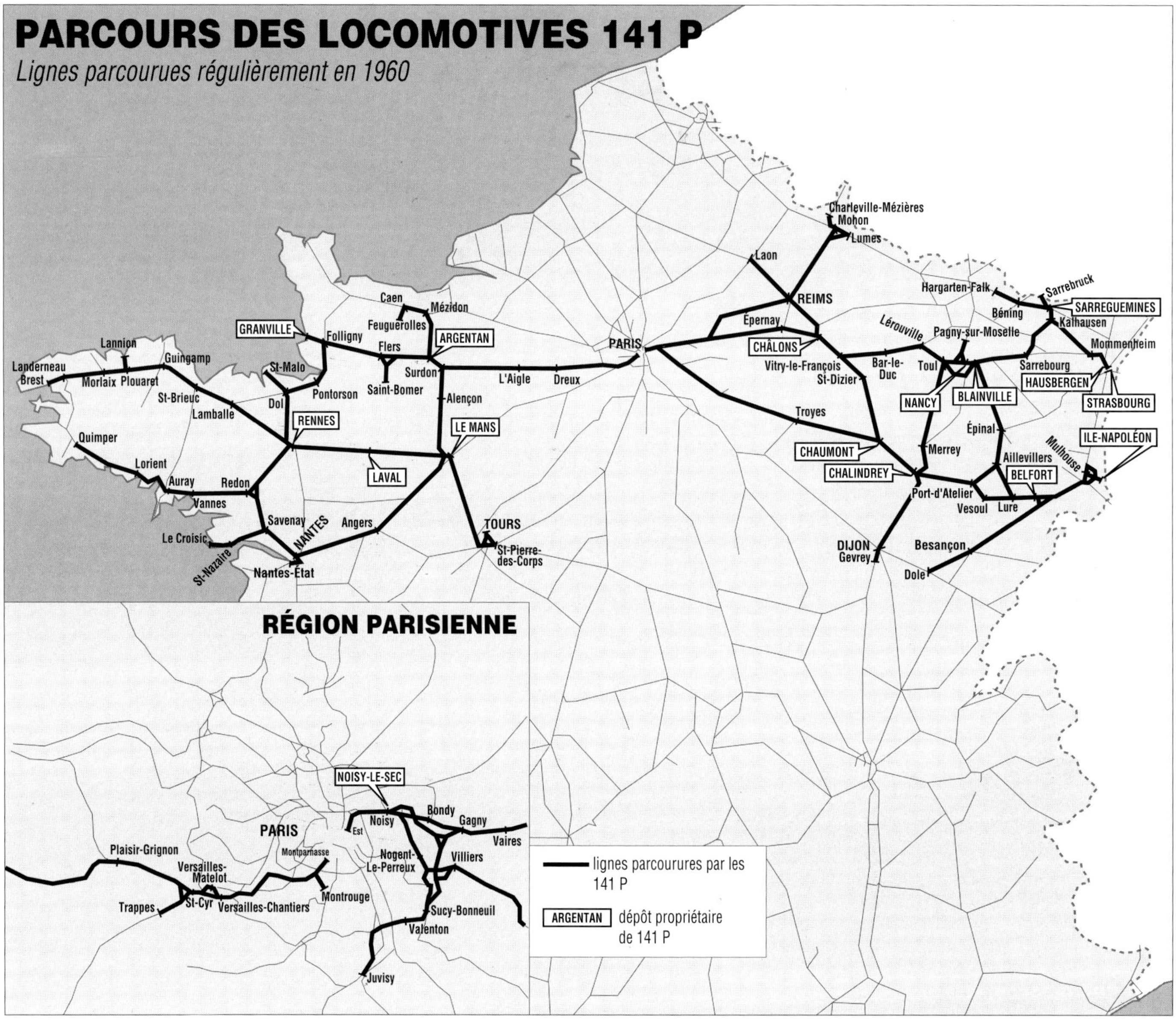

1960 : les P évincées de Nancy

Dans le cadre du programme « Est - Paris », la caténaire monophasée ne cesse de progresser en terre lorraine et va totalement bouleverser la trame des bastions vapeur du secteur. Déjà, en avril 1959, la mise sous tension du parcours Revigny - Lérouville - Onville - Metz a coupé la route de Metz aux 141 P de Noisy et Châlons-sur-Marne, sans parler des 241 A, 231 G, K et 141 R.

Par la suite, les effectifs de Nancy sont allégés par liquidation pure et simple de plusieurs machines à fin de parcours et par mutation en juillet des P 139, 210, 249 et 305 à Chalindrey, et des 86, 257 et 316 à Belfort, nouveau dépôt preneur.

Le 22 février 1960, la traction électrique s'installe entre Sarrebourg et Blainville, entraînant le report à cette gare des échanges vapeur-électrique des trains du courant Paris - Strasbourg. Seize 141 P de Nancy (67, 69, 75, 94, 95, 99, 128, 138, 140, 157, 204, 216, 217, 273, 275 et 281) prennent alors asile au dépôt de Blainville, qui a jusqu'alors géré des 141 R et 140 C en régime marchandises.

Par ailleurs, la P 118 s'en va à Châlons-sur-Marne et les 186 et 294 à Chaumont en juillet. La dotation nancéienne est ainsi démantelée, les P 301, 311 et 315 passant en réparation différée RD à la faveur de limite de parcours ou chute de timbre.

Les « petites P » roulent pour peu de temps encore en direction de Châlons-sur-Marne, Paris, Metz, Chalindrey, Dijon et Belfort.

En septembre, le trajet Pagny-sur-Moselle - Neufchâteau via Pompey et Toul est à son tour sous 25 kV, tandis que, le 15 décembre, la double jonction électrique de Blainville à Pompey et de Toul à Lérouville donne le coup de grâce à la vapeur dans le nœud nancéien.

Du coup, les trains du courant transversal Nord-Sud assurés par les 150 P (marchandises) et 141 P de Chalindrey (voyageurs et messageries) sont désormais relayés en gare de Neufchâteau.

Notons aussi que du fait de l'équipement en 25 kV de la ligne 1, renforcée par des aménagements de capacité aux abords de Nancy, tout le trafic fret peut être canalisé par cet itinéraire, condamnant à la léthargie l'Évite-Nancy à double voie longeant la Moselle (ligne 27), entre Toul et Rosières-aux-Salines via Chaligny et Neuves-Maisons, dont la seconde partie n'avait été ouverte par la Compagnie de l'Est qu'en 1933 [11].

Les 16 000, 16 500, 13 000 et 12 000 s'implantent sur tous les trains, assurant dorénavant les parcours Bar-le-Duc - Strasbourg, Metz - Nancy et Nancy - Neufchâteau. De ce fait, le reliquat du parc vapeur encore géré par le dépôt de Nancy, à savoir les 231 G ou K et 230 K, est évacué du site d'Heillecourt, aménagé au lendemain de la guerre. Sauf pour les unités encore en bon état, qui sont mutées, celles qui sont condamnées vont rejoindre les garages de Toul et de Pagny-sur-Meuse, où elles retrouvent quelques 141 P attendant l'heure de la réforme, puis de la découpe.

(11) Par la suite, cette ligne n'est restée ouverte que de Chaligny à Rosières-aux-Salines pour la desserte depuis Blainville des usines sidérurgiques de Pont-Saint-Vincent et de la ligne 14 vers Mirecourt.

Ci-dessus, un train RA pour Châlons au passage à Nogent-l'Artaud, en 1960 (Yves Broncard).

Ci-contre, en décembre 1958, la 141 P 94 de Nancy, en tête du 12 B à Sarrebourg, gare déjà atteinte par la caténaire 25 000 V tirée depuis Strasbourg (VdR-Félix Fénino).

Un « petit express » Paris - Troyes, assuré par une rame hétéroclyte où se mêlent des voitures « Armistice », « Romilly » et métallisées Est, à hauteur d'Ozoir-la-Ferrière, à l'été 1960 (Daniel Haviland).

Un train de marchandises sur le viaduc de Nogent-sur-Marne (Guy Rannou).

Passage d'un express en mars 1961 sur la section à quatre voies Noisy - Nogent, à l'emplacement de l'actuelle gare de Rosny-Bois Perrier, qui sera édifiée pour desservir la zone d'habitat collectif alors naissante comme on le voit à gauche de l'image (VdR-Fénino).

Arrêt de service d'un train de messagerie à Culmont-Chalindrey, en août 1958 (VdR-Fénino).

Blainville s'efface, Belfort entre en scène

Victime des bouleversements engendrés par les électrifications, l'activité du parc de Blainville est sensiblement réduite, si bien qu'en fin d'année 1960 son seul et mince débouché concerne les tournées vers Belfort et Chalindrey via Épinal. Dès le mois de mai, la P 157 est léguée à Belfort, qui sera le dernier dépôt créé pour accueillir les Mikado unifiées, et qui a reçu par ailleurs les P 86, 257 et 316 de Nancy, 72, 93, 96 et 135 de Chaumont, et 209, 243 et 245 d'Ile-Napoléon.

Leur rayon d'action s'étend jusqu'à Dole, Blainville, Chaumont, Mulhouse et la gare-frontière franco-suisse de Delle, où sont conduits, en association avec les 230 B ou 231 G/K, les voitures directes (tranche réduite la plupart du temps à un ou deux véhicules) Paris - Berne.

En décembre, le parc de Blainville est donc ventilé entre Chalindrey (P 67, 69 et 94), Chaumont (P 95 et 138), Ile-Napoléon (P 99 et 140) et Châlons-sur-Marne (P 204 et 275). Les P 75, 128, 216 et 217 sont provisoirement garées avant d'être mutées début 1961. En revanche, les P 273 et 281 n'ont pas cette chance et terminent là leur carrière avec placement en réparation différée.

Compte tenu de ces récents mouvements, la situation des 141 P, ramenées à 291 unités, se présente ainsi le 1er janvier 1961 :

— Noisy-le-Sec : (28) P 24, 52, 59, 60, 90, 107, 116, 141, 143, 163, 175, 184, 218, 219, 238, 246 à 248, 250, 264, 267, 274, 277, 291, 302, 303, 306 et 308;

— Châlons-sur-Marne : (29) P 4, 58, 68, 88, 98, 118, 134, 136, 142, 145, 147, 148, 155, 156, 160, 204, 208, 239, 240, 244, 260, 262, 275, 283, 289, 290, 304, 309 et 314;

— Nancy : (4 en RD) P 39, 301, 311 et 315;

— Blainville : (6 en RD) P 75, 128, 216, 217, 273 et 281;

— Sarreguemines : (14) P 161, 162, 176, 183, 211 à 213, 254, 255, 258, 266, 276, 292 et 307;

— Chaumont : (14) P 11, 38, 51, 55, 95, 100, 137, 138, 186, 241, 293, 294, 317 et 318;

— Chalindrey : (36) P 9, 14, 15, 20, 48, 56, 57, 67, 69, 81, 85, 91, 92, 94, 131, 139, 144, 146, 164, 177, 210, 220, 242, 249, 256, 265, 278 à 280, 282, 285, 287, 305, 310, 312 et 313;

Une 141 P en relais au dépôt de La Villette (VdR-Jacques Renaud)

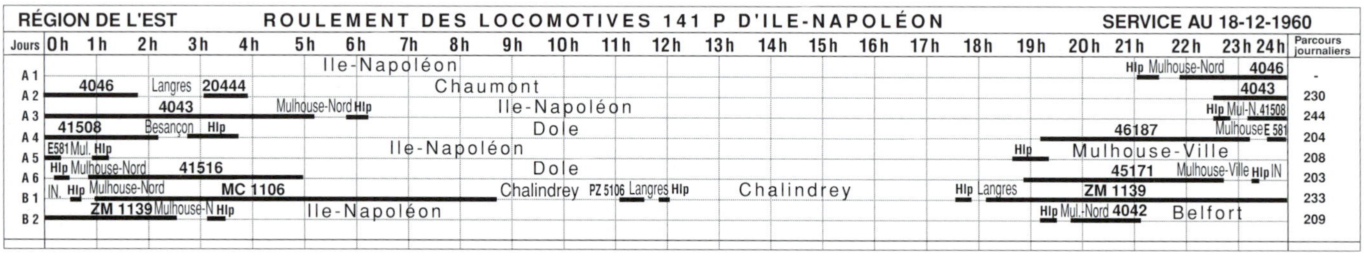

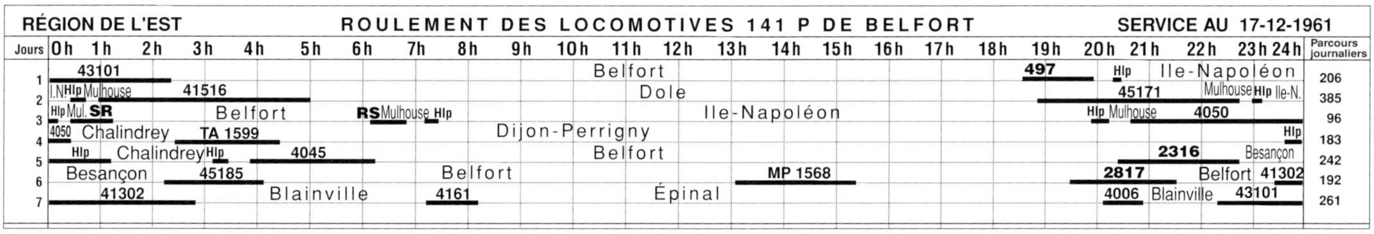

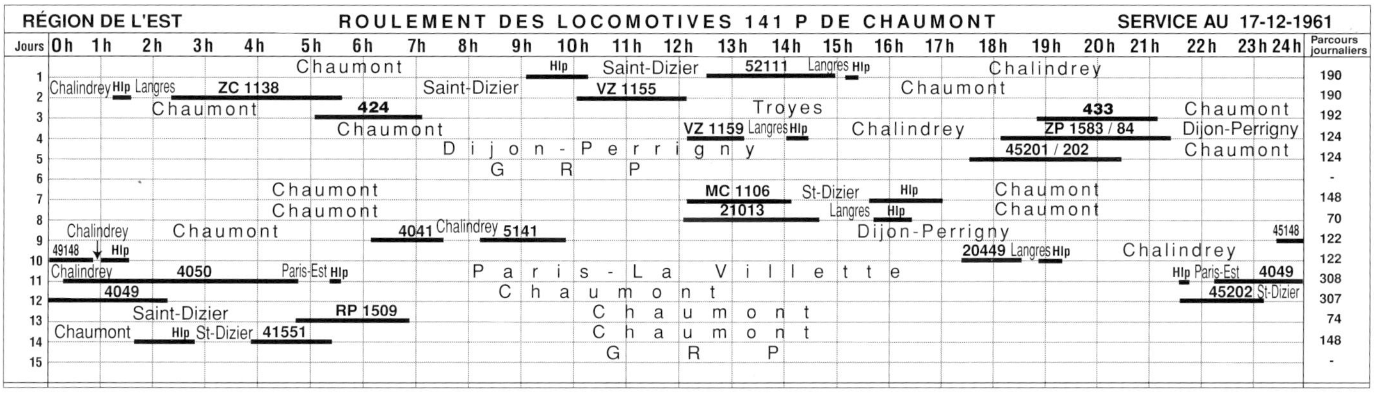

— Belfort : (11) P 72, 86, 93, 96, 135, 157, 209, 243, 245, 257 et 316;
— Ile-Napoléon : (19) P 3, 8, 77, 99, 129, 132, 140, 178, 181, 182, 284, 286, 288, 295 à 300;
— Argentan : (25) P 18, 47, 62, 70, 71, 74, 82, 102 à 104, 106, 108, 109, 111, 114, 115, 117, 192, 202, 207, 222, 231, 234 à 236;
— Granville : (11) P 33, 151, 153, 168, 188, 205, 230, 232, 233, 252 et 259;
— Le Mans : (38) P 13, 32, 34, 40, 50, 63 à 66, 110, 113, 119 à 122, 125 à 127, 158, 159, 165, 196, 197, 199 à 201, 203, 214, 221, 223, 224, 226 à 228, 263, 268 à 270;
— Laval : (1 en RD) P 12;
— Rennes : (40) P 26, 28, 31, 61, 73, 105, 112, 123, 124, 149, 150, 152, 154, 166, 167, 169 à 174, 180, 185, 187, 189 à 191, 193 à 195, 198, 206, 215, 225, 229, 237, 251, 253, 271 et 272;
— Sotteville : (1 en RD) P 42;
— Vénissieux : (14 en RD) P 1, 2, 5, 7, 10, 16, 17, 21, 23, 36, 37, 41, 46 et 49.

1961 : le monophasé vers Paris-Est

L'extension rapide de l'électrification de la ligne 1 en direction de la capitale conduit les engins 25 kV à Châlons-sur-Marne en mai, puis à Château-Thierry en septembre. Paris n'est plus alors qu'à 95 km ! En même temps, l'antenne Blesme-Haussignémont - Saint-Dizier de la ligne 10 est sous tension. Cette modernisation n'est pas sans effet sur les parcs vapeur des dépôts de Bar-le-Duc, Châlons-sur-Marne, Vaires, Noisy-le-Sec et Paris-La Villette : les effectifs chutent et les parcours se réduisent.
Ainsi les 141 P de Châlons-sur-Marne doivent s'incliner en perdant leurs tournées vers Blainville et Metz, déjà limitées à Bar-le-Duc, ainsi qu'en direction de Vaires, Noisy, Chaumont et Dijon. Côté Nord, les 141 R de Reims s'imposent sur le petit courant de trafic vers Reims, Laon et Tergnier.

Période de transition dans l'opération d'électrification « Est-Paris » : à Château-Thierry, en mai 1962, le train 102 Nancy - Paris, amené par une BB 16500, est confiée à une 141 P pour le trajet final vers Paris (VdR-Félix Fénino).

Relais-traction à Château-Thierry, fin 1961 : la BB 16 051 attend le train arrivant de Paris derrière une 141 P (VdR-Louis Pilloux).

En dessous, les derniers mois du dépôt vapeur de Château-Thierry (VdR-Louis Pilloux).

Et les rangs des 141 P s'éclaircissent encore, avec des placements en réparation différée : cas des P 4, 88, 98, 107, 118, 134, 142, 145, 204, 275, 283 et 314. Les unités non atteintes par l'épuisement des parcours de levage vont s'en sortir indemnes, avec une mutation dans d'autres dépôts Est qui en profitent pour éliminer les unités de la première tranche 1 à 103, la plus âgée, à fin de parcours.
Chaumont récupère ainsi les mois suivants les P 58, 155, 156, 239, 244, 289 et 304, Chalindrey la 68, Noisy les 160, 208, 262, 290 et 309, Sarreguemines les 147 et 260.
Au dépôt de Noisy, l'atmosphère est également sombre car les tournées messageries limitées à Château-Thierry, ne constituent qu'une bien maigre utilisation de ces machines. Aussi les P 59, 60, 175, 184, 250, 274 et 309 sont-elles définitivement garées et sept autres sont envoyées à Chaumont et Chalindrey. Avec celles de ces dépôts, le reste peut encore partager une petite activité sur la ligne 4, devenue l'itinéraire symbole de la série. Cette situation permet en cours d'exercice de nombreuses mises en réparation différée et l'amortissement de trois machines : les P 39 de Nancy (déjà arrêtée de longue date), 52 de Noisy et 136 de Châlons-sur-Marne.

Cohabitation entre 141 P et 141 R, sans parler de la petite 030 TU, sous la rotonde du dépôt de Chalindrey, en octobre 1962

Ci-contre, dans le même établissement, les 141 P 312 et 151 TA 720 (VdR-Raymond Floquet).

Sur la région de l'Ouest, l'« effet 241 P » réduit les besoins généraux des 141 P.
Une première vague de huit machines est alors rayée des inventaires : la P 12 de Laval, les P26, 31, 61 et 73 de Rennes, la P33 de Granville ainsi que la P71 d'Argentan.
En outre, les P 42 de Sotteville, les P 1, 2, 7, 10 et 17 de Vénissieux subissent le même sort à titre de régularisation.

Déjà, dans les années 1960, les mises au rebut de 141P s'effectuent à un rythme soutenu. Ci-dessus, à Vaires, en septembre 1962, la 274 de Noisy, en attente d'amortissement, a été victime d'un «prélèvement d'organes» pour prolonger la vie d'une autre machine. Ci-dessous, en juin 1964, un machine non identifiable au «mouroir» de Rosny-sur-Seine (VdR-Félix Fénino).

Le 11045 Paris - Vesoul du samedi dépasse les gazomètres de La Villette, en 1961, tandis que les mâts du 25 000 V annoncent la fin prochaine de la vapeur sur Paris - Château-Thierry (Guy Laforgerie).

La série exclue de Paris - Strasbourg

La mise sous tension de la section Paris - Château-Thierry en mai 1962 met un terme définitif à la traction vapeur sur la ligne 1. Si, à Vaires, les 141 R et 141 TB font les frais de l'opération, à Paris-La Villette la curée intéresse les 241 A, 231 K, 141 TB. Toutefois les 241 P 18, 21, 25, 26, 31, 32 et 34 ont émigré à Noisy dès l'été 1961. Elles côtoient donc un temps les 141 P avant d'être mutées en septembre 1962 à Chaumont pour circuler sur Paris - Mulhouse, où elles vont s'accaparer les tâches des vieilles 241 A Est.
À ce stade, la dotation en 141 P de Noisy est contractée car, sur la trentaine d'engins, il n'en subsiste que 16 garées bon état ou engagées en messageries sur Chaumont, les autres étant soit en réparation différée soit mutées.

Sarreguemines : les R prennent le pas sur les P

La situation fortement excédentaire de machines Libération provenant des dépôts de Vaires, Reims, Châlons-sur-Marne et Blainville incite la région de l'Est à renforcer le parc de Sarreguemines, ce qui entraîne le départ échelonné des 141 P à partir de l'été 1961 et jusqu'à septembre 1962. Elles sont mutées à Noisy, Chaumont, Chalindrey et Ile-Napoléon. Provisoirement, les P 254 et 258 restent garées bon état, tandis que la 276 va pourrir sur place à fin de parcours. C'est la fin de la présence de la série en Lorraine.

Mentionnons qu'à partir de l'électrification Blainville - Sarrebourg, en février 1960, le parc des P de Sarreguemines fonctionnait en autarcie complète dans cette enclave vapeur de l'Est de la France.

En gare de Longueville, en 1960, le train 410 Culmont-Chalindrey - Paris à l'arrêt, donnant correspondance à la navette de Provins remorquée par une 131 T Armisitice (ancienne T5 Wurtemberg) (VdR-Hermann).

Ci-dessous, en avril 1964, le train 514, assurant la relation d'après-midi Brest - Paris, arrive aux abords de la gare de Guingamp ; en contrebas, à gauche, les voies à trois files de rails du Réseau Breton (Yves Broncard).
En dessous, arrêt d'un direct à Sainte-Gauburge (Guy Rannou).

Page ci-contre, une 141 P sous le toboggan à charbon du dépôt de Rennes, en 1964 (Guy Laforgerie).

Les 241 P s'imposent au Mans

L'électrification Miramas - Marseille en Provence a libéré, en mai 1962, la totalité des 241 P de Marseille-Blancarde, lesquelles trouvent refuge à Nevers et au Mans. Ce dernier dépôt reçoit ainsi les 241 P 6 à 9, qui prennent de nouvelles tournées aux 141 P sur les trains périodiques d'été vers Nantes et Rennes, qui jusqu'ici restaient de leur ressort. Ces dernières n'ont plus qu'un roulement de 9 journées représentant 2 610 km avec un minimum de voyageurs dont les TR/RT repris aux Pacific. Quelques tournées leur sont encore allouées en sus en plein été : 505/508, 709 du Mans à Rennes, 713 du Mans à Nantes.
À l'hiver suivant, aucun train de voyageurs ne figure plus dans leur programme régulier.
En revanche, au dépôt de Rennes, l'activité des petites P a été maintenue, du fait de l'élimination du parc de 231 D, dont les dernières unités ont été mutées à Batignolles et à Nantes en 1961.
Elles conservent donc pour un temps la traction des voyageurs 511, 514, 523 et 524 entre Rennes et Brest, 711 et 714 entre Rennes et Quimper, ainsi qu'en témoigne le roulement du 15 février 1962 en double équipe, portant sur 17 journées pour 4224 km.

En haut, la P 110 du Mans ; on notera le fond de plaque d'identification de teinte bleu. Ci-dessus, la même machine en tête d'un express composé d'ancienne voitures métallisées ex-État (VdR-Raymond Floquet).

Début 1963 : 258 141 P

Suite à 17 réformes au cours de l'exercice 1962, dont les toutes dernières machines ex-Sud-Est (P 4, 5, 9, 16, 21, 23, 36, 37, 41, 45, 49, 59, 90, 92, 98, 184 et 250), la série s'installe dans un déclin continu. À l'Est, région encore détentrice de 150 machines, la série ne roule plus désormais que sur un nombre limité d'itinéraires : lignes 4, 10, 15, 16, 16[5], 28 de Paris à Mulhouse, Saint-Dizier à Chaumont, Neufchâteau à Dijon, Blainville à Lure, Aillevillers à Port-d'Atelier, Belfort à Besançon et Dole. De nombreuses machines en réparation différée sont de fait inactives et celles en service doivent composer avec les 241 P, 231 G/K, 150 P et 141 R, ces dernières tenant le haut du pavé.

Sur l'Ouest, où 108 machines sont encore à l'inventaire, le niveau de leurs prestations a fortement régressé, même si leur domaine géographique est resté intact, avec l'arrivée des 241 P, constituant l'« élite vapeur » de la région Ouest ; les Moutain ont ainsi provoqué l'extinction des feux de près de la moitié des 141 P du Mans et de Rennes, y compris l'été.

Treize dépôts se partagent encore la série, mais quatre ne font qu'héberger des ma-

chines froides : Châlons-sur-Marne, Nancy, Blainville et Sarreguemines. La répartition est donc la suivante :
— Noisy-le-Sec : (18) P 60, 147, 148, 160, 175, 176, 208, 219, 262, 266, 267, 274, 277, 290, 302, 306, 308 et 309 ;
— Châlons-sur-Marne : (10 en RD) P 88, 107, 118, 134, 142, 145, 204, 275, 283 et 314 ;
— Nancy : (3 en RD) P 301, 311 et 315 ;
— Blainville : (2 en RD) P 273 et 281 ;
— Sarreguemines : (3 dont 1 en RD) P 254, 258 et 276 ;
— Chaumont : (30) P 11, 24, 38, 51, 55, 75, 95, 100, 129, 137, 138, 143, 155, 156, 212, 216, 239, 241, 244, 247, 249, 260, 289, 291, 293, 294, 304, 307, 317 et 318 ;
— Chalindrey : (48) P 14, 15, 20, 48, 56, 57, 67 à 69, 81, 85, 91, 94, 128, 131, 139, 141, 144, 146, 163, 164, 177, 183, 186, 210, 218, 220, 238, 242, 246, 248, 255, 256, 264, 265, 278 à 280, 282, 285, 287, 292, 303, 305, 310, 312, 313 et 316 ;
— Belfort : (14) P 58, 72, 86, 93, 96, 135, 157, 161, 209, 217, 240, 243, 245 et 257 ;
— Ile-Napoléon : (22) P 3, 8, 77, 99, 116, 132, 140, 162, 178, 181, 182, 211, 213, 284, 286, 288, 295 à 300 ;
— Argentan (30) : P 13, 18, 47, 62, 64, 70, 74, 82, 102 à 104, 106, 108, 109, 111, 113 à 115, 117, 119, 168, 192, 202, 207, 222, 230, 231, 234 à 236.
— Granville (5) : P 151, 188, 205, 233 et 252 ;
— Le Mans (34) : P 32, 34, 40, 50, 63, 65, 66, 110, 120 à 122, 125 à 127, 158, 159, 165, 196, 197, 199 à 201, 203, 214, 221, 223, 224, 226 à 228, 263, 268 à 270 ;
— Rennes (39) : P 28, 105, 112, 123, 124, 149, 150, 152 à 154, 166, 167, 169 à 174, 180, 185, 187, 189 à 191, 193 à 195, 198, 206, 215, 225, 229, 232, 237, 251, 253, 259, 271 et 272.

En janvier 1963, la sous-série 1 à 103 est encore dégraissée de neuf unités : les P 11, 14, 15, 56, 60, 77, 81, 86 et 88, appartenant toutes à des dépôts Est. La P 274 de Noisy, victime d'avaries lourdes, est également éliminée.

Retrait des machines de Granville

Déjà réduit à cinq unités en 1961 suite à mutation sur Argentan, le petit parc de Granville n'assure plus qu'un embryon de service sur les trains 406/409 vers Paris, durant l'hiver. En été, outre le 407 des samedis, ses machines remorquent ce jour-là le train 605 de Folligny à Pontorson (rame Paris - Pontorson pour les visiteurs du Mont-Saint-Michel) et continuent en matériel vide jusqu'à Dol où elles en reviennent le dimanche soir en marche 606.

Pour le service d'hiver 1963, la dotation de Granville est dissoute, le service étant repris par les 141 P d'Argentan, qui doivent compter avec des 141 R charbon réintroduites dans ce dépôt après une éclipse de treize ans.

L'express 10708 Auray - Paris, doublement du 708 Quimper - Paris via Nantes, près de Clermont-sur-Loire, entre Nantes et Angers, en 1963 (Yves broncard).

Roulement du dépôt d'Argentan au 30 mars 1963 (coll. Canteloup).

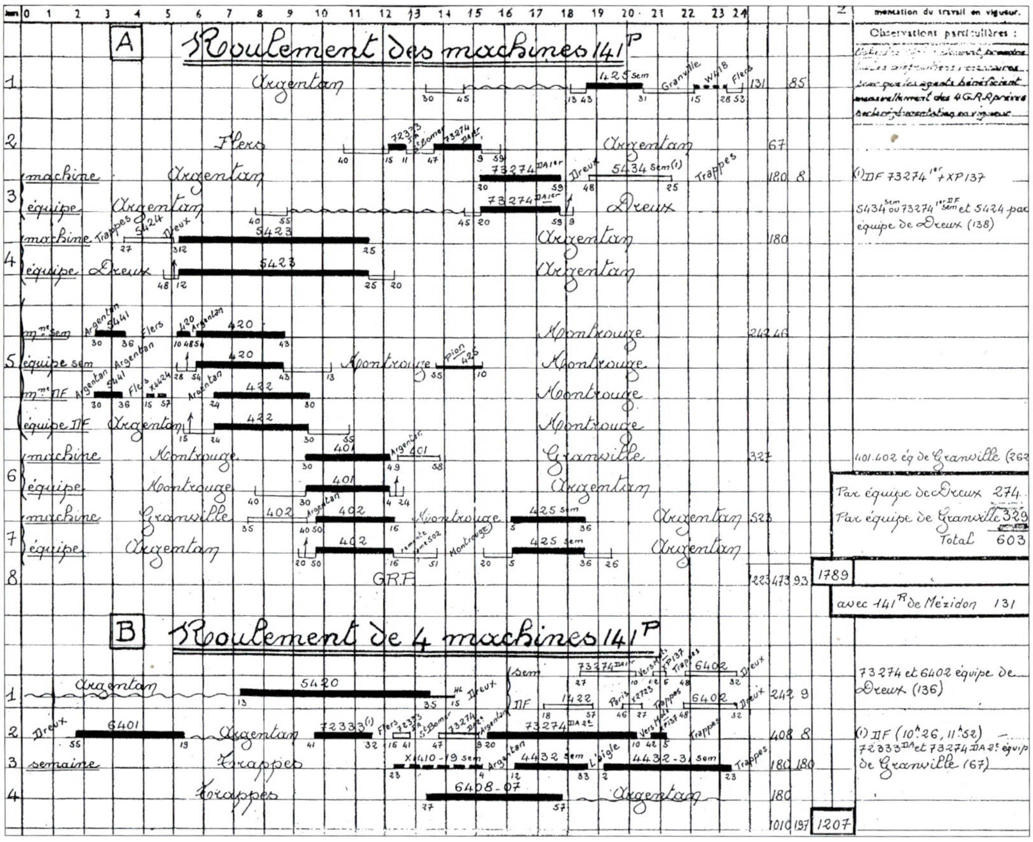

La P 124 d'Argentan en tête d'un direct Argentan - Paris, composé de voitures Talbot, à Almenêches, en septembre 1966 (VdR-Raymond Floquet).

Deux vues du dépôt d'Argentan : cidessus, deux machines en préparation et ci-dessous, vidange de la boîte à fumée de la P 188, à côté d'un autorail VH (Guy Rannou).

Un express pour Paris, au départ en gare de Granville, en 1964 (Yves Broncard).

La 141 P 189 en pleine vitesse (Guy rannou).

La P 113 d'Argentan vue en stationnement au dépôt de Montrouge, en août 1965 (VdR-Félix Fénino).

Correspondance à Mézidon en septembre 1963 ; le train de droite avec la 141 P en provenance de Tours et celui de gauche avec une 141 R va poursuivre vers Caen (VdR-Raymond Floquet).

La P 230 d'Argentan, en septembre 1964, vue à Flers, en tête d'une rame utilisée pour le trafic de minerai de fer (VdR-Félix Fénino).

1964 : un double coup de semonce

Bien que moins importante qu'en début de décennie, la vague d'électrification se poursuit sans relâche. Ainsi, en cours d'année, la région de l'Est met successivement sous tension fin juin 1964 le tronçon Neufchâteau - Chalindrey de la ligne 15, puis celui de Chalindrey à Dijon en décembre. Cette modernisation entraîne la conversion de l'important dépôt vapeur de Chalindrey. Ses 141 P et 150 P doivent céder le pas aux BB 12 000 et bicourant 25 100. Il s'ensuit une véritable hécatombe dans leurs rangs, avec mise en garage RD de nombreuses unités ou mutation vers Chaumont, pour les 150 P, ou Belfort, pour les 141 P.
À l'Ouest, jusqu'alors à l'abri du phénomène électrification, l'opération Le Mans - Rennes a une première application en septembre avec la mise sous tension du Mans à Laval. Aussitôt les bicourant BB 25 500 basées à Montrouge assurent de Paris à Laval l'ensemble du trafic de la Bretagne, annulant les échanges traction du Mans qui existaient depuis 1937. De ce fait, les 141 P du Mans ne vont plus à Rennes et doivent se contenter de quelques courses sur Nantes, Tours, Caen. Les parcours de celles de Rennes sont limités désormais à Laval. Heureusement, la suppression du parc de 231 D leur a donné une petite compensation, l'été, vers Saint-Malo et Nantes via le raccordement de Redon.

Concurrence diesel à l'Est

Non contentes de devoir subir l'hégémonie de la traction électrique, les 141 P sont à partir de l'été 1963 poussées dans leurs retranchements par une nouvelle famille d'engins modernes et puissants : les diesels de ligne du type A1A-A1A 68 000 et 68 500. Destinés à éradiquer définitivement la traction vapeur sur la ligne de Bâle et ses affluents, ces engins, qui connaissent cependant des débuts laborieux, rodage oblige, vont jeter le trouble dans les rangs des séries vapeur encore présentes. Ainsi, les premières à en faire les frais sont les Pacific 231 G et K de Troyes et Belfort et les 241 A de Chaumont. Autres catégories touchées de plein fouet, les 241 P, qui restent malgré tout vaillantes, les 150 P, dont le domaine d'action se limite à partir de 1964 à la seule relation fret Saint-Dizier - Chalindrey, et bien entendu les 141 P.
Si, au début 1964, le parc thermique de Chalindrey regroupe seulement les 68 001 à 68 003 et 68 501, un an plus tard, cette « cavalerie » est forte de neuf et cinq unités qui ont écrémé les meilleures tournées voyageurs et messageries.

À l'intérieur de l'atelier du dépôt de Chaumont, en 1963, une 141 P en cours de réparation, démunie de son deuxième essieu couplé (Guy Laforgerie).

En 1963, juste avant l'électrification Dijon - Neufchâteau, un train sur le viaduc du saut-de-mouton vers Dijon, à Culmont-Chalindrey (VdR-Louis Pilloux).

En 1964, sur le viaduc de Saôlon, à Culmont-Chalindrey, une 141 P remorque une rame de voitures « Romilly » sous la caténaire 25 000 V de l'électrification Dijon - Neufchâteau ici en tronc commun avec la ligne Paris - Bâle (VdR-Louis Pilloux).

Le train 42 Bâle - Paris, à Bar-sur-Aube (VdR-Hermann).

En 1964, dans le secteur de Chaumont, un omnibus pour Saint-Dizier (Yves Broncard).

Passage d'un train de marchandises à Emerainville-Pontault-Combault, en février 1963; à hauteur de la 141 P, ce célèbre panneau de l'embranchement du chocolat Menier (Marc Dahlström).

Démarrage du 45 A Paris - Mulhouse à Chaumont, en 1963; machine 141 P 38 de Chaumont (Guy Laforgerie).

Près de Saint-Mesmin, entre Troyes et Romlilly, le train 405 Paris-Mirecourt/ Plombières/Gérardmer, derrière la P 183 de Chalindrey (Guy Laforgerie).

Passage d'une 141 P en tête d'un direct de la relation Paris - Chaumont, devant l'embranchement pétrolier de Saint-Martin-de-Bossenay, dans le secteur de Romilly (VdR-François).

Arrivée du train 410 Culmont-Chalindrey - Paris, à la gare de l'Est, derrière la P 55 de Chaumont (VdR-Félix Fénino).

Sur la transversale Strasbourg - Lyon, en gare de Dannemarie, arrêt de service d'une 141 P en acheminement haut-le-pied (VdR-Breton).

Vue d'ensemble du dépôt de Belfort en 1966 (Walter Hofer).

Encore 231 machines au 1er janvier 1965

La réduction notable des besoins limite les levages de machines de la série désormais en nombre pléthorique.
Après la réforme de neuf machines Est en 1963, auxquelles il faut ajouter la 103 d'Argentan, l'amortissement de l'exercice 1964 porte sur les P 48, 67, 75, 91, 94 à 96, 99, 100, 137, 138, 299, 301, 308, 311 et 315, toutes de l'Est.
Compte tenu de mouvements de remplacement, la ventilation numérique est donnée ci-après. Au niveau de l'Est, elle englobe une trentaine de machines hors service à titre définitif, classées en attente d'amortissement et garées, soit dans les dépôts encore actifs de Noisy, Chaumont, Belfort et Ile-Napoléon, soit dans ceux de Châlons-sur-Marne, Blainville, Sarreguemines et Chalindrey, où le service des 141 P a cessé depuis plus ou moins longtemps. Sur l'Ouest, un assainissement limité de l'effectif entraîne la mise au tas de la P 215 de Rennes et des P 82 et 109 d'Argentan, appartenant à la première tranche.
— Noisy-le-Sec : (11) P 175 à 177, 208, 219, 266, 267, 277, 289, 302 et 306 ;
— Châlons-sur-Marne : (9 en RD) P 107, 118, 134, 142, 145, 204, 275, 283 et 314 ;
— Blainville : (2 en RD) P 273 et 281 ;
— Sarreguemines : (1 en RD) P 276 ;
— Chaumont : (35) P 24, 38, 51, 55, 143, 147, 148, 155, 156, 160, 161, 164, 209, 210, 212, 216, 217, 239, 241, 244, 247, 249, 256-258, 260, 291, 293, 294, 304, 305, 307, 310, 317 et 318 ;
— Chalindrey : (35) P 20, 57, 68, 69, 85, 128, 131, 139, 141, 146, 163, 183, 186, 218, 220, 238, 242, 246, 248, 254, 255, 262, 264, 265, 278 à 280, 282, 285, 287, 292, 303, 312, 313 et 316 ;
— Belfort : (14) P 3, 58, 72, 93, 116, 135, 144, 157, 162, 211, 240, 243, 245 et 290 ;
— Ile-Napoléon : (17) P 8, 129, 132, 140, 178, 181, 182, 213, 284, 286, 288, 295 à 298, 300 et 309 ;
— Argentan : (32) P 13, 18, 47, 70, 74, 82, 102, 104, 106, 108, 109, 111, 113, 114, 117, 119, 120, 151, 168, 188, 192, 202, 205, 207, 222, 230, 231, 233 à 236 et 252 ;
— Le Mans : (35) P 32, 34, 40, 50, 63 à 66, 110, 115, 121, 122, 125 à 127, 158, 159, 165, 196, 197, 199 à 201, 203, 214, 221, 223, 224, 226 à 228, 263 et 268 à 270 ;
— Rennes : (40) P 28, 62, 105, 112, 123, 124, 149, 150, 152 à 154, 166, 167, 169 à 174, 180, 185, 187, 189 à 191, 193 à 195, 198, 206, 215, 225, 229, 232, 237, 251, 253, 259, 271 et 272.

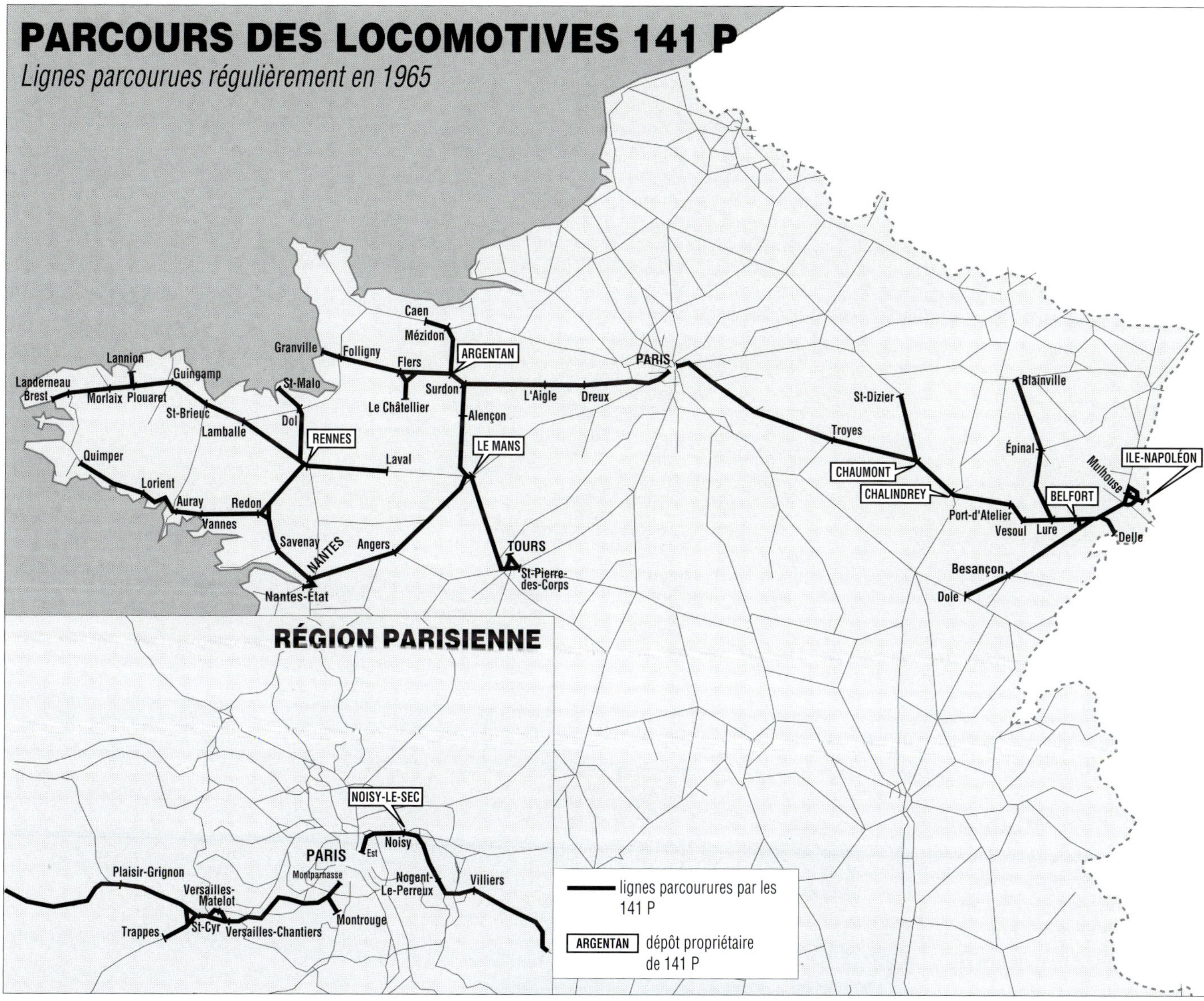

Dégagement massif à Chalindrey et Noisy

Au début 1965, il est clair que le nombre de dépôts encore détenteurs de 141 P pour la desserte de l'unique ligne Paris - Bâle et ses embranchements doit être sévèrement contracté. Celui de Chalindrey va donc éteindre définitivement ses machines à fin de parcours (P 20, 57, 68, 85, 146, 220, 238, 246, 248, 278 à 280, 285, 287 et 313) ou céder à ses voisins, de janvier à mars, les unités ayant encore un potentiel kilométrique, cas des P 69, 128, 131, 139, 141, 163, 186, 218, 242, 254, 255, 265, 282, 303, 312 et 316, cédées à Chaumont, et des 183, 262, 264 et 292, à Belfort. Ces deux dépôts en profitent pour remplacer les locomotives tombant à fin de parcours ou en mauvais état général.

Pour ce qui est de Noisy, dont l'activité régulière avait cessé en 1964, sur la dizaine de machines garées, les P 176, 177 et 267

La P 314, déjà fortement attaquée par la corrosion, en train d'attendre le chalumeau sur une voie de garage du dépôt de Châlons (VdR-Raymond Floquet).

Le 514 Brest - Paris, tracté par la P 153 de Rennes, entre Rennes et Vitré, en août 1964, peu avant l'électrification Le Mans - Rennes (Daniel Haviland).

La P 103 (ex-Argentan), réformée en 1963 et ayant trouvé en 1965 une seconde carrière comme chaudière fixe pour la production de vapeur, aux ateliers de Sotteville-Quatre Mares (Yves Broncard).

rejoignent en cours d'année Belfort, les 208, 266, 277 et 289 Ile-Napoléon et les 219, 302 et 306 Chaumont. Seule la P 175 hors d'usage reste en attente d'amortissement.

1965, année charnière à l'Ouest

Dès l'automne 1964, le dépôt de Rennes a reçu de construction ses tout premiers diesels lourds des types BB 67 000 et A1A-A1A 68 000. Engagés en priorité sur les rapides et express des lignes de Bretagne Nord et Sud, leur entrée en scène a commencé à contrarier l'activité des 241 P sur ces axes, ainsi que sur Le Mans - Nantes - Quimper. En revanche, pour les 141 P, déjà concurrencées par ces dernières, le ciel s'obscurcit nettement. Les mises en garage se sont donc intensifiées au cours de l'hiver.
L'achèvement du programme d'électrification Le Mans - Rennes le 1er juillet 1965 va porter un sérieux coup aux effectifs de cette série, encore importants. En effet, les 25 100 et 25 200 contrôlent maintenant tout le trafic Paris - Rennes, mais, pire, les diesels de ligne en service à cette date (68030, 31, 32, 67 036, 38, 39, 45, 46) vont faire des ravages au-delà, sur Brest et

Quimper, en se voyant attribuer la quasi-totalité des grands trains. Les 241 P et 141 P n'ont que les miettes : en l'occurrence quelques trains périodiques au cours de l'été.
Pour le service d'hiver, où dix 68000 tournent non sans quelques problèmes de mise au point, l'activité vapeur à l'ouest de Rennes est fortement affaiblie. Les 141 R fuel d'Auray et Saint-Brieuc se partagent les trains RA et RO avec quelques 141 P rennaises dont le nombre est en réduction. À l'automne, les P 152, 185, 189, 193, 237 et 251 ont été mutées à Argentan, tandis que les 169, 170, 173, 174, 206, 215, 225, 229, 253 et 259 jettent leurs feux et cessent toute activité.
Le bastion manceau n'est pas mieux loti car, en dehors de quelques courses sporadiques sur Nantes, en assistance aux 241 P, leur seule issue possible est la transversale Tours - Caen, où le faible nombre de trains en présence ne leur donne guère de travail. Les P 63, 65, 121, 122 et 159 sont arrêtées, tandis que les 214, 228, 268 se réfugient à Argentan.

Ci-dessous, en 1965, près de Paramé, acheminement de voitures directes Saint-Malo - Paris par le train 682 avec la P 153 de Rennes (Guy Laforgerie). En dessous, une Rennaise sur un marchandises pour Nantes, au Mans, en juin 1965 (Guy Rannou).

La P 119 d'Argentan, émergeant d'une des alvéoles de la rotonde de Montrouge (VdR-Lucien-Maurice Vilain).

Une rame de voitures USI, tractée par une 141 P, aux abords d'Argentan (VdR-Raymond Floquet).

Venant de quitter Montparnasse, la P 189 d'Argentan passe devant le bâtiment voyageurs d'Ouest-Ceinture (VdR-Lucien-Maurice Vilain).

Un duo de 141 P d'Argentan en relais au dépôt de Trappes (VdR-Lucien-Maurice Vilain).

La P 255 de Chalindrey en stationnement à Culmont-Chalindrey, en juillet 1965 (André Renault).

Un 141 P sur le gril du dépôt de Chaumont (VdR-Perrelle)

Une 141 P en attente de départ pour Paris-Est, à Culmont-Chalindrey, en juillet 1965 (André Renault).

Sur la voie unique de Delle, à la sortie de Belfort, acheminement par une 141 P du 2841, tranche directe (ce jour-là réduite à une seule voiture) pour Berne, en 1967 (Jean-Louis Poggi).

Un rapide Bâle - Paris, aux environs de Mulhouse, en janvier 1966 (VdR-Reichen).

À Melz, près de Nogent-sur-Seine, passage du train 408 Vesoul - Paris (Yves Broncard).

Début 1966, un effectif réduit de moitié

Au total, pour les 141 P, le plan de réforme de l'exercice précédent aura touché la bagatelle de 73 machines. De l'Est à l'Ouest, c'est pratiquement la débâcle dans les rangs de la série, qui ne compte plus que 158 unités, dont 20 % sont garées en bon état ou en RD, laissant des vides importants dans la numérotation; la famille des Mikado unifiées n'est plus présente que dans six dépôts, selon la répartition suivante :

— Chaumont : (44) P 24, 38, 51, 58, 69, 128, 129, 131, 139, 141, 143, 147, 148, 156, 161, 163, 186, 209, 210, 216, 217, 219, 242, 255 à 258, 260, 265, 267, 282, 286, 288, 291, 302, 303, 305 à 307, 310, 312, 316 à 318.

— Belfort : (19) P 116, 135, 144, 157, 162, 164, 176, 177, 183, 211, 212, 240, 245, 247, 249, 262, 264, 290 et 292.

— Ile-Napoléon : (10) P 132, 178, 181, 208, 213, 266, 277, 289, 296 et 309.

— Argentan : (34) P 13, 18, 70, 74, 104, 108, 113, 114, 117, 119, 120, 151, 152, 168, 185, 188, 189, 192, 193, 205, 207, 214, 222, 228, 230, 231, 233 à 237, 251, 252 et 268.

— Le Mans : (27) P 32, 34, 40, 50, 64, 66, 110, 115, 125 à 127, 158, 165, 196, 197, 199 à 201, 203, 221, 223, 224, 226, 227, 263, 269 et 270.

— Rennes : (24) P 28, 62, 105, 112, 123, 124, 149, 150, 153, 154, 166, 167, 171, 172, 180, 187, 190, 191, 194, 195, 198, 232, 271 et 272.

Pour la première fois dans l'histoire de la série, l'Ouest compte un peu plus de machines que l'Est : 85 contre 73, tandis que l'année suivante les effectifs vont s'équilibrer.

Le Mans et Rennes effacés

Dans le courant de l'année 1966, l'impact des machines diesel basées à Rennes qui ont surmonté les tâtonnements techniques des premiers temps est tel que le service d'été verra les ultimes roulements des 141 P. Ceux-ci, tant à Rennes qu'au Mans, ne porteront que sur une demi-douzaine d'engins, les uns pour trafic voyageurs périodique et RA vers Brest et Quimper, les autres exclusivement sur Caen - Tours.
L'amenuisement des besoins conduit le dépôt de Rennes à réduire sa dotation en cours d'année par amortissement des P 112, 153, 187 et 232 et mutation des P 28,

Un train de marchandises du RO Belfort - Vesoul, à Lure, en septembre 1963 (VdR - Reichen).

Ci-dessous, deux vues du dépôt d'Argentan, en mai et août 1967.

Page ci-contre :
– deux machines haut-le-pied en septembre 1966
– double traction 141 P + 141 R à Argentan en août 1968
– un express près d'Argentan en septembre 1966 (Guy Rannou).

123, 124, 166, 167, 171, 180, 190, 191, 195, 198, 271 et 272 à Argentan, dépôt devenant le refuge attitré de la série sur l'Ouest.
Fin septembre, sur les sept machines restantes, les P 62, 105, 149, 150, 154 et 172 sont soigneusement garées bon état, car ayant encore une réserve kilométrique appréciable, tandis que la 194 est en réparation différée.
Au Mans, où les 241 P conservent un semblant d'activité en direction de Nantes en tête de quelques trains express et messageries, le rôle des 141 P est devenu totalement marginal. À telle enseigne que les P 32, 34, 40, 50, 126, 127, 199 et 201 sont réformées en mai et août.
Faisant suite à leur cessation définitive d'activité en septembre, c'est au tour des P 110, 158, 203, 221, 227 et 263 de connaître le même sort.
Par contre, les P 165, 196, 197, 224 et 270 prennent le chemin d'Argentan alors que les P 64, 66, 115, 125, 200, 223, 226 font l'objet de mesures conservatoires en vue d'un réemploi ultérieur, la 269 étant, elle, placée en RD.

Un express sur la ligne Paris - Granville, en août 1966 ; on remarquera l'ancien disque rouge Ouest (Guy Rannou).

Double traction 141 P + 141 R aux abords d'Argentan (Guy Rannou).

Deux vues prises en gare Montparnasse :
en juillet 1966, départ du train 425 (Henri Daudonnet).
– en février 1967, arrivée de l'express de soirée de Granville (Guy Rannou).

Dégraissage des effectifs Est

L'emprise des diesels nouvellement affectés à Chalindrey ne se dément pas en 1966 et affecte fortement l'activité des 141 P de Chaumont, Belfort et Ile-Napoléon, tout comme celle des 241 P et 150 P de Chaumont. En fin d'année, les sept 68 000 et les treize 68 500, auxquels il faut ajouter les quatre puissants prototypes 69 000, 70 000 au fonctionnement quelque peu aléatoire, ont déjà sévèrement touché les roulements vapeur, en ravissant notamment la plupart des trains de voyageurs de la ligne 4.

En Franche-Comté, la ligne Strasbourg - Lyon, le long des méandres du Doubs, prisée des 141 P de Belfort et d'Ile-Napoléon, leur échappe également. En effet, alors que les dernières Pacific 231 K ont été réformées ou mutées à Tours, les diesels 66 600 de Besançon ont mis la main sur quelques trains express, tandis que les 141 R de Dole et Mulhouse-Nord ont encore un niveau d'activité honorable. Ceci laisse une faible marge aux 141 P en trafic RA, RO.

Rien d'étonnant donc à ce que la région de l'Est comprime une nouvelle fois les effectifs de la série par radiation de 21 unités en cours d'année : P 24, 69, 139, 148, 163, 186, 209, 219, 242, 256, 260, 267, 286, 302 et 303 de Chaumont, 240, 262 et 292 de Belfort, 208, 309 et 317 d'Ile-Napoléon. Ces engins vont alimenter les cimetières de Ronchamp, Bricon, Joinville et Bologne (Haute-Marne).

On peut observer qu'à ce stade de la carrière des 141 P les ultimes levages ont eu lieu, d'une part à Sotteville-Quatre-Mares, d'autre part à Montigny-lès-Metz.

100 machines début 1967

Au 1er janvier de cet exercice, la série, qui s'est réduite comme une peau de chagrin, est maintenant condamnée à brève échéance. La SNCF lui a depuis longtemps préféré les 141 R, moins coûteuses d'entretien, pour clore une fois pour toutes l'ère de la vapeur sur le territoire national.

Longtemps poussée dans ses retranchements par l'avancée des électrifications, d'abord le continu puis, à compter de 1954, le monophasé, c'est essentiellement la traction thermique qui va dorénavant avoir raison d'elle. Ses effectifs sont alors ventilés de la façon suivante, avec répartition numériquement égale entre l'Est et l'Ouest :

— Chaumont : (22) P 38, 51, 58, 128, 129, 131, 141, 143, 147, 156, 210, 216, 217, 258, 265, 282, 288, 291, 305, 306, 312 et 318;
— Belfort : (18) P 116, 135, 144, 161, 162, 176, 177, 183, 211, 212, 245, 247, 249, 255, 257, 264, 290 et 310;
— Ile-Napoléon : (10) P 132, 157, 178, 181, 213, 266, 277, 289, 296 et 307;
— Argentan : (35) P 13, 18, 70, 74, 108, 119, 120, 123, 124, 151, 165 à 167, 180, 185, 188 à 190, 193, 195 à 197, 205, 207, 214, 222, 228, 234, 237, 251, 252, 268, 270 à 272;
— Le Mans : (8 dont 7 en garage bon état et 1 en RD) P 64, 66, 115, 125, 200, 223, 226 et 269;
— Rennes : (7 dont 6 en garage bon état et 1 en RD) P 62, 105, 149, 150, 154, 172 et 194.

En août 1968, les directs de la liaisonsParis-Argentan, assurés en rame Talbot, sont encore du ressort des 141 P, alors que les diesel ont déjà commencé à s'accaparer les express de Granville; ici, le 1440 pour Paris, à Surdon (Guy Rannou).

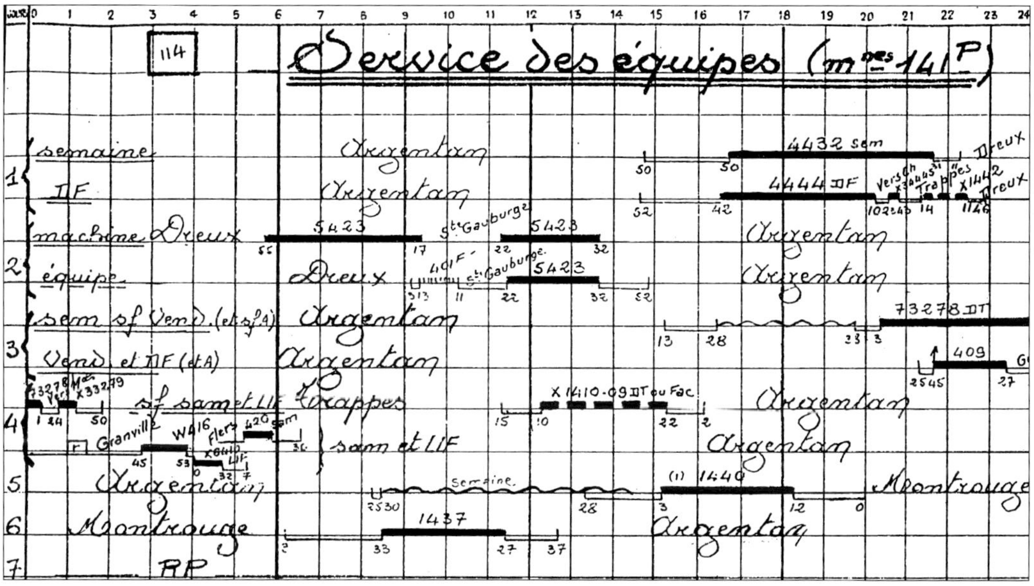

Ultime roulement des 141 P d'Argentan au 29 juin 1968 (coll. Canteloup).

Trois dépôts restent en lice

Depuis plusieurs années déjà, l'existence de deux dépôts détenteurs de machines de la même série à 50 km de distance, Belfort et Ile-Napoléon, constituait, dans le contexte de décroissance continue de la série, une source de dépenses traction et nuisait à une utilisation optimale des machines subsistantes. La baisse de charge qui s'amplifie et l'affectation, en mai 1967, de 141 R à Belfort permettent de sacrifier l'affectation d'Ile-Napoléon. Les P 181, 213, 266, 277, 289, 307 sont alors réformées, tandis que les 132, 157, 296 rejoignent Chaumont et la 178 Belfort. Cet apport permet à ces deux dépôts de liquider leurs unités tombant à chute de parcours.
Pour ce qui est de Chaumont, seul dépôt de la SNCF à avoir eu en compte simultanément trois séries de machines vapeur unifiées à partir de 1965 (241 P, 150 P et 141 P), les petites P résisteront un peu mieux que les 150 P, dont il ne restait que six exempaires début 1967 (13, 35, 51, 56, 78, 86). Cette « troïka » traquée en permanence se disloquera peu après.
Côté Ouest, Argentan, qui se maintenait encore tant bien que mal en tournant sur Paris - Granville avec des équipes de Dreux et Granville, ainsi que sur la transversale Le Mans - Caen, voit à son tour arriver en mars 1967 les 67 000 et 68 000 de Caen en régime express. Dès lors, les prestations de ses machines vont aller en s'effritant, devant se contenter des circulations supplémentaires d'été et du trafic de marchandises RA et RO, de toute façon peu développé en Basse-Normandie.
Heureusement, il leur reste les trains de minerai de fer de la zone de Flers à acheminer sur Trappes, conjointement avec les 141 R au charbon.
En fin d'année 1967, l'inventaire ne regroupe plus que 49 machines, dont 27 seulement sont allumées, leur activité ne cessant de baisser vu la pression exercée par les diesels de ligne, maintenant de bonne fiabilité. Les survivantes sont ainsi réparties :
— Chaumont : (13 dont 3 en RD) P 38, 51, 129, 132, 156, 157, 161, 216, 217, 258, 282, 291 et 296.
— Belfort : (6 dont 2 en RD) P 144, 178, 183, 245, 249 et 310.
— Argentan : (21 dont 8 en RD) P 18, 105, 108, 119, 120, 123, 125, 166, 167, 180, 185, 188 à 190, 214, 222, 223, 226, 228, 252 et 272.
— Le Mans : (4 en garage bon état) P 64, 66, 115 et 200.
— Rennes : (5 en garage bon état) P 62, 149, 150, 154 et 172.

L'extinction de la série

Au printemps 1968, le reliquat de Belfort est éliminé, avec envoi des P 178 et 245 à Chaumont, où leurs prestations deviennent fantomatiques sur la ligne de Bâle, entre Noisy et Mulhouse, et celle de Saint-Dizier à Chaumont.
Après l'ultime basculage du feu de la 150 P 86 en février, l'affectation en juillet d'un lot de 141 R dans ce dépôt donne le coup de grâce aux 141 P, qui reçoivent leur acte de mise au rebut à la fin septembre.
Toutefois, trois machines passent à travers les mailles du filet et roulent encore quelques semaines durant, à savoir les P 129 et 157, mais surtout la 245, véritable

En haut, à l'été 1969, des 141 P en cours de dépeçage dans les emprises du dépôt du Mans (Jean-Louis Poggi).

Ci-dessus, la dernière 141 P qui aurait pu être sauvée, la 82, vue ici à Mézidon en 1973 ; elle sera cependant ferraillée en 1975 ; seul sera conservé son bissel-bogie pour figurer au musée de Mulhouse (coll. Jean Hartard).

« dure à cuire » qui circulera en tête de trains RO vers Belfort jusqu'à la fin février 1969. Quant aux puissantes 241 P, seules les «2-P» 4, 25, 26, 31 et 34 ont bravé la tourmente et resteront en lice durant quelques mois.

Sur l'Ouest, les fonds de tiroir du Mans et de Rennes sont mutés à Argentan en cours d'année pour y finir leur parcours. Dans ce dépôt, un ultime roulement en date du 29 juin porte encore sur 7 journées totalisant 982 km avec quatre trains de voyageurs, deux omnibus, les 1 440 et 1 437 d'Argentan à Montparnasse et retour, et deux express sur de faibles parcours : les 409 d'Argentan à Granville les vendredis et dimanches, les 420 de Flers à Argentan les samedis et lundis. Mais la région Ouest, pressée d'en finir avec la série et comptant sur les 141 R pour faire la soudure avant l'arrivée de nouvelles diesels, ordonne l'arrêt total des « petites P » à la fin septembre. À ce stade, quelques machines tomberont en attente d'amortissement alors qu'elles disposaient encore d'un potentiel kilométrique intéressant.

Pratiquement à la même époque, la série se sera donc effacée de la scène ferroviaire française en deux points situés à 450 km de distance, dans l'indifférence la plus complète, sans que la moindre cérémonie particulière ait souligné officiellement l'événement. Il faut dire qu'à l'époque, la SNCF, résolument orientée vers la diésélisation, ne faisait pas de sentiment quand il s'agissait d'éliminer les derniers vestiges de la traction vapeur. De plus l'entreprise se relevait à peine des traumatismes issus des événements de 1968.

Avant de terminer leur carrière, quelques machines auront été utilisées comme générateurs fixes de vapeur dans les dépôts et grands ateliers, sort peu glorieux s'il en est. On peut citer les P 103 d'Argentan à Sotteville-Quatre-Mares et la 161 de Chaumont à Chalindrey. D'autres auront vu leur chaudière prélevée pour alimenter le chauffage dans de grands ateliers, cas de la P 157 de Chaumont à Basse-Ham-Yutz, des P 184 et 250 de Noisy à Mulhouse-Wanne.

On observera que la disparition des 141 P aura à peu de choses près coïncidé avec l'élimination des autres séries de machines vapeur unifiées contemporaines de la SNCF, et notamment les 241 P, 150 P, 151 TQ, 050 TQ.

Une relique de 141 P, cette chaudière de la 254, utilisée un temps à poste fixe par une entreprise privée, vue à Marainville, à l'état d'épave, en mai 1983 (Olivier Constant).

CHAPITRE III

Les 141 P au quotidien

Représentative des grandes options prises par les responsables de la traction sur les chemins de fer français, avec notamment le compoundage, la 141 P s'est avéré une machine à vapeur réussie, capable de performances plus qu'honorables et offrant aux mécaniciens tout un éventail de possibilités, ce malgré l'époque difficile où elle vit le jour. Des coûts d'entretien naturellement légèrement supérieurs à ceux des machines à simple expansion les ont défavorisé dans le contexte de liquidation des machines à vapeur de la fin des années 1960, par rapport aux 141 R, en des temps où l'on n'accordait plus qu'une maintenance minimale à des engins condamnés à brève échéance.

La conduite des 141 P

La 141 P, locomotive mixte par excellence, reste dans le souvenir des tractionnaires de l'époque comme la meilleure machine en tête des express lourds à arrêts fréquents, compte tenu de ses possibilités particulières.

Le démarrage

Le mécanicien disposait en effet d'un appareil de démarrage tout à fait efficace pour assurer un « décollage » énergique de son train, grâce à une manipulation bien ordonnée :
— Mise en position préalable du robinet de commande des obturateurs (lanterneaux) correspondant à l'isolement des cylindres HP.
— Au signal de départ, ouverture du régulateur BP, sans dépasser 8 bars au réservoir intermédiaire.
— Mise en action des sablières avant.
— Ouvrir prudemment le régulateur HP, de façon à ne pas dépasser 12 bars dans les boîtes à vapeur des cylindres HP, afin d'éviter le patinage.
— Ouverture en grand du régulateur HP, après quelques tours de roues.
— Après avoir franchi la distance nécessaire pour lancer franchement le train, fermeture du régulateur BP et remise de la machine en compound, en ramenant le robinet de commande des obturateurs dans la position correspondante.
— Réglage ensuite de la vitesse du train en se servant uniquement de l'appareil de changement de marche.

La marche à régulateur ouvert

Pour une bonne mise en vitesse, sans donner d'à-coups dans la conduite du feu, le cran de marche était réglé en fonction de la vitesse atteinte de manière à maintenir une compression à l'échappement (350 g/cm² en temps normal, mais pouvant atteindre 500 g/cm² dans les cas exceptionnels) et un vide dans la boîte à fumée (230 et 300 mm d'eau environ) sensiblement constants.
Une fois la vitesse de régime atteinte, le mécanicien relevait la marche, puis réglait celle-ci en fonction du profil de manière à maintenir la vitesse désirée, le régulateur étant toujours ouvert en grand.
Le laminage au régulateur ne devait être utilisé que lorsque le dernier cran de marche de 15 % était employé.
Le mécanicien pouvait alors, sans changer la marche, en fonction de la vitesse, ramener plus ou moins le régulateur vers sa position de fermeture.
Le mécanicien combattait les patinages en cours de route en relevant la marche vers le point mort, puis en allongeant doucement celle-ci à la demande. De même, à l'entrée des tunnels, la marche était relevée systématiquement avant d'être allongée progressivement à la demande, ce qui limitait les risques de patinage, réduisait les projections de sable sur le mécanisme et protégeait de plus le confort des voyageurs en limitant l'escarbillage.

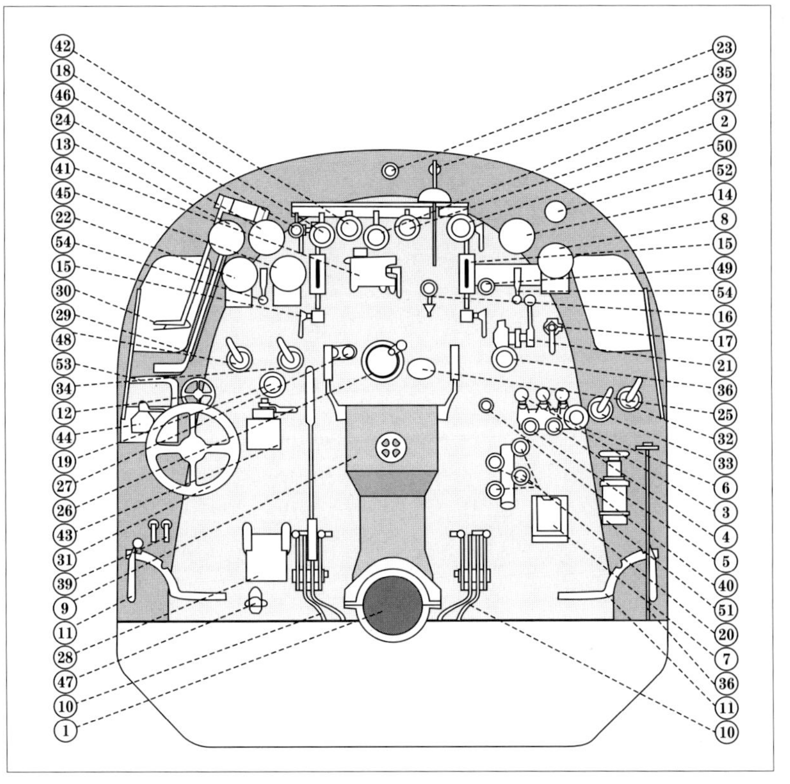

Ci-dessus, poste de conduite d'une 141 P (SNCF-Paris-Sud-Est) et schéma expliquant la fonction des diverses commandes du poste de conduite de la machine.

1. Conduit de la vis du chargeur mécanique
2. Robinet de PV du chargeur mécanique
3. Robinet de démarrage du moteur du stoker
4. Robinet de réglage du moteur du stoker
5. Robinets d'alimentation des jets du stoker
6. Robinets de réglage des jets
7. Graisseur du moteur du stoker
8. Manomètre du stoker
9. Porte du foyer
10. Commandes de la grille à secousses Hulson
11. Commandes des volets d'aération du cendrier
12. Volant de commande de l'échappement
13. Manomètre de contre-pression à l'échappement BP
14. Vacuomètre (dépression dans la boîte à fumée)
15. Niveaux d'eau
16. Robinet de jauge
17. Robinet de commande de la vanne d'extraction « le Williams »
18. Robinet d'injection de vapeur
19. Robinet d'injection d'eau
20. Prise d'eau multiple d'arrosage
21. Robinet souffleur
22. Manomètre de pression dans la chaudière
23. Robinet d'isolement des manomètres
24. Pyromètre de surchauffe « Richard »
25. Autoclave de la plaque arrière
26. Regard de la plaque arrière
27. Plaque de timbre et d'identité
28. Marchepied d'accès aux robinets de la PV multiple
29. Régulateur HP
30. Régulateur BP (démarreur)
31. Volant de changement de marche
32. Robinet de commande des purgeurs de cylindres HP
33. Robinet de commande des purgeurs de cylindres BP
34. Robinet de commande des obturateurs (démarreur)
35. Prise de vapeur de l'injecteur
36. Prise d'eau de l'injecteur
37. Robinet de prise de vapeur de la pompe ACFI
38. Robinet de réglage de la pompe ACFI
39. Purge de la pompe ACFI
40. Robinet de court-circuit de la pompe ACFI
41. Graisseur mécanique de la pompe ACFI
42. Robinet de PV de la pompe à air
43. Robinet de commande du frein automatique
44. Robinet de commande du frein direct
45. Manomètre de frein
46. Robinet de prise de vapeur pour le réchauffage de l'huile
47. Graisseur du pivot de bissel
48. Robinet distributeur de sablière
49. Robinet de PV de la turbo-dynamo
50. Robinet de PV de chauffage
51. Robinet détendeur du chauffage
52. Manomètre de chauffage
53. Indicateur-enregistreur de vitesse « Flaman »
54. Commande du sifflet

Page ci-contre :

- Un mécanicien réglant l'allure de son train au volant de changement de marche ; à côté, son chauffeur contrôlant le feu, la main posée sur le robinet de prise d'eau de l'injecteur (Yves Broncard, accompagnement Rennes - Saint-Brieuc vers 1950).

- Un mécanicien, la main sur le robinet de frein automatique ; à côté, son chauffeur, un chef-mécanicien derrière lui, réglant les jets de vapeur du stoker (SNCF-Secrétariat général, 25 octobre 1945).

- Deux équipes posant respectivement devant la P 186 de Chaumont (VdR-Pilloux) et la P 245 de Noisy (train 44112 à Juvisy, en octobre 1956 ; VdR-Walter).

La marche à régulateur fermé

Ces locomotives permettaient la marche à régulateur fermé en prenant la précaution, avant chaque fermeture du régulateur HP, d'ouvrir légèrement le régulateur BP de façon à maintenir seulement la petite soupape levée, d'ouvrir d'un demi-tour le robinet d'injection d'eau, et d'ouvrir d'un quart de tour le robinet d'injection de vapeur. On ramenait ensuite le régulateur HP vers la fermeture, en laissant un filet de vapeur dans les cylindres HP pour faciliter le graissage et éviter que les éléments surchauffeurs ne prennent une température excessive. La marche était ramenée enfin vers 40 % au maximum pour éviter la fatigue des organes de distribution. Si la marche vibrait, on la relevait vers le point mort en augmentant l'injection d'eau jusqu'à disparition des vibrations. Tous les appareils devaient être fermés 500 m avant l'arrêt afin d'éviter les projections par la cheminée. Ce mode de conduite était assez peu utilisé.

En conclusion, l'ensemble des ces dispositions, d'une efficacité redoutable, donna à la 141 P la réputation de meilleure démarreuse des locomotives de ligne au temps de la vapeur. Mais la marche en simple expension était un mode de conduite dont il fallait user avec prudence, sans aller au-delà des prescriptions du manuel de conduite, au risque de solliciter outre mesure le mécanisme BP. Ce dernier n'était dimensionné ni pour travailler à des pressions dépassant par trop les 8 bars prescrits, ni pour les séances de démarrage prolongées (le terme « lancer franchement son train » peut laisser planer un doute…), ni pour une utilisation abusive sur quatre cylindres HP afin de se sortir d'un « mauvais pas » sur une forte rampe.

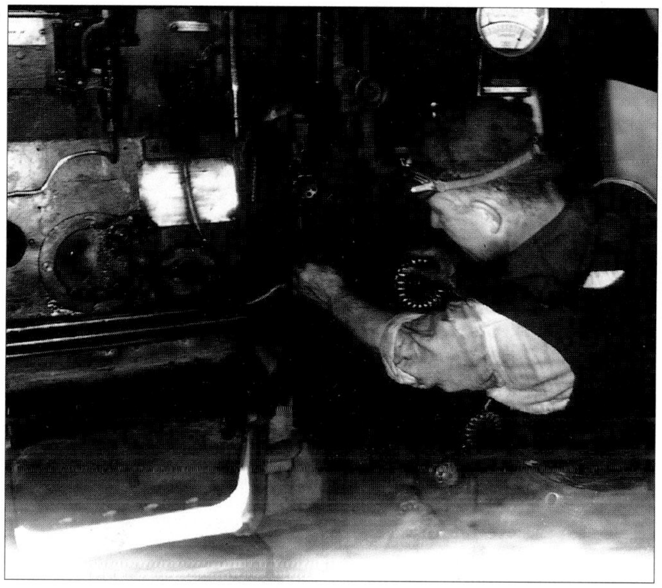

Des équipes :
- devant la P 48 à Vénissieux en 1947 (coll. Rasserie).
- sur la P 74 d'Argentan en août 1966 à Montparnasse (André Renault).

En dessous à gauche, visite de routine et graissage à la faveur d'un arrêt en gare (VdR).
À droite, graissage sur la crosse du piston, sur une machine relayant à l'annexe-traction de Saint-Germain-des-Fossés (Dubruille).

La maintenance

Les 141 P bénéficièrent, comme toutes les locomotives à vapeur de leur époque, du cycle d'entretien en dépôt traditionnel, caractérisé par des périodicités et inventaires de travaux bien définis, liés, en particulier pour la chaudière, à l'application TIA :
— VPL (visite périodique avec lavage), tous les 45 jours ;
— VPF A et B, visites périodiques à froid type A à 3 mois, type B à 6 mois.
Des visites qui portaient sur l'échappement, le foyer (avec sondage et débouchage des entretoises, et intervention éventuelle sur les tubes à fumée), le frein, l'appareil enregistreur-indicateur de vitesse, les appareils d'alimentation, le stoker, la vanne d'extraction, les purgeurs, l'attelage entre machine et tender, les cylindres, la distribution et le mécanisme, les boîtes et essieux. Elles étaient précédées, ainsi que la révision intermédiaire (RI), d'une visite en pression (VPP), de façon à repérer les anomalies et à déterminer les travaux à effectuer.

Le grand entretien

Constitué par les levages, le grand entretien se faisait dans les dépôts titulaires de 141 P ou disposant de moyens appropriés, en sus des grands ateliers spécialisés dans

Reportage effectué en 1964 au dépôt de Rennes, montrant des opérations d'entretient courant, éxécutées par du personnel sédentaire, des VMC (visiteurs de machines), sur la 141 P 174, une locomotive qui a fait toute sa carrière dans ce dépôt ; on voit successivement :
- la vérification de jeu dans des éléments de la distribution à l'aide d'une barre à mine ;
- la recherche d'une fuite de vapeur dans la zone de distribution BP ;
- le sondage au marteau d'un bandage d'essieu sur le tender de la machine ;
- la vérification d'une fixation avec un marteau ;
- les agents quittant la machine, le travail effectué ; (VdR-Perrelle).

Une 141 P, sur la gauche, entourée de 141 R, aux ateliers de Sotteville-Quatre-Mares (Groupe archives - Quatre Mares).

les levages avec épreuve hydraulique décennale accompagnés de travaux de chaudière, et dans les grandes révisions : Nevers-Machines au Sud-Est au début, Épernay et Montigny-lès-Metz à l'Est, Sotteville-Quatre-Mares à l'Ouest. Ces opérations, espacées à l'origine de 100 000 km, furent confiées au Sud-Est aux dépôts de Vénissieux et de Chalon-sur-Saône (disposant de moyens de levage puissants), sur

l'Est elles furent dévolues notamment à Châlons-sur-Marne, Chalindrey et Chaumont, et pour l'Ouest, à Rennes et surtout au Mans (qui traita également des engins rennais), mais aussi à Caen en raison de ses possibilités.
Puis, dans un souci de centralisation, leur exécution fut concentrée aux ateliers de Montigny et de Sotteville, au dépôt du Mans, ainsi qu'à celui de Thouars, qui disposait d'un personnel excédentaire.
Compte tenu des parcours réalisés, ces interventions étaient à l'origine espacées de 15 à 18 mois. À partir de 1958, la périodicité de cette opération lourde fut portée à 130 000 km. La RI effectuée pratiquement par tous les dépôts titulaires était programmée à mi-parcours de levage.
Le programme des travaux de levage et de GR était proche de celui des autres locomotives de construction moderne, en tenant compte des quelques problèmes inhérents à leur période de fabrication, pour les machines mises en service avant que les constructeurs disposent d'approvisionnements totalement satisfaisants.
Comme leurs sœurs d'autres séries, elles connurent de nombreuses permutations de train de roues et même de bissel-bogie, afin de limiter la durée de l'immobilisation, opération courante lors des levages.
Certaines d'entre elles, victimes de graves avaries, suite à la guerre notamment, reçurent des chaudières, ou des éléments de chaudière, provenant d'une autre machine. Ce fut le cas de la P 74, qui s'illustra lors des essais sur la rampe de Blaisy, et sur laquelle les ateliers de Nevers montèrent, en avril 1946, la boîte à feu et le foyer de la P 6, une machine de Grenoble radiée après avoir été gravement endommagée lors du bombardement du 26 mai 1944 à Chambéry. Une substitution complétée par le corps cylindrique provenant de la P 13 de Vénissieux. Cette dernière fut pourvue en échange de la chaudière complète de la P 74.
Les travaux réalisés en levage mirent en évidence une certaine fragilité du mécanisme intérieur, une particularité bien connue du système compound.
Parmi les interventions les plus fréquentes on relevait :
— des remplacements de bielles motrices HP et surtout BP, de pistons et de coulisses BP (voir conduite) ;
— le réalésage ou le rechemisage des cylindres et le réalesage des distributeurs pour les HP et BP, opérations courantes sur les autres séries ;
— des fissures furent décelées dans certains essieux, après une douzaine d'années de service ; elles provenaient certainement des défauts de fabrication que nous évoquions ci-avant, et non pas d'une fatigue excessive du métal ;
— on note aussi des remplacements de boulons de berceau de chaudière, et de rivets sur les longerons ; cette dernière intervention, généralement effectuée sur l'arrière, est à rapprocher des reprises par soudure électrique des cassures constatées sur le caissonnement arrière des 141 R à châssis non monobloc ;
— les travaux sur chaudière resteront dans les normes usuelles, mais révèlent toutefois une moins grande longévité des petits tubes que sur les 141 R, dont certaines furent radiées avec 80 % de leur tubulaire d'origine américaine (telle la 141 R 420, retirée du service en 1974, et qui ne fut retubée par l'association qui l'exploite qu'en 1992 après dix années de service allégé, certes, mais supplémentaire tout de même), qui avait peu de choses en commun avec nos aciers des années 40 à 46.
La tenue en service des 141 P, somme toute convenable, fut par ailleurs améliorée de façon notable du fait des nombreuses modifications qui lui furent apportées par la suite, bénéficiant ainsi des études poursuivies par la DEL et la Division entretien des engins moteurs, et de certains exemples venus des 141 R.

Les modifications

Les modifications (et essais) prescrits par la DEL en cours d'exploitation ne comportent pas de transformations spectaculaires, mais, leur nombre dépasse tout de même la centaine, pour se situer aux environs de 110, pour la seule machine et sa chaudière. L'évolution de la 141 P, même si elle n'est pas comparable avec celle des séries antérieures, fruit d'un progrès continu dans le domaine de la technique, des matériaux et des méthodes, témoigne néanmoins d'un souci constant d'amélioration de la tenue en service. Ces machines représentaient en fait l'évolution ultime d'une grande série de machines. On avait pu apporter, en cours d'étude, des solutions aux problèmes connus des Mikado PLM, dont elles dérivaient ; ces dernières avaient déjà bénéficié de multiples applications au cours de leur existence, qui débuta une trentaine d'années avant leur descendance.
À titre comparatif, les 241 P, qui connurent

Deux exemples de fuites sur la porte de boîte à fumée. Cette mauvaise étanchéité au pourtour de la porte trahit, dans les dernières années de la carrière des 141 P, un certain relachement de leur entretien (Yves Broncard et Jean-Louis Poggi).

une évolution sensiblement identique, subirent 110 à 120 modifications ; 200 à 300 applications, suivant les sous-séries, furent effectuées sur les 141 R, parmi lesquelles de nombreuses adaptations résultant de la façon dont elles furent conçues et construites.

Deux modifications furent mises en œuvre dès la réception des premières unités au dépôt de Vénissieux afin de pallier des erreurs de fabrication du constructeur. Elles concernaient le régulateur et le tuyau de purge AR des cylindres BP. Pour le premier, la portée des soupapes avait été usinée avec un angle de 45° au lieu de 60°, ce qui ne facilitait pas le décollage de ces dernières ! Quant aux tuyaux de purge des BP, placés trop haut au-dessus du bissel-bogie, ils gênaient l'accès à la distribution intérieure pour vérification et graissage, et l'on dut procéder à son allongement. Ces interventions furent réalisées par le dépôt, et, par la suite, de construction.

Les autres modifications furent exécutées pour les plus importantes à l'occasion des opérations de levage et de révisions intermédiaires, pour les autres en entretien courant dans leurs dépôts d'attache respectifs.

Les ordres de modifications furent établis pour l'essentiel durant la période 1947 à 1957. Les plus marquantes concernent la chaudière, le châssis et les essieux, le mécanisme et le frein. Certaines d'entre elles purent être réalisées de construction sur les dernières machines livrées.

Nous en présentons les principales :

Chaudière : au début de leur service, la température de surchauffe fut réduite momentanément à 330 °C du fait de la mauvaise qualité des huiles de surchauffe. Elle atteignait normalement 408 °C pour une allure de chargement de 500 kg/m² de grille/heure, et 425 °C pour 700 kg, températures admissibles seulement avec de bonnes huiles.

Dès 1949 fut appliquée une voûte de foyer unifiée et, deux ans plus tard, une nouvelle grille à flammèches fut installée dans la boîte à fumée afin de réduire les projections d'escarbilles.

À partir de 1954, on revint à une position plus orthodoxe en ce qui concerne l'introduction de l'eau dans la chaudière, en adoptant un dispositif d'alimentation dans la masse d'eau (plutôt que dans la vapeur), comme sur les 141 R. À cette occasion la chapelle d'introduction fut munie de brides comme sur les 141 R, et un autoclave supplémentaire fut mis en place sur les flancs droit et gauche de la boîte à feu afin de faciliter visites et lavages.

Sur de nombreuses machines, des éléments surchauffeurs 5P4 améliorés, de la Compagnie des surchauffeurs, furent substitués à l'appareillage Houlet d'origine.

Châssis : des améliorations notables furent apportées sur cette partie de la machine, ainsi qu'à la suspension et aux boîtes à huile.

Les plus importantes concernent le bissel-bogie, sur lequel on entreprit dès 1948 l'obturation des évidements sur la partie arrière du châssis au droit de la fixation du ressort transversal du 2e essieu, afin d'en accroître la rigidité. Deux ans plus tard débuta la modification de la suspension de cet essieu, avec l'application d'une rotule sphérique sur la bride de ce ressort transversal, et de bielles de suspension réglables. Des dispositions qui étaient destinées à améliorer la tenue sur voie.

Des modifications furent également apportées dans la partie arrière du châssis principal, où furent supprimés certains évidements en vue de renforcer la rigidité.

Des découpes furent ménagées dans les nervures de la traverse du bissel AR, afin d'éviter le talonnage des longerons, et des adaptations furent apportées à l'articulation de la queue de bissel.

La suspension reçut des ressorts renforcés dès 1947 pour les essieux accouplés et le bissel AR, ainsi que des grains d'appui en acier au manganèse.

Les boîtes à huile bénéficièrent d'applications intéressantes à partir de 1953 : glissoirs en bronze régulés sur les faces, coussinets démontables à collerettes et à graissage direct pour les essieux accouplés, boîtes à billes aux tuyaux graisseurs de joues de coussinets. L'application de broches au-dessous des boîtes des bissels permit d'améliorer leur tenue en service. Certaines machines reçurent à partir de 1952 des boîtes Lagache au 3e essieu (moteur BP).

L'attelage reçut le crochet unifié de 100 t et le tendeur de 80 t.

Mécanisme : l'arrivée des 141 R influença certains équipements. Le remplacement des segments classiques sur les cylindres par des segments américains Koppers permit de supprimer les contre-tiges sur les machines ainsi dotées. À partir de 1954, des garnitures Paxton-Mitchell furent appliquées sur les tiges de piston HP et BP. Le graissage des coulisses fut sensiblement amélioré par le dédoublement du conduit d'amenée d'huile, afin d'amener cette der-

nière sur les faces coulissantes. L'épaisseur des corps de bielles motrice HP et BP fut réduite dès 1949 de 2 mm, afin d'augmenter le jeu entre les petites têtes et les crosses de piston.
Des modifications furent également apportées aux distributeurs HP et BP, aux cylindres, aux bielles motrices HP et BP, aux glissières et aux purgeurs à commande automatique et à main.
Un dispositif d'immobilisation en position non compound des servo-moteurs des robinets de dérivation fut installé à partir de 1948.
Frein : le système de freinage suivit l'évolution générale et réglementaire, application d'une triple valve LUL à serrage rapide (15 secondes), d'un robinet de mécanicien type H7A (1956), remplacement du détendeur M3A par un appareil Oerlikon FvF2 (1957).
Le départ de la tuyauterie d'échappement du compresseur d'air fut déplacé dès 1947, afin d'éviter les entraînements d'huile vers le réchauffeur d'eau ACFI, cette vapeur participant au réchauffage de l'eau.
Applications diverses : le confort des « cabines de conduite » des 141 R eut quelques retombées sur leurs aînées : aménagement des portillons d'accès, application de déflecteurs au droit des rampes d'accès afin d'éviter les rentrées d'air, application de rideaux d'abri (1953), amélioration de l'étanchéité (1949, pose de tôles de recouvrement de la barre de changement de marche, couvre-joints aux bossages des tirants sur l'habillage de la boîte à feu, modification du volet supérieur du toit de l'abri).
Les 141 P ne disposaient pas d'un portillon d'accès au tablier côté droit comme les 141 R, mais une double possibilité était offerte de chaque côté par l'extérieur de l'abri. Afin de faciliter le cheminement, diverses applications renforcèrent la sécurité, poignée montoire avant gauche à l'extérieur et poignée côté droit pour accéder à la passerelle, poignées sur le réservoir à sable, agrandissement des ouvertures passe-pieds des écrans pare-fumées.
Un dispositif de commande à distance de la vigilance et du sifflet avertisseur signaux fermés fut placé à portée du mécanicien, près du robinet de frein.
Des conduites articulées Barco, utilisées sur les 141 R, furent substituées aux conduites Mac Langhlin, pour le raccordement des canalisations vapeur entre machine et tender, sur l'alimentation du moteur du stoker et la conduite de chauffage.

Les parcours des 141 P

Ce fut certainement le point faible de ces machines, leurs performances kilométriques ayant été affectées par des débuts plutôt chaotiques dus à la guerre et à ses conséquences, et par une compétition impitoyable avec des adversaires redoutables, les 141 R, avantagées par leur coût d'exploitation moins élevé. Aussi, bien que leur existence se soit étalée sur une période de vingt-six ans, de 1942 à 1968, elles totalisèrent des parcours plus faibles que ceux de deux autres séries unifiées, dont la durée de vie fut également écourtée, les 241 P (vingt-deux ans, de 1948 à 1970), et les 141 R (vingt-neuf ans, de 1945 à 1974).
Les « records » respectifs de ces deux séries ayant été établis par la 141 R 1158, avec 2 464 677 km, la 241 P 17, réformée la dernière de sa série, le 1er octobre 1970, se classant honorablement avec 1 741 865 km.
Du côté des 141 P, même si certaines unités n'ont accompli que de piètres kilométrages, de 400 000 à 500 000 km, ce qui est vraiment fort peu, le gros du bataillon n'a pas démérité, car ses états de service sont loin d'être négligeables, surtout dans l'immédiat après-guerre, où le parc vapeur issu des anciennes compagnies était à la fois fortement réduit et insuffisamment puissant.
Bien que nous manquions d'éléments précis, on peut considérer qu'une dizaine de machines ont approché voire dépassé plus ou moins nettement le million de kilomètres. Les 141 P 13 et 18 ex-Sud-Est, qui assurèrent vingt-sept ans de service, devraient se classer parmi les plus performantes, ainsi que la 104, qui a parcouru en vingt ans 1 035 723 km sur une seule région, l'Ouest.
Parmi les belles performances mensuelles, on relève, à l'Ouest, celle de la P 200, qui a couvert 11 225 km en juillet 1948, et celle de la P 154, qui a abattu 11 473 km en juillet 1951. Les engins de cette région établissaient d'ailleurs leurs meilleurs parcours mensuels durant les mois de juillet et août, grâce aux trains temporaires d'été Paris - Bretagne.
Les 141 P du Mans réalisèrent par exemple 148 925 km en août 1961 sur un total annuel de 977 168 km, de même pour Rennes, 253 497 km sur 1 283 109 km, la même année. La dernière bonne année des « petites P » sur l'Ouest depuis les années

1950 sera 1964, quand les trois dépôts réaliseront un total annuel de 4 570 727 km (Le Mans : 1 748 852, Argentan : 1 484 315, Rennes : 1 337 560).
Les 141 P connurent des périodes de garage bon état prolongées, pouvant dépasser trois ans. Il en fut notamment ainsi à Vénissieux, tout d'abord, puis à Chaumont, et enfin au Mans et à Rennes avant leur dernier repli sur Argentan en 1968 pour y épuiser leur parcours de levage.
L'amortissement de certaines machines fut cependant prononcé alors qu'elles disposaient encore d'un potentiel kilométrique intéressant, mais d'un état qui l'était moins, notamment au niveau du foyer, où les suintements au filetage des entretoises, voire des fuites caractérisées, auraient nécessité quelques travaux. Mais le sort des « petites P » était scellé, quelques machines furent même radiées alors que l'échéance de l'épreuve hydraulique décennale aurait pu prolonger certaines d'entre elles jusqu'en 1974 ou 1975 sans sursis d'épreuve.
Citons quelques cas particulièrement significatifs :
— 141 P 105, mutée de Rennes à Argentan le 28 avril 1968, où elle fut radiée le 19 décembre 1968, avait subi son dernier levage avec retimbrage en janvier 1965.
— 141 P 115, arrivée du Mans à Argentan le 28 mars 1968, où elle fut radiée le 19 décembre suivant, dernier levage avec retimbrage en janvier 1965 également.
— 141 P 154, reçue à Argentan de Rennes le 16 mai 1968, avait subi son dernier levage avec épreuve hydraulique le 17 novembre 1964, garée de janvier 1965 à sa mutation. Elle n'avait parcouru que 4 461 km depuis le levage à son arrivée dans son dernier établissement, et seulement 24 189 km lors de sa radiation intervenue le 19 décembre 1968, après un mois de juillet totalisant 6 209 km ! Son parcours global depuis construction atteignait 830 026 km.
— 141 P 200, après une carrière au Mans où elle fut réceptionnée à sa sortie d'usine le 4 novembre 1947, fut mutée le 28 mars 1968 à Argentan, où elle acheva son existence le 19 décembre de la même année, après un parcours de 51 274 km depuis son dernier levage avec EH, le 12 décembre 1964, et un ultime parcours mensuel de 6 334 km en septembre. Son parcours total depuis l'origine était de 712 037 km lors de son amortissement.

Ces machines eurent moins de chance que la 141 R 1187, conservée au Musée français du chemin de fer de Mulhouse : cette dernière remorqua son dernier train (le dernier des 141 R, et toutes catégories sur les lignes exploitées par la SNCF), entre Lyon-Grenoble et Veynes le 19 octobre 1975, soit quatorze jours avant la date de péremption de son épreuve hydraulique !
Il est fort regrettable que la SNCF n'ait pas jugé bon de conserver une 141 P pour le Musée français du chemin de fer ; elle y aurait incarné, pour la postérité, la version la plus élaborée des Mikado françaises.
Certes, la 141 F 282 ex-PLM, issue de la grande famille des 141 C des années 1920-1930, avait sa place dans la remarquable collection présentée à Mulhouse mais la « petite P » aurait mérité d'y figurer également, et à plus d'un titre.
Ce fut la première locomotive construite en série, après une étude conduite entièrement par la DEL (Division des études spécialisées de locomotives à vapeur), regroupant les plus éminents ingénieurs issus des anciennes compagnies de grands réseaux.
Ce fut une machine qui fit honneur à la technique ferroviaire française, bien qu'elle ait vu le jour en une période particulièrement difficile. Malgré ces vicissitudes, elle rendit les services attendus par ses concepteurs, tant au Sud-Est, à ses débuts, que sur les régions de l'Est et de l'Ouest, jusqu'à sa fin prématurée. De plus, c'était une des machines esthétiquement les plus réussies, d'allure racée, aux proportions équilibrées et harmonieuses.
Si la non préservation d'une machine de type 141 P constitue assurément une bavure, ceux qui eurent la tâche délicate de sélectionner les matériels à conserver pour le musée ne doivent pas être les seuls à être mis en cause. Les associations d'amateurs ferroviaires ne se sont guère montrées plus efficientes. Il faut dire que les actions de sauvetage de locomotives à vapeur SNCF ont débuté trop tard pour les 141 P : ces dernières étaient déjà passées au chalumeau.
Ayant survécu plus longtemps que les autres, une machine aurait cependant pu échapper à l'hécatombe, c'est la 141 P 82, longtemps garée à Mézidon. On a pourtant pris la décision extrêmement regrettable de la démolir en mars 1975 pour n'en conserver que le bissel-bogie Zara, aujourd'hui seul et dérisoire élément subsistant des 318 engins de la série.

Décidément, les « petites P » méritaient mieux que cela !

Annexes

Un exposition de matériel à Saint-Lazare, après guerre : une 141 P neuve trône en bonne place devant une 2D2 ex-État. (Service Exploitation Photographique).

Nous donnons ci-après l'évolution du parc de 141 P sous forme de graphique et de façon plus détaillée, page suivante, dans un tableau reprennant les effectifs dépôt par dépôt, au 1er janvier de chaque année.

Vient ensuite un grand tableau exhaustif des 318 engins de la série donnant toutes les affectations successives, de la mise en service à la réforme.

INVENTAIRE DES LOCOMOTIVES 141 P - EVOLUTION ANNUELLE

RÉGION	DÉPÔTS	1/1/43	1/1/44	1/1/45	1/1/46	1/1/47	1/1/48	1/1/49	1/1/50	1/1/51	1/3/52	1/1/53	1/1/54	1/1/55	1/1/56	1/1/57	1/1/58	1/1/59	1/1/60	1/1/61	1/1/62	1/1/63	1/1/64	1/1/65	1/1/66	1/1/67	1/1/68	1/1/69
EST	NOISY-LE-SEC				13	16	16	28	37	26	27	26	26	27	39	35	29	29	29	28	20	18	17	11				
	CHALONS		19	22					9	16	18	18	19	19	19	28	29	29	28	29	19	10	9	9				
	NANCY									16	19	21	24	26	25	27	32	35	25	4	3	3	3	2				
	BLAINVILLE																			6	2	2	2	1				
	HAUSBERBEN														8	13												
	STRASBOURG											13	21	25	26													
	MOHON										15	13																
	THIONVILLE				3	2				18	19	11	11	11														
	SARREGUEMINES																12	17	17	14	10	3	1					
	CHAUMONT				16	14	15	26	37	16	16	15	20	20	20	20	16	9	7	14	21	30	34	35	44	22	13	1
	CHALINDREY			9							20	17	14	16	18	30	35	38	38	36	44	48	41	35				
	BELFORT																		5	11	15	14	12	14	19	18	6	
	ILE-NAPOLÉON							6	21	22	19	19	18	19	19	25	25	21	20	19	24	22	21	17	10	10		
OUEST	SOTTEVILLE (RD)														1	4	4	5	1	1								
	MEZIDON		6	5	5																							
	CAEN																											
	MONTROUGE								4	5	5	5	5	5	6	1	5	5										
	ARGENTAN									16	17	17	20	20	22	20	20	20	25	25	25	30	35	32	34	35	21	
	GRANVILLE								3	11	13	13	13	13	8		9	10	11	11	6	5						
	LE MANS				1	11	19	34	27	28	32	33	32	32	33	41	36	43	43	38	38	34	33	35	27	8	4	
	LAVAL						2	5	15	14	14	13	11	11	7	9	8	5	4	1								
	RENNES					7	16	32	44	28	32	32	32	27	32	37	31	32	32	40	39	39	39	40	24	7	5	
	SAINT-BRIEUC																											
	THOUARS																1	2										
SUD-EST	PARIS-LYON	2*	1*	1*	1*	1*	1*	1*																				
	MONTARGIS									19	17	16																
	DOLE					10	20	20	20																			
	VENISSIEUX	26	46	37	37	33	31	31	31	32	34	35	51	46	34	27	25	18	17	14	9							
	GRENOBLE		2	15	14	3																						
	SAINT-ETIENNE																											
	LANGEAC					5																						
	TOTAUX	**28**	**74**	**89**	**90**	**102**	**120**	**183**	**248**	**267**	**317**	**317**	**317**	**317**	**317**	**317**	**317**	**317**	**302**	**291**	**275**	**258**	**247**	**231**	**158**	**100**	**49**	**1**

N° DE MACHINE	1ère AFFECTATION	MUTATIONS SUCCESSIVES									RÉFORME
P1	25.4.1942 Vénissieux	Grenoble 8.2.1944	Dole 3.12.1946	Montargis 1.5.1950	Vénissieux 10.6.1953						22.9.1961 Vénissieux.
P2	7.5.1942 Vénissieux	Grenoble 5.2.1944	Dôle 4.12.1946	Vénissieux 2.5.1950							22.9.1961 Vénissieux.
P3	20.5.1942 Vénissieux	Grenoble 22.5.1943	Dôle 30.1.1947	Montargis 20.6.1950	Vénissieux 22.1.1953	Strasbourg 12.11.1954	Nancy 12.3.1956	Châlons 19.6.1957	Ile-Napoléon 5.7.1957	Belfort 30.4.1964	31.12.1965 Belfort.
P 4	15.6.1942 Vénissieux	Grenoble 19.3.1944	Dole 6.12.1946	Montargis 7.5.1950	Vénissieux 19.5.1953	Chaumont 21.2.1955	Sarreguemines 27.2.1957	Châlons 1.4.1958			30.3.1962 Châlons.
P 5	3.7.1942 Vénissieux	Grenoble 8.2.1944	Dole 5.12.1946	Montargis 26.4.1950	Vénissieux 16.6.1953						30.3.1962 Vénissieux.
P 6	17.7.1942 Vénissieux	Grenoble 6.2.1944									1.8.1945 Grenoble
P 7	10.8.1942 Vénissieux	Grenoble 17.1.1944	Dole 3.12.1946	Montargis 4.5.1950	Vénissieux 18.5.1953						22.9.1961 Vénissieux.
P 8	20.8.1942 Vénissieux	Grenoble 6.2.1944	Dole 2.2.1947	Montargis 5.5.1950	Vénissieux 4.10.1952	Strasbourg 10.11 1954	Ile-Napoléon 13.1.1956				23.7.1965 Ile-Napoléon.
P 9	29.8.1942 Vénissieux	Grenoble 12.6.1943	Vénissieux 4.8.1944	Grenoble 26.9.1944	Langeac 26.11.1946	Dole 10. 4 1947	Montargis 12.5.1950	Vénissieux 17.6.1953	Chaumont 20.3.1955	Chalindrey 1.10.1956	30.3.1962 Chalindrey.
P 10	2.9.1942 Vénissieux	Grenoble 17.1.1944	Vénissieux 4.8.1944	Grenoble 28.9.1944	Dole 8.12.1946	Montargis 13.5.1950	Vénissieux 18.5.1953				22.9.1961 Vénissieux.
P 11	9.9. 1942.Vénissieux	Grenoble 12.2.1944	Vénissieux 4.8.1944	Grenoble 28.11.1944	Dole 5.12.1946	Vénissieux 2.10.1950	Noisy-le-Sec 7.3.1955	Chalindrey 11.11.1956	Chaumont 15.12.1960		26.1.1963 Chaumont.
P 12	16.9.1942 Vénissieux	Grenoble 8.3.1944	Dole 1.12.1946	Montargis 18.5.1950	Vénissieux 11.1.1953	Laval 13.4.1955					22.9.1961 Laval.
P 13	23 9.1942 Vénissieux	Grenoble 9.3.1944	Dole 10.12.1946	Montargis 25.4.1950	Vénissieux 21.1.1953	Sotteville 27.12.1957	Le Mans 16.11.1958	Argentan 16.6.1962	Rennes 26.6.1964	Argentan 2.10.1965	30.12.1967 Argentan.
P 14	30.9.1942 Vénissieux	Grenoble 15.4.1944	Vénissieux 4.8.1944	Grenoble 29.9.1944	Dole 28.2.1947	Montargis 7.5.1950	Vénissieux 18.5.1953	Chaumont 19.2.1955	Chalindrey 9.7.1955		26.1.1963 Chalindrey.
P 15	7.10.1942 Vénissieux	Grenoble 6.5.1944	Dole 4.12.1946	Montargis 9.8.1950	Vénissieux 14.1.1953	Strasbourg 14.11.1954	Hausbergen 12.3.1956	Chalindrey 6.3.1957			26.1.1963 Chalindrey.
P 16	13.10.1942 Vénissieux										30.3.1962 Vénissieux.
P 17	22.10.1942 Vénissieux										22.9.1961 Vénissieux.
P 18	29.10.1942 Vénissieux	Argentan 25.4.1955									2.5.1968 Argentan.
P 19	4.11.1942 Vénissieux	Dole 24.4.1947	Montargis 9.5.1950	Vénissieux 4.12.1952	Chalindrey 5.7.1955						17.10.1959 Chalindrey.
P 20	12.11.1942 Vénissieux	Strasbourg 20.11.1954	Chaumont 30.5.1956	Chalindrey 2.4.1958							31.12.1965 Chalindrey.
P 21	19.11.1942 Vénissieux										30.3.1962 Vénissieux.
P 22	26.11.1942 Vénissieux										30.4.1960 Vénissieux.
P 23	3.12.1942 Vénissieux										30.3.1962 Vénissieux.
P 24	10.12.1942 Vénissieux	Langeac 5.7.1946	Dole 14.4.1947	Montargis 21.5.1950	Vénissieux 18.5.1953	Noisy-le-Sec 4.3.1955	Châlons 21.6.1957	Noisy-le-Sec 4.7.1957	Chalindrey 6.7.1961	Chaumont 29.9.1961	3.5.1966 Chaumont.
P 25	17.12.1942 Vénissieux	Langeac 5.7.1946	Dole 28.4.1947	Montargis 23.5.1950	Vénissieux 21.5.1953	Sotteville (RD) 25.7.1956	Thouars (RD) 1.1.1958				17.10.1959 Thouars.
P 26	19.12.1942 Vénissieux	Langeac 5.7.1946	Dole 3.5.1947	Montargis 10.7.1950	Vénissieux 15.6.1953	Rennes 12.4.1955	Caen 14.2.1956	Rennes 17.3.1956	Le Mans 3.2.1957	Rennes 9.3.1957	22.9.1961 Rennes.
P 27	14.1.1943 Vénissieux	Chalindrey 17.10.1955									17.10.1959 Chalindrey.
P 28	22.1.1943 Vénissieux	Sotteville 19.8.1958	Rennes 29.11.1958	Argentan 6.3.1966							23.12.1966 Argentan.
P 29	28.1.1943 Vénissieux										30.4.1960 Vénissieux.
P 30	10.2.1943 Vénissieux	Sotteville (RD) 30.9.1958									17.10.1959 Sotteville.
P 31	12.3.1943 Vénissieux	Saint-Etienne 7.4.1946	Vénissieux 7.5.1946	Dole 9.5.1947	Montargis 10.5.1950	Vénissieux 15.6.1953	Rennes 21.4.1955	Caen 26.1.1956	Rennes 7.5.1956	Le Mans 3.2.1957 Rennes 9.3.1957	22.9.1961 Rennes.
P 32	24.3.1943 Vénissieux	Dole 27.4.1947	Montargis 12.5.1950	Vénissieux 15.1.1953	Sotteville 14.1.1958	Le Mans 2.12.1958					3.5.1966 le Mans.
P 33	30.3.1943 Vénissieux	Sotteville 5.3.1958	Le Mans 7.6.1958	Granville 14.6.1958							22.9.1961 Granville.
P 34	8.4.1943 Vénissieux	Sotteville 9.1.1958	Le Mans 12.6.1958								18.8.1966 le Mans.
P 35	10.4.1943 Vénissieux	Chalindrey 10.10.1055									17.10.1959 Chalindrey.
P 36	13.4.1943 Vénissieux										30.3.1962 Vénissieux.
P 37	20.4.1943 Vénissieux										30.3.1962 Vénissieux.
P 38	24.4.1943 Vénissieux	Strasbourg 15.7.1955	Chalindrey 1.8.1955	Chaumont 7.4.1960							2.5.1968 Chaumont.
P 39	30.4.1943 Vénissieux	Strasbourg 7.7.1955	Nancy 30.7.1955								22.9.1961 Nancy.
P 40	12.5.1943 Vénissieux	Sotteville 6.1.1958	Le Mans 20.4.1958								3.5.1966 Le Mans.
P 41	19.5.1943 Vénissieux										30.3.1962 Vénissieux.
P 42	26.5.1943 Vénissieux	Langeac 5.7.1946	Vénissieux 13.4.1947	Sotteville (RD) 12.10.1955							22.0.1061 Sotteville.
P 43	1.6.1943 Vénissieux	Sotteville (RD) 19.8.1958									17.10.1959 Sotteville.
P 44	9.6.1943 Vénissieux	Sotteville (RD) 31.7.1956	Thouars (RD) 1.1.1958								17.10.1959 Thouars.
P 45	19.7.1943 Vénissieux	Sotteville (RD) 30.9.1958									17.10.1959 Sotteville.
P 46	21.7.1943 Vénissieux										30.3.1962 Vénissieux.
P 47	5.10.1943 Vénissieux	Argentan 12.4.1955									31.12.1965 Argentan.
P 48	9.11.1943Vénissieux	Noisy-le-Sec 8.11.1954	Chalindrey 28.9.1956								4.9.1964 Chalindrey.
P 49	10.2.1944 Vénissieux	Montargis 2.12.1950	Vénissieux 13.1.1951								30.3.1962 Vénissieux.
P 50	6.3.1944 Vénissieux	Sotteville 27.12.1957	Le Mans 19.3.1958								3.5.1966 Le Mans.
P 51	13.7.1943 Châlons	Chalindrey 18.12.1943	Noisy-le-Sec 8.11.1945	Mohon 3.7.1951	Chaumont 30.11.1953						19.7.1968 Chaumont.
P 52	4.8.1943 Châlons	Noisy-le-Sec 2.10.1945									22.9.1961 Noisy-le-Sec.
P 53	19.9.1943 Châlons	Chalindrey 18.12.1943	Chaumont 4.4.1945	Mohon 21.5.1951	Chaumont 2.12.1953	Strasbourg 30.7.1955	Hausbergen 4.6.1956	Châlons 17.12.1956			30.4.1960 Châlons.
P 54	10.3.1944 Châlons	Noisy-le-Sec 2.10.1945									30.4.1960 Noisy-le-Sec.
P 55	7.11. 1943 Châlons	Noisy-le-Sec 2.10.1945	Chaumont 16.12.1962								31.12.1965 Chaumont.
P 56	29.11.1943 Châlons	Thionville 3.1.1945	Chaumont 5.6.1946	Ile-Napoléon 22.12.1949	Chaumont 13.4.1950	Chalindrey 27.4.1951					26.1.1963 Chalindrey.
P 57	4.12.1943 Châlons	Chalindrey 16.12.1943	Chaumont 5.4.1945	Chalindrey 16.6.1957	Chaumont 30.6.1957	Chalindrey 16.1.1958	Chaumont 30.5.1959	Chalindrey 14.1.1960	Chaumont 26.5.1962	Chalindrey 27.6.1962	5.2.1965 Chalindrey..
P 58	13.4.1944 Chalindrey	Chaumont 6.4.1945	Noisy-le-Sec 27.4.1946	Châlons 7.12.1949	Mohon 16.5.1951	Châlons 11.11.1953	Belfort 8.10.1961	Chaumont 15.12.1965			18.4.1967 Chaumont.
P 59	1.6.1944 Châlons	Noisy-le-Sec 2.10.1945	Châlons 23 6 1957	Noisy-le-Sec 2.7.1957							30.3.1962 Noisy-le-Sec.
P 60	7.2.1945 Châlons	Noisy-le-Sec 2.10.1945	Châlons 22.6.1957	Noisy-le-Sec 30.6.1957							26.1.1963 Noisy-le-Sec.
P 61	1.1.1946 Le Mans	Laval 9.2.1949	Le Mans 1.4.1950	Argentan 24.3.1955	Rennes 22.11.1956						22.9.1961 Rennes.
P 62	2.2.1946 Le Mans	Laval 27.10.1949	Le Mans 31.3.1950	Argentan 22.8.1951	Montrouge 29.5.1956	Argentan 15.11.1956	Rennes 3.7.1964	Argentan 10.5.1968			19.12.1968 Argentan.
P 63	16.3.1946 Le Mans	Caen 28.1.1956	Le Mans 15.5.1956								31.12.1965 Le Mans.
P 64	16.5.1946 Le Mans	Laval 10.2.1949	Le Mans 1.4.1950	Laval 25.7.1950	Le Mans 28.12.1951	Argentan 24.3.1955	Le Mans 20.7.1955	Montrouge 1.10.1955	Le Mans 15.11.1956 Le Mans 25.6.1964	Argentan 6.10.1962 Argentan 15.2.1968	19.12.1968 Argentan.
P 65	18.6.1946 Le Mans	Laval 23.7.1950	Le Mans 21.10.1950	Argentan 23.3.1955	Le Mans 16.5.1955						31.12.1965 Le Mans.
P 66	14.9.1946 Le Mans	Laval 9.6.1950	Le Mans 19.10.50	Laval 10.12.1950	Le Mans 18.2.1952	Argentan 19.2.1968					19.12.1968 Argentan.
P 67	9.11.1946 Rennes	Chalindrey 25.3.1954	Nancy 28.9.1957	Blainville 3.3.1960	Chalindrey 18.12.1960						21.1.1964 Chalindrey.
P 68	26.10. 1946 Rennes	Chalindrey 24.3.1954	Nancy 14.11.1954	Châlons 28.9.1956	Chalindrey 12.12.1961	Chaumont 27.5.1962	Chalindrey 28.6.1962				5.2.1965.Chalindrey.
P 69	30.10.1946 Rennes	Chalindrey 20.3.1954	Nancy 12.12.1954	Blainville 9.3.1960	Chalindrey 13.12.1960	Chaumont 1.3.1965					23.12.1966 Chaumont.
P 70	1.11.1946 Rennes	Argentan 13.6.1950									18.4.1967 Argentan.
P 71	16.1.1947 Le Mans	Laval 14.12.1949	Argentan 24.3.1955								18.4.1967 Argentan.
P 72	7.3.1947 Rennes	Argenatan 14.6.1950	Chaumont 13.4.1955	Belfort 2.10.1959							31.12.1965.Belfort.
P 73	1.4.1947 Le Mans	Laval 15.12.1949	Caen 6.2.1956	Laval 15.5.1956	Rennes 26.1.1960						22.9.1961 Rennes.
P 74	8.8.1942 Paris-Lyon	Mézidon 2.5.1943	Rennes 9.12.1946	Argentan 8.5.1950							30.12.1967 Argentan.
P 75	22.9.1942 Paris-Lyon	Noisy-le-Sec 26.10.1949	Nancy 10.8.1950	Mohon 20.5.1951	Chaumont 5.12.1953	Nancy 9.7.1958	Blainville 13.3.1960,	Chaumont 18.1.1961			21.1.1964 Chaumont.
P 76	1.8.1943 Châlons	Noisy-le-Sec 2.10.1945	Châlons 15.10.1949								30.4.1960.Châlons.
P 77	1.8.1943 Châlons	Chaumont 19.4.1947	Ile-Napoléon 7.1.1950	Nancy 14.5.1950	Châlons 17.6.1957	Ile-Napoléon 3.7.1957					26.1.1963 Ile-Napoléon.
P 78	6.9.1943 Châlons	Chaumont 2.10.1945,	Chalindrey 19.6.1957	Chaumont 4.7.1957							30.4.1960.Chaumont.
P 79	20.6.1943 Châlons	Noisy-le-Sec 2.10.1945	Ile-Napoléon 25.1.1950	Nancy 19.5.1950	Châlons 17.6.1957	Ile-Napoléon 2.7.1957	Nancy 29.9.1957				30.4.1960 Nancy.
P 80	30.5.1943 Mézidon	Châlons 3.8.1943	Chaumont 7.4.1945	Châlons 20.1.1950							30.4.1960 Châlons.
P 81	1.8.1943 Châlons	Thionville 4.1.1945	Chaumont 20.4.1947	Châlons 21.1.1950	Noisy-le-Sec 22.12.1955	Chalindrey 23.6.1957					26.1.1963 Chalindrey.
P 82	1.5.1943 Mézidon	Rennes 9.12.1946	Laval 15.12.1949	Argentan 25.3.1955							5.2.1965 Argentan.
P 83	1.5.1943 Mézidon	Le Mans 9.12.1946	Chaumont 17.1.1948								17.10.1959 Chaumont.
P 84	10.5.1943 Mézidon	Le Mans 9.12.1946	Vénissieux 10.10.1947	Sotteville (RD) 13.10.1955							17.10.1959 Sotteville.
P 85	20.5.1943 Mézidon	Le Mans 7.12.1946	Laval 1.7.1949	Chalindrey 1.4.1955	Chaumont 26.5.1962	Chalindrey 30.6.1962					5.2.1965.Chalindrey.
P 86	2.2.1943 Châlons	Chaumont 2.10.1945	Noisy-le-Sec 11.4.1946	Ile-Napoléon 25.1.1950	Nancy 5.6.1950	Belfort 31.7.1959					26.1.1963 Belfort.
P 87	1.7.1943 Châlons	Chaumont 7.4.1945	Noisy-le-Sec 1.5.1946	Chalindrey 23.6.1957	Nancy 4.10.1957						17.10.1959 Nancy.
P 88	3.6.1943 Châlons	Noisy-le-Sec 2.10.1945	Châlons 26.10.1949								26.1.1963 Châlons.
P 89	29.6.1943 Châlons	Noisy-le-Sec 2.10.1945	Ile-Napoléon 25.1.1950	Nancy 10.5.1950							30.4.1960 Nancy.
P 90	13.7.1943 Châlons	Noisy-le-Sec 2.10.1945	Châlons 24.6.1957	Noisy-le Sec 29.6.1957							30.3.1962 Noisy-le-Sec.
P 91	26.7.1943 Châlons	Chaumont 10.4.1945	Chalindrey 14.6.1960								21.1.1964 Chalindrey.
P 92	5.9.1943 Châlons	Noisy-le-Sec 2.10.1945	Chalindrey 20.6.1957								30.3.1962 Chalindrey.
P 93	20.10.1943 Châlons	Noisy-le-Sec 28.12.1945	Mohon 20.5.1951	Chaumont 7.12.1953	Belfort 4.10.1959						5.2.1965 Belfort.
P 94	1.11.1944 Châlons	Chaumont 10.4.1945	Nancy 8.8.1950	Blainville 9.3.1960	Chalindrey 13.12.1960						21.1.1964 Chalindrey.
P 95	14.5.1944 Châlons	Chaumont 15.4.1945	Nancy 9.8.1950	Blainville 25.2.1960	Chaumont 16.12.1960						21.1.1964 Chaumont.
P 96	5.11.1944 Châlons	Chaumont 10.4.1945	Belfort 4.10.1959								21.1.1964 Belfort.
P 97	15.1.1944 Chalindrey	Chaumont 4.4.1945	Châlons 1.9.1945	Chaumont 2.10.1945	Chalindrey 18.5.1951	Nancy 17.5.1953					30.4.1960 Nancy.
P 98	5.2.1944 Chalindrey	Chaumont 6.4.1945	Thionville 1.2.1950	Nancy 11.4.1950	Châlons 28.9.1956						30.3.1962 Châlons.
P 99	18.2.1944 Chalindrey	Chaumont 6.4.1945	Thionville 31.1.1950	Nancy 18.4.1950	Blainville 1.3.1960	Ile-Napoléon 10.12.1960					21.1.1964 Ile-Napoléon.
P 100	16.3.1944 Chalindrey	Chaumont 6.4.1945	Chalindrey 30.9.1956	Chaumont 1.6.1959							21.1.1964 Chaumont.

N° DE MACHINE	1ère AFFECTATION	MUTATIONS SUCCESSIVES									RÉFORME
P 101	31.3.1944 Vénissieux										30.4.1960 Vénissieux.
P 102	6.6.1944 Vénissieux	Laval 27.9.1947	Argentan 1.5.1950								31.12.1965 Argentan.
P 103	8.7.1944 Chalindrey	Chaumont 4.4.1945	Laval 1.11.1947	Argentan 29.4.1950							9.9.1963 Argentan.
P 104	4.12.1946 Le Mans	Laval 10.7.1949	Argentan 24.6.1953								3.5.1966 Argentan.
P 105	9.12.1946 Le Mans	Laval 21.10.1948	Argentan 22.6.1953	Rennes 21.11.1956	Saint-Brieuc 25.11.1956	Rennes 20.12.1956	Argentan 28.4.1968				19.12.1968 Argentan.
P 106	20.12.1946 Rennes	Argentan 11.10.1950									31.12.1965 Argentan.
P 107	13.1.1947 Rennes	Argentan 1.5.1950	Châlons 2.4.1955	Noisy-le-Sec 1.6 1955	Châlons 6.7.1961						31.12.1965 Châlons.
P 108	2.1.1947 Rennes	Argentan 5.5.1950									19.12.1968.Argentan.
P 109	16.1.1947 Rennes	Argentan 7.10.1950									5.2.1965 Argentan.
P 110	21.1.1947 Le Mans	Laval 9.7.1949	Le Mans 25.6.1958								23.12.1966 le Mans.
P 111	27.2.1947 Le Mans	Laval 5.7.1949	Argentan 20.6.1953								31.12.1965 Argentan.
P 112	23.3.1947 Rennes	Argentan 3.5.1950	Rennes 16.11.1956	Saint-Brieuc 20.11.1956	Rennes 20.12.1956						3.5.1966 Rennes.
P 113	4.6.1947 Le Mans	Laval 31.3.1950	Argentan 7.5.1950	Laval 24.11.1955	Le Mans 3.7.1957	Argentan 13.6.1962					23.12.1966 Argentan.
P 114	2.6.1947 Rennes	Argentan 2.5.1950									3.5.1966 Argentan.
P 115	2.6.1947 Rennes	Argentan 30.4.1950	Le Mans 27.6.1964	Argentan 28.3.1968							19.12.1968 Argentan.
P 116	26.8.1947 Rennes	Argentan 1.5.1950	Noisy-le-Sec 3.4.1955	Châlons 4.7.1961	Ile-Napoléon 16.9.1961	Belfort 5.10.1964					30.6.1967 Belfort.
P 117	3.9.1947 Rennes	Argentan 4.5.1950									18.8.1966 Argentan.
P 118	21.9.1947 Le Mans	Laval 10.7.1949	Argentan 30.4.1950	Noisy-le-Sec 6.4.1955	Ile-Napoléon 28.6.1957	Nancy 2.10.1957	Châlons 29.2.1960				5.2.1965 Châlons.
P 119	7.4.1951 Le Mans	Argentan 8.1.1963									19.12.1968 Argentan.
P 120	26.4.1951 Le Mans	Laval 5.12.1957	Le Mans 1.5.1958	Argentan 9.1.1963							19.12.1968 Argentan.
P 121	2.5.1951 Le Mans	Laval 2.10.1951	Le Mans 13.12.1955								31.12.1965 le Mans.
P 122	23.5.1951 Le Mans										31.12.1965 Le Mans.
P 123	18.6.1951 Rennes	Argentan 12.8.1966									2.5.1968 Argentan.
P 124	16.6.1951 Rennes	Caen 24.1.1956	Rennes 17.3.1956	Argentan 29.6.1966							18.4.1967 Argentan.
P 125	20.6.1951 Le Mans	Laval 4.1.1955	Le Mans 6.4.1955	Caen 9.2.1956	Le Mans 10.5.1956	Argentan 17.6.1967					2.5.1968 Argentan.
P 126	28.6.1951 Le Mans										3.5.1966 le Mans.
P 127	28.6.1951 Le Mans										18.8.1966 Le Mans.
P 128	20.7.1951 Ile-Napoléon	Nancy 10.7.1958	Blainville 9.3.1960	Chalindrey 10.1.1961	Chaumont 1.3.1965						18.4.1967 Chaumont.
P 129	26.7.1951 Ile-Napoléon	Chaumont 13.12.1965									29.5.1969 Chaumont.
P 130	23.7.1951 Chalindrey	Nancy 17.5.1953									17.10.1959 Nancy.
P 131	26.7.1951 Mohon	Chaumont 10.12.1953	Chalindrey 29.6.1955	Chaumont 11.1.1965							30.6.1967 Chaumont.
P 132	28.7.1951 Chalindrey	Strasbourg 23.11.1954	Hausbergen 26.5.1956	Ile-Napoléon 3.12.1956	Chaumont 19.3.1967						19.12.1968 Chaumont.
P 133	29.8.1951 Chaumont	Chalindrey 15.1.1958									17.10.1959 Chalindrey.
P 134	11.9.1951 Chaumont	Châlons 28.11.1957									31.12.1965 Châlons.
P 135	18.9.1951 Chalindrey	Chaumont 18.1.1960	Belfort 20.5.1960								30.6.1967 Belfort.
P 136	26.9.1951 Mohon	Strasbourg 5.12.1952	Hausbergen 29.9.1955	Châlons 18.12.1956							22.9.1961 Châlons.
P 137	10.10.1951 Chalindrey	Chaumont 2.6.1956									4.9.1964 Chaumont.
P 138	29.10.1951 Nancy	Blainville 4.3.1960	Chaumont 17.12.1960								4.9.1964 Chaumont.
P 139	31.10.1951 Mohon	Thionville 24.1.1952	Nancy 20.12.1953	Chalindrey 30.7.1959	Chaumont 3.2.1965						23.12.1966 Chaumont.
P 140	9.11.1951 Nancy	Blainville 3.3.1960	Ile-Napoléon 10.12.1960								5.2.1965 Ile-Napoléon.
P 141	25.11.1951 Noisy-le-Sec	Chalindrey 2.8.1961	Chaumont 12.1.1965								18.4.1967 Chaumont.
P 142	30.11.1951 Mohon	Strasbourg 29.8.1952	Chalindrey 12.9.1954	Strasbourg 6.11.1954	Hausbergen 12.3.1956	Sarreguemines 8.3.1957	Châlons 31.3.1958				5.2.1965 Châlons.
P 143	16.12.1951 Noisy-le-Sec	Chaumont 16.12.1962									18.4.1967 Chaumont.
P 144	8.1.1952 Chalindrey	Noisy-le-Sec 4.3.1963	Belfort 1.10.1964								19.7.1968 Belfort.
P 145	16.1.1952 Chaumont	Nancy 3.5.1952	Châlons 4.10.1956								5.2.1965 Châlons.
P 146	19.1.1952 Chalindrey										5.2.1965 Chalindrey.
P 147	31.1.1952 Chalindrey	Strasbourg 30.7.1955	Nancy 17.3.1956	Châlons 2.10.1956	Sarreguemines 2.10.1961	Noisy-le-Sec 4.12.1961	Chaumont 8.3.1963				18.4.1967 Chaumont.
P 148	7.2.1952 Châlons	Noisy-le-Sec 28.9.1961	Chaumont 16.2.1963								18.8.1966 Chaumont.
P 149	9.2.1948 Rennes	Argentan 26.6.1968									19.12.1968 Argentan.
P 150	21.3.1948 Rennes	Caen 23.1.1956	Rennes 17.3.1956	Le Mans 2.2.1957	Rennes 8.5.1960	Argentan 7.6.1968					19.12.1968 Argentan.
P 151	29.4.1948 Rennes	Granville 2.2.1950	Rennes 5.8.1955	Le Mans 16.11.1956	Granville 31.1.1957	Argentan 2.10.1963					30.6.1967 Argentan.
P 152	14.5.1948 Rennes	Granville 2.2.1950	Rennes 5.8.1955	Argentan 29.9.1965							23.12.1966 Argentan.
P 153	4.6.1948 Rennes	Granville 1.2.1950	Le Mans 13.11.1956	Granville 13.3.1957	Rennes 27.1.1961						3.5.1966 Rennes.
P 154	21.6.1948 Rennes	Argentan 15.5.1968									19.12.1968 Argentan.
P 155	22.7.1948 Noisy-le-Sec	Châlons 6.1.1950	Chaumont 28.5.1962								31.12.1965 Chaumont.
P 156	3.10.1948 Noisy-le-Sec	Châlons 2.11.1951	Nancy 24.6.1954	Châlons 23.10.1954	Chaumont 26.5.1962						2.5.1968 Chaumont.
P 157	19.10.1948 Noisy-le-Sec	Ile Napoléon 26.12.1948	Nancy 28.9.1957	Blainville 15.3.1960	Belfort 25.5.1960	Ile-Napoléon 30.11.1966	Chaumont 29.5.1967				19.12.1968 Chaumont.
P 158	19.12.1948 Le Mans	Caen 27.1.1956	Le Mans 9.5.1956								23.12.1966 Le Mans.
P 159	1.12.1948 Le Mans										31.12.1965 le Mans.
P 160	7.12.1948 Chaumont	Châlons 16.8.1949	Noisy-le-Sec 5.12.1961	Belfort 27.9.1964	Chaumont 10.3.1965-						31.12.1965 Chaumont.
P 161	1.1.1949 Chaumont	Thionville 5.2.1950	Mohon 26.5.1951	Strasbourg 14.5.1953	Hausbergen 5.6.1956	Sarreguemines 21.1.1957	Noisy-le-Sec 14.6.1962	Chaumont 16.12.1962	Belfort 19.1.1966	Chaumont 27.6.1967	19.7.1968 Chaumont.
P 162	29.1.1949 Chaumont	Nancy 4.12.1950	Sarreguemines 22.1.1958	Ile-Napoléon 2.8.1961	Belfort 23.9.1964						30.6.1967 Belfort.
P 163	16.4.1949 Chaumont	Sarreguemines 17.1.1958	Noisy-le-Sec 14.12.1960	Chalindrey 21.3.1961	Chaumont 6.1.1965						23.12.1966 Chaumont.
P 164	30.4.1949 Chaumont	Chalindrey 27.9.1956	Chaumont 14.3.1964	Belfort 11.6.1965							23.12.1966 Belfort.
P 165	28.5.1949 Le Mans	Argentan 6.10.1966									30.6.1967 Argentan.
P 166	12.7.1949 Le Mans	Rennes 11.5.1960	Argentan 3.3.1966								2.5.1968 Argentan.
P 167	17.10.1949 Rennes	Argentan 15.6.1966									2.5.1968 Argentan.
P 168	8.1.1950 Rennes	Granville 29.1.1957	Argentan 8.11.1962								3.5.1966 Argentan.
P 169	20.1.1948 Rennes										31.12.1965 Rennes.
P 170	5.2.1948 Rennes	Le Mans 3.2.1957	Rennes 10.3.1957								23.7.1965 Rennes.
P 171	27.2.1948 Rennes	Caen 25.1.1956	Rennes 7.5.1956	Argentan 8.3.1966							23.12.1966 Argentan.
P 172	21.3.1948 Rennes	Caen 4.2.1956	Rennes 18.5.1956	Argentan 11.7.1968							19.12.1968 Argentan.
P 173	17.4.1948 Rennes										31.12.1965 Rennes.
P 174	15.5.1948 Rennes										31.12.1965 Rennes.
P 175	11.6.1948 Noisy-le-Sec										31.12.1965 Noisy-le-Sec.
P 176	6.10.1948 Chaumont	Châlons 16.8.1949	Sarreguemines 15.4.1958	Noisy-le-Sec 10.6.1962	Belfort 3.7.1965						30.12.1967 Belfort.
P 177	4.8.1948 Chaumont	Thionville 3.2.1950	Mohon 19.5.1951	Chaumont 3.12.1953	Chalindrey 27.6.1955	Noisy-le-Sec 4.3.1963	Belfort 9.7.1965				30.6.1967 Belfort.
P 178	24.8.1948 Noisy-le-Sec	Thionville 5.7.1950	Mohon 29.5.1951	Thionville 30.11.1953	Hausbergen 1.7.1955	Ile-Napoléon 3.12.1956	Belfort 28.5.1967	Chaumont 25.6.1968			19.12.1968 Chaumont.
P 179	26.10.1948 Chaumont	Châlons 16.8.1949									17.10.1959 Châlons.
P 180	19.11.1948 Le Mans	Laval 21.2.1955	Le Mans 9.6.1955	Rennes 8.5.1960	Argentan 6.7.1966						2.5.1968 Argentan.
P 181	13.1.1949 Ile Napoléon										18.4.1967 Ile-Napoléon.
P 182	6.1.1949 Ile-Napoléon	Chalindrey 12.11.1953	Ile-Napoléon 1.1.1954								31.12.1965 Ile-Napoléon.
P 183	25.1.1949 Ile-Napoléon	Sarreguemines 28.1.1957	Chalindrey 1.7.1962	Belfort 6.1.1965							2.5.1968 Belfort.
P 184	2.2.1949 Noisy-le-Sec										13.4.1962 Noisy-le-Sec.
P 185	1.3.1949 Rennes	Caen 10.2.1956	Rennes 14.3.1956	Argentan 2.10.1965							2.5.1968 Argentan.
P 186	17.3.1949 Rennes	Chalindrey 20.3.1954	Nancy 9.7.1958	Chaumont 1.7.1960	Chalindrey 22.3.1961	Chaumont 1.3.1965					18.8.1966 Chaumont.
P 187	4.4.1949 Rennes										3.5.1966 Rennes.
P 188	1.5.1949 Rennes	Granville 29.1.1957	Argentan 1.10.1963								2.5.1968 Argentan.
P 189	1.6.1949 Rennes	Argentan 6.10.1965									19.12.1968 Argentan.
P 190	6.7.1949 Rennes	Argentan 9.3.1966									2.5.1968 Argentan.
P 191	27.7.1949 Rennes	Argentan 6.3.1966									23.12.1966 Argentan.
P 192	27.9.1949 Rennes	Montrouge 3.9.1956	Le Mans 12.11.1956	Montrouge 31.1.1957	Argentan 2.6.1959						23.12.1966 Argentan.
P 193	11.10.1949 Rennes	Argentan 6.10.1965									18.4.1967 Argentan.
P 194	8.12.1949 Rennes										30.6.1967 Rennes.
P 195	29.12.1949 Rennes	Argentan 22.7.1966									30.6.1967 Argentan.
P 196	9.3.1950 Le Mans	Argentan 30.9.1966									30.6.1967 Argentan.
P 197	31.3.1950 Le Mans	Caen 30.1.1956	Le Mans 14.5.1956	Argentan 1.10.1966							30.12.1967 Argentan.
P 198	31.5.1950 Rennes	Argentan 5.3.1966									23.12.1966 Argentan.
P 199	4.8.1947 Le Mans										18.8.1966 Le Mans.
P 200	4.11.1947 Le Mans	Argentan 28.3.1968									19.12.1968 Argentan.
P 201	14.12.1947 Le Mans										3.5.1966 Le Mans.
P 202	10.1.1948 Le Mans	Montrouge 1.12.1949	Argentan 2.6.1959								31.12.1965 Argentan.

N° DE MACHINE	1ère AFFECTATION	MUTATIONS SUCCESSIVES									RÉFORME
P 203	29.2.1948 Le Mans										23.12.1966 Le Mans.
P 204	19.3.1948 Rennes	Chalindrey 22.3.1954	Nancy 1.7.1954	Blainville 5.3.1960	Châlons 14.12.1960						5.2.1965 Châlons.
P 205	9.4.1948 Rennes	Granville 1.2.1950	Rennes 15.12.1956	Granville 29.1.1957	Argentan 2.10.1963						18.4.1967 Argentan.
P 206	4.5.1948 Rennes		@								31.12.1965 Rennes.
P 207	22.5.1948 Le Mans	Laval 23.8.1953	Le Mans 1.5.1954	Laval 29.12.1954	Le Mans 23.7.1955	Argentan 6.9.1956					30.6.1967 Argentan.
P 208	6.7.1948 Noisy-le-Sec	Strasbourg 24.8.1952	Hausbergen 1.10.1955	Châlons 7.12.1956	Noisy-le-Sec 27.9.1961	Ile-Napoléon 18.7.1965					3.5.1966 Ile-Napoléon.
P 209	28.7.1948 Ile-Napoléon	Belfort 21.5.1960	Chaumont 29.2.1964								18.8.1966 Chaumont.
P 210	28.7.1948 Ile-Napoléon	Nancy 7.9.1950	Chalindrey 1.8.1959	Chaumont 15.2.1964							30.12.1967 Chaumont.
P 211	2.8.1948 Ile-Napoléon	Sarreguemines 22.1.1958	Ile-Napoléon 27.6.1961	Belfort 28.9.1964							18.4.1967 Belfort.
P 212	8.9.1948 Ile-Napoléon	Sarreguemines 23.1.1958	Chaumont 11.12.1961	Belfort 19.6.1965							30.6.1967 Belfort.
P 213	2.10.1948 Ile-Napoléon	Thionville 22.7.1950	Strasbourg 9.12.1952	Hausbergen 3.6.1956	Sarreguemines 22.1.1957	Ile-Napoléon 17.8.1962					30.6.1967 Ile-Napoléon.
P 214	18.11.1948 Le Mans	Argentan 27.9.1965									2.5.1968 Argentan.
P 215	2.12.1948 Le Mans	Laval 2.2.1956	Le Mans 1.7.1958	Rennes 11.5.1960							5.2.1965 Rennes.
P 216	11.1.1949 Ile-Napoléon	Chalindrey 20.5.1951	Nancy 14.7.1952	Blainville 2.3.1960	Noisy-le-Sec 23.3.1961	Chaumont 11.12.1961					2.5.1968 Chaumont.
P 217	29.1.1949 Ile-Napoléon	Chalindrey 21.5.1951	Nancy 16.12.1954	Blainville 8.7.1960	Ile-Napoléon 20.1.1961	Belfort 28.5.1961	Chaumont 21.2.1964				2.5.1968 Chaumont.
P 218	21.2.1949 Noisy-le-Sec	Châlons 7.6.1961	Noisy-le-Sec 5.7.1961	Chalindrey 9.3.1962	Chaumont 1.3.1965						31.12.1965 Chaumont.
P 219	24.3.1949 Noisy-le-Sec	Chaumont 9.12.1965									23.12.1966 Chaumont.
P 220	7.5.1949 Chaumont	Chalindrey 30.9.1956									31.12.1965 Chalindrey.
P 221	23.6.1949 Le Mans	Caen 30.1.1956	Le Mans 15.5.1956								23.12.1966 Le Mans.
P 222	5.8.1949 Le Mans	Montrouge 12.5.1950	Le Mans 11.11.1956	Montrouge 31.1.1957	Argentan 31.5.1959						19.12.1968 Argentan.
P 223	12.9.1949 Le Mans	Caen 27.1.1956	Le Mans 14.5.1956	Montrouge 6.10.1956	Le Mans 18.11.1956	Argentan 21.6.1967					19.12.1968 Argentan.
P 224	12.10.1949 Le Mans	Caen 13.2.1956	Le Mans 17.5.1956	Argentan 1.10.1966							23.12.1966 Argentan.
P 225	8.12.1949 Le Mans	Laval 1.5.1950	Rennes 22.1.1960								31.12.1965 Rennes.
P 226	26.1.1950 Le Mans	Laval 2.10.1951	Le Mans 13.12.1955	Argentan 11.7.1967							19.12.1968 Argentan.
P 227	15.2.1950 Le Mans	Laval 18.2.1959	Le Mans 9.5.1959								23.12.1966 Le Mans.
P 228	14.6.1950 Le Mans	Laval 4.10.1951	Le Mans 2.7.1957	Argentan 27.9.1965							19.12.1968 Argentan.
P 229	30.4.1948 Le Mans	Laval 29.4.1950	Le Mans 29.12.1959	Rennes 12.5.1960							31.12.1965 Rennes.
P 230	15.5.1948 Le Mans	Laval 1.5.1950	Granville 26.6.1951	Le Mans 15.11.1956	Granville 4.2.1957	Argentan 19.5.1961					3.5.1966 Argentan.
P 231	24.5.1948 Le Mans	Laval 4.5.1950	Granville 1.7.1951	Argentan 9.11.1955							3.5.1966 Argentan.
P 232	1.6.1948 Le Mans	13.9.1949 Granville	Le Mans 15.11.1956	Granville 12.3.1957	Rennes 28.1.1961						3.5.1966 Rennes.
P 233	11.6.1948 Le Mans	Granville 13.9.1949	Montrouge 3.12.1949	Le Mans 22.11.1956	Montrouge 3.2.1957	Granville 1.5.1959	Argentan 2.10.1963				23.12.1966 Argentan.
P 234	13.6.1948 Le Mans	Granville 26.9.1949	Argentan 9.11.1955								18.4.1967 Argentan.
P 235	13.7.1948 Le Mans	Laval 5.12.1948	Montrouge 13.9.1949	Le Mans 12.11.1956	Argentan 31.5.1959						23.12.1966 Argentan.
P 236	26.7.1948 Le Mans	Laval 4.12.1948	Montrouge 13.9.1949	Rennes 18.12.1956	Montrouge 31.1.1957	Argentan 1.6.1959					3.5.1966 Argentan.
P 237	4.8.1948 Le Mans	Laval 31.5.1949	Granville 19.9.1949	Rennes 15.11.1956	Argentan 2.10.1965						30.6.1967 Argentan.
P 238	2.8.1948 Noisy-le-Sec	Châlons 8.6.1961	Noisy-le-Sec 10.10.1961	Chalindrey 7.8.1962							31.12.1965 Chalindrey.
P 239	23.9.1948 Chaumont	Strasbourg 10.5.1953	Châlons 30.4.1956	Chaumont 26.5.1062							31.12.1965 Chaumont.
P 240	1.8.1948 Noisy-le-Sec	Thionville 26.5.1950	Strasbourg 20.8.1952	Ile-Napoléon 6.4.1956	Sarreguemines 13.1.1958	Châlons 17.12.1960	Belfort 4.10.1961				23.12.1966 Belfort.
P 241	23.9.1948 Chaumont	Ile Napoléon 9.1.1949	Chalindrey 21.4.1951	Strasboug 16.5.1953	Chaumont 3.6.1956	Chalindrey 16.6.1957	Chaumont 13.12.1960				31.12.1965 Chaumont.
P 242	13.11.1948 Noisy-le-Sec	Chalindrey 29.9.1956	Chaumont 5.1.1965								3.5.1966 Chaumont.
P 243	13.11.1948 Noisy-le-Sec	Ile-Napoléon 10.5.1950	Chalindrey 23.4.1951	Strasbourg 16.5.1953	Hausbergen 3.6.1956	Ile-Napoléon 3.12.1956	Belfort 22.5.1960				31.12.1965 Belfort.
P 244	22.12.1948 Noisy-le-Sec	Châlons 5.1.1950	Chaumont 25.5.1062								31.12.1965 Chaumont.
P 245	25.12.1948 Noisy-le-Sec	Ile-Napoléon 3.1.1958	Belfort 6.6.1960	Chaumont 1.7.1968							29.5.1969 Chaumont
P 246	26.1.1949 Noisy-le-Sec	Chalindrey 8.7.1961-									31.12.1965 Chalindrey.
P 247	16.1.1949 Noisy-le-Sec	Chalindrey 4.3.1962	Chaumont 27.5.1962	Belfort 8.3.1965							30.6.1967 Belfort.
P 248	1.2.1949 Noisy-le-Sec	Chalindrey 8.7.1961									31.12.1965 Chalindrey.
P 249	1.2.1949 Noisy-le-Sec	Chalindrey 5.10.1956	Nancy 28.9.1956	Chalindrey 31.7.1959	Chaumont 7.6.1962	Belfort 21.6.1965					2.5.1968 Belfort.
P 250	18.2.1949 Noisy-le-Sec										13.4.1962 Noisy-le-Sec.
P 251	16.2.1949 Le Mans	Granville 12.1.1950	Le Mans 18.11.1956	Rennes 8.5.1960	Argentan 26.9.1965						30.6.1967 Argentan.
P 252	8.4.1949 Laval	Granville 13.1.1950	Caen 6.2.1956	Granville 3.5.1956	Rennes 6.12.1956	Granville 29.1.1957	Argentan 2.10.1963				2.5.1968 Argentan.
P 253	17.4.1949 Rennes	Granville 3.2.1950	Rennes 5.8.1955								31.12.1965 Rennes.
P 254	30.4.1949 Chaumont	Thionville 15.4.1950	Strasbourg 2.10.1952	Hausbergen 12.6.1956	Sarreguemines 4.1.1957	Chalindrey 16.1.1963	Chaumont 1.3.1965				31.12.1965 Chaumont.
P 255	30.4.1949 Chaumont	Nancy 30.11.1950	Strasbourg 23.8.1955	Hausbergen 4.6.1956	Sarreguemines 26.1.1957	Chalindrey 28.6.1962	Chaumont 1.3.1965	Belfort 13.1.1966			30.6.1967 Belfort.
P 256	23.5.1949 Chaumont	Ile-Napoléon 13.4.1950	Chalindrey 28.4.1951	Chaumont 7.6.1962	Chalindrey 1.7.1962	Chaumont 16.2.1963					23.12.1966 Chaumont.
P 257	27.6.1949 Chaumont	Nancy 1.12.1950	Belfort 25.7.1959	Chaumont 8.3.1964	Belfort 22.1.1966						30.6.1967 Belfort.
P 258	27.6.1949 Chaumont	Thionville 14.4.1950	Strasbourg 4.10.1952	Hausbergen 12.1.1956	Sarreguemines 26.1.1957	Chaumont 16.3.1963					2.5.1968 Chaumont.
P 259	8.6.1948 Rennes	Granville 31.1.1950	Le Mans 14.11.1956	Granville 5.2.1957	Rennes 26.1.1961						31.12.1965 Rennes.
P 260	13.7.1948 Noisy-le-Sec	Châlons 6.1.1950	Sarreguemines 5.10.1961	Chaumont 7.12.1961							23.12.1966 Chaumont.
P 261	30.8.1948 Chaumont	1.3.1949 Noisy-le-Sec									17.10.1959 Noisy-le-Sec.
P 262	6.10.1948 Chaumont	Châlons 17.1.1950	Noisy-le-Sec 21.9.1961	Chalindrey 26.9.1964	Belfort 11.1.1965						18.8.1966 Belfort.
P 263	1.12.1948 Le Mans										23.12.1966 Le Mans.
P 264	11.2.1949 Noisy-le-Sec	Chalindrey 3.8.1961	Chaumont 7.1.1965	Belfort 11.6.1965							30.12.1967 Belfort.
P 265	1.3.1949 Noisy-le-Sec	Thionville 18.2.1950	Noisy-le-Sec 20.7.1955	Chalindrey 30.9.1956	Chaumont 14.1.1965						30.6.1967 Chaumont.
P 266	15.4.1949 Chaumont	Nancy 3.1.1951	Sarreguemines 22.1.1958	Noisy-le-Sec 18.7.1962	Ile-Napoléon 9.1.1965						30.6.1967 Ile-Napoléon.
P 267	3.6.1949 Noisy-le-Sec	Thionville 16.2.1950	Noisy-le-Sec 1.7.1955	Belfort 6.3.1965	Chaumont 29.6.1965						18.8.1966 Chaumont.
P 268	12.9.1949 Le Mans	Laval 2.2.1956	Le Mans 10.1.1960	Argentan 28.9.1965							30.12.1967 Argentan.
P 269	10.1.1950 Le Mans										30.6.1967 Le Mans.
P 270	5.5.1950 Le Mans	Argentan 6.10.1966									30.12.1967 Argentan.
P 271	23.4.1951 Rennes	Argentan 6.9.1966									30.12.1967 Argentan.
P 272	30.7.1951 Rennes	Argentan 23.7.1966									19.12.1968 Argentan.
P 273	14.11.1951 Nancy	Blainville 1.3.1960									23.7.1965 Blainville.
P 274	1.3.1952 Noisy-le-Sec										26.1.1963 Noisy-le-Sec.
P 275	21.7.1951 Mohon	Strasbourg 2.5.1953	Hausbergen 13.1.1956	Chalindrey 18.2.1957	Nancy 26.9.1957	Blainville 1.3.1960	Châlons 15.12.1960				23.7.1965 Châlons.
P 276	10.8.1951 Mohon	Strasbourg 6.5.1953	Hausbergen 10.8.1956	Ile-Napoléon 3.12.1956	Sarreguemines 28.1.1957						23.7.1965 Sarreguemines.
P 277	13.12.1951 Mohon	Thionville 26.1.1952	Strasbourg 3.10.1952	Hausbergen 6.6.1956	Châlons 7.12.1956	Sarreguemines 5.2.1958	Noisy-le-Sec 16.12.1960	Chaumont 11.12.1961	Noisy-le-Sec 11.1.1962	Ile-Napoléon 5.3.1965	18.4.1967 Ile-Napoléon.
P 278	27.10.1951 Mohon	Strasbourg 15.5.1953	Hausbergen 29.9.1955	Châlons 18.12.1956	Chalindrey 7.2.1957	Noisy-le-Sec 27.7.1958	Chalindrey 31.8.1958				31.12.1965 Chalindrey.
P 279	27.12.1951 Chalindrey	Noisy-le-Sec 26.7.1958	Chalindrey 25.8.1958								23.7.1965 Chalindrey.
P 280	5.1.1952 Chalindrey										23.7.1965 Chalindrey.
P 281	30.1.1952 Chalindrey	Strasbourg 22.8.1952	Nancy 12.3.1956	Blainville 25.2.1960							23.7.1965 Blainville.
P 282	21.1.1952 Chalindrey	Noisy-le-Sec 4.10.1955	Chalindrey 29.9.1956	Chaumont 1.3.1965							19.12.1968 Chaumont.
P 283	17.1.1952 Châlons										23.7.1965 Châlons.
P 284	26.1.1952 Ile-Napoléon										31.12.1965 Ile-Napoléon.
P 285	8.2.1952 Chaumont	Chalindrey 16.1.1958									23.7.1965 Chalindrey.
P 286	11.3.1952 Ile-Napoléon	Chaumont 14.12.1965									23.12.1966 Chaumont.
P 287	8.2.1952 Chalindrey	Strasbourg 28.8.1952	Hausbergen 4.5.1956	Ile-Napoléon 18.12.1956	Chalindrey 4.2.1957						23.7.1965 Chalindrey.
P 288	21.3.1952 Thionville	Noisy-le-Sec 27.5.1955	Ile-Napoléon 25.6.1957	Chaumont 11.12.1965							30.6.1967 Chaumont.
P 289	5.11.1948 Chaumont	Châlons 2.10.1949	Chaumont 6.6.1952	Noisy-le-Sec 1.7.1963	Ile-Napoléon 7.1.1965						30.6.1967 Ile-Napoléon.
P 290	26.11.1948 Chaumont	Châlons 2.10.1949	Nancy 1.7.1954	Châlons 9.11.1954	Noisy-le-Sec 28.9.1961	Belfort 2.10.1964					30.6.1967 Belfort.
P 291	21.12.1948 Chaumont	Thionville 15.3.1950	Noisy-le-Sec 5.10.1955	Châlons 8.6.1961	Chaumont 28.5.1962						2.5.1968 Chaumont.
P 292	19.1.1949 Chaumont	Nancy 23.11.1950	Hausbergen 15.8.1955	Sarreguemines 6.1.1957	Chalindrey 29.6.1962	Belfort 15.1.1965					23.12.1966 Belfort.
P 293	25.2.1949 Ile-Napoléon	Chaumont 3.6.1956									31.12.1965 Chaumont.
P 294	29.3.1949 Ile-Napoléon	Nancy 29.9.1957	Chaumont 1.7.1960								31.12.1965 Chaumont.
P 295	27.4.1949 Ile-Napoléon										31.12.1965 Ile-Napoléon.
P 296	17.5.1949 Ile-Napoléon	Chaumont 30.5.1967									19.7.1968 Chaumont.
P 297	1.6.1949 Ile-Napoléon										23.7.1965 Ile-Napoléon.
P 298	17.6.1949 Ile-Napoléon	Chaumont 10.7.1965									31.12.1965 Chaumont.
P 299	1.7.1949 Ile-Napoléon										21.1.1964 Ile-Napoléon.
P 300	19.7.1949 Ile-Napoléon										31.12.1965 Ile-Napoléon.
P 301	26.8.1949 Chaumont	Thionville 14.3.1950	Strasbourg 2.10.1952	Hausbergen 3.6.1956	Ile-Napoléon 4.1.1957	Nancy 14.1.1958					21.1.1964 Nancy.
P 302	30.8.1949 Ile-Napoléon	Thionville 16.4.1951	Noisy-le-Sec 6.10.1955	Chaumont 7.12.1965							23.12.1966 Chaumont.
P 303	22.9.1949 Chaumont	Thionville 16.3.1950	Noisy-le-Sec 4.7.1955	Chalindrey 1.8.1961	Chaumont 1.3.1965						23.12.1966 Chaumont.
P 304	25.10.1949 Chaumont	Thionville 18.3.1950	Hausbergen 1.7.1959	Sarreguemines 24.1.1957	Châlons 2.2.1958	Chaumont 6.7.1962					31.12.1965 Chaumont.

N° DE MACHINE	1ère AFFECTATION	MUTATIONS SUCCESSIVES									RÉFORME
P 305	20.11.1949 Chaumont	Thionville 26.2.1950	Strasbourg 2.10.1952	Nancy 30.5.1956	Chalindrey 29.7.1959	Chaumont 16.2.1963					30.6.1967 Chaumont.
P 306	23.12.1949 Châlons	Noisy-le-Sec 16.12.1955	Chaumont 2.7.1965								30.6.1967 Chaumont.
P 307	3.1.1950 Châlons	Sarreguemines 10.4.1958	Chaumont 13.9.1962	Ile-Napoléon 13.1.1966							30.6.1967 Ile-Napoléon.
P 308	1.2.1950 Chaumont	Thionville 15.3.1950	Chalindrey 28.6.1955	Noisy-le-Sec 2.7.1955							4.9.1964 Noisy-le-Sec.
P 309	22.2.1950 Thionville	Mohon 5.2.1952	Strasbourg 14.5.1953	Hausbergen 13.1.1956	Châlons 6.12.1956	Noisy-le-Sec 29.9.1961	Ile-Napoléon 28.9.1964				3.5.1966 Ile-Napoléon.
P 310	11.4.1950 Thionville	Strasbourg 23.8.1952	Chalindrey 16.8.1955	Chaumont 14.2.1964	Belfort 13.1.1966						19.7.1968 Belfort.
P 311	26.4.1950 Ile-Napoléon	Thionville 5.4.1951	Hausbergen 1.7.1955	Ile-Napoléon 1.1.1957	Nancy 15.1.1958						4.9.1964 Nancy..
P 312	1.6.1950 Chaumont	Chalindrey 27.9.1956	Chaumont 14.1.1965								30.6.1967 Chaumont.
P 313	5.7.1950 Chaumont	Chalindrey 17.1.1958									23.7.1965 Chalindrey.
P 314	3.8.1950 Thionville	Chaumont 1.7.1955	Châlons 28.11.1957								31.12.1965 Châlons.
P 315	2.9.1950 Nancy										4.9.1964 Nancy.
P 316	15.10.1950 Nancy	Strasbourg 13.8.1955	Hausbergen 2.1.1956	Ile-Napoléon 3.12.1956	Nancy 2.10.1957	Belfort 1.8.1959	Chalindrey 16.6.1962	Chaumont 1.3.1965			23.12.1966 Chaumont.
P 317	6.1.1951 Noisy-le-Sec	Châlons 17.7.1955	Chalindrey 19.6.1956	Chaumont 13.12.1960							3.5.1966 Chaumont.
P 318	24.4.1951 Chalindrey	Strasbourg 25.1.1955	Hausbergen 1.10.1955	Chalindrey 6.2.1957	Chaumont 18.1.1960						30.6.1967 Chaumont.

Classement par ordre décroissant des dépôts avec numéros des machines affectées en cours de carrière :

1er Chaumont (116) : P 4, 9, 11, 14, 20, 24, 38, 51, 53, 55 à 58, 68, 69, 72, 75, 77, 78, 80, 81, 83, 85 à 87, 91, 93 à 100, 103, 128, 129, 131 à 135, 137 à 139, 141, 143, 147, 148, 155 à 157, 160 à 164, 176 à 179, 209, 210, 212, 216 à 220, 239, 241, 242, 244, 245, 247, 249, 254 à 258, 260 à 262, 264 à 267, 277, 282, 285, 286, 288 à 295, 298, 300, 302 à 308, 310, 312 à 314, 316 à 318.

2e Argentan (80) : P 13, 18, 28, 47, 61, 62, 64 à 66, 70 à 72, 74, 82, 102 à 109, 111 à 120, 123 à 125, 149 à 152, 154, 165 à 168, 171, 172, 180, 185, 188 à 193, 195 à 198, 200, 202, 205, 207, 214, 222 à 224, 226, 228, 230, 231, 233 à 237, 251, 252, 270 à 272.

3e Chalindrey (79) : P 9, 11, 14, 15, 19, 20, 24, 38, 48, 51, 53, 56 à 58, 67 à 69, 78, 81, 85, 87, 91, 92, 94, 97 à 100, 130, 132, 133, 135, 137, 139, 141, 142, 144, 146, 147, 163, 164, 177, 182, 183, 210, 216 à 218, 220, 238, 241, 242, 246 à 249, 254 à 256, 262, 265, 275, 278 à 282, 285, 287, 292, 303, 305, 308, 310, 312, 313, 316 à 318.

4e ex-æquo Noisy-le-Sec (75) : P 11, 24, 48, 51, 52, 54, 55, 58 à 60, 75, 79, 81, 86 à 90, 92, 93, 107, 116, 118, 141, 143, 144, 147, 148, 155 à 157, 160, 161, 163, 175 à 178, 184, 208, 216, 218, 219, 238, 240, 242 à 250, 260 à 262, 262 à 267, 274, 277, 279, 282, 288 à 291, 302, 303, 306, 308, 309, 317.

4e ex-æquo Le Mans (75) : P 13, 26, 31, 33, 34, 40, 50, 61 à 66, 71, 73, 83 à 85, 104, 105, 110, 111, 113, 115, 118 à 122, 125 à 127, 150, 151, 153, 158, 159, 165, 166, 170, 180, 192, 196, 197, 199 à 203, 207, 214, 215, 221 à 237, 251, 259, 263, 268 à 270.

5e Rennes (68) : P 13, 26, 28, 31, 61, 62, 67 à 70, 72 à 74, 82, 106 à 109, 112, 114 à 117, 123, 124, 149 à 154, 166 à 174, 180, 185 à 195, 198, 204 à 206, 215, 225, 229, 232, 236, 237, 251 à 253, 259, 271, 272.

6e Châlons (67) : P 3, 4, 51 à 60, 68, 76 à 81, 86 à 98, 107, 116, 118, 134, 136, 142, 145, 147, 148, 155, 156, 160, 176, 179, 204, 208, 218, 238 à 240, 244, 260, 262, 275, 278, 283, 289 à 291, 304, 306, 307, 309, 314, 317.

7e Vénissieux (53) : P 1 à 50, 84, 100, 101.

8e Ile-Napoléon (48) : P 3, 8, 56, 77, 79, 86, 89, 116, 118, 128, 129, 132, 157, 162, 178, 208, 209 à 213, 216, 217, 240, 241, 243, 245, 256, 266, 276, 277, 284, 286 à 289, 293 à 302, 309, 311.

9e Nancy (47) : P 3, 39, 67 à 69, 75, 77, 79, 86, 87, 89, 94, 95, 97 à 99, 118, 128, 130, 138 à 140, 145, 147, 156, 157, 162, 186, 204, 210, 216, 217, 249, 255, 257, 266, 273, 275, 281, 290, 292, 294, 301, 305, 311, 315, 316.

10e ex-æquo Belfort (36) : P 3, 58, 72, 86, 93, 96, 116, 135, 144, 157, 160 à 162, 164, 176 à 178, 183, 209, 211, 212, 217, 240, 243, 245, 247, 249, 255, 257, 262, 264, 267, 290, 292, 310, 316.

10e ex-æquo Laval (36) : P 12, 61, 62, 64 à 66, 71, 73, 82, 85, 102 à 105, 110, 111, 113, 118, 120, 121, 125, 180, 207, 215, 225 à 231, 235 à 237, 252, 268.

11e Strasbourg (30) : P 3, 15, 20, 38, 39, 132, 136, 142, 147, 161, 208, 213, 239 à 241, 243, 254, 255, 258, 275, 277, 278, 281, 287, 301, 305, 309, 310, 316, 318.

12e Thionville (28) : P 56, 77, 81, 98, 99, 139, 161, 177, 178, 213, 240, 254, 258, 265, 267, 277, 288, 291, 301 à 305, 308 à 311, 314.

13e Hausbergen (24) : P 15, 132, 136, 142, 161, 178, 208, 213, 243, 254, 255, 258, 275 à 278, 287, 292, 301, 304, 309, 311, 316, 318.

14e Sarreguemines (22) : P 4, 142, 147, 161 à 163, 176, 183, 211 à 213, 240, 254, 255, 258, 260, 266, 276, 277, 292, 304, 307.

15e Dole (20) : P 1 à 5, 7 à 15, 19, 24 à 26, 31, 32.

16e Montargis (19) : P 1, 3 à 5, 7 à 10, 12 à 15, 19, 24 à 26, 31, 32, 49.

17e Mohon (17) : P 51, 53, 58, 75, 93, 131, 136, 139, 142, 161, 177, 178, 275 à 278, 309.

18e ex æquo Blainville (16) : P 67, 69, 75, 94, 95, 99, 128, 138, 140, 157, 204, 216, 217, 273, 275, 281.

18e ex æquo Granville (16) : P 33, 151 à 153, 168, 188, 230 à 234, 237, 251 à 253, 259.

18e ex-æquo Caen (16) : P 26, 31, 63, 73, 124, 125, 150, 158, 171, 172, 185, 197, 221, 223, 224, 252.

19e Grenoble (15) : P 1 à 15.

20e Sotteville (13 pour ordre en réparation différée) : P 13, 25, 28, 30, 32 à 34, 40, 42 à 45, 50.

21e Montrouge (9) : P 62, 64, 192, 202, 222, 223, 233, 235, 236

22e ex-æquo Mézidon (5) : P 80, 82 à 85.

22e ex-æquo Langeac (5) : P 9, 24 à 26, 42.

23e ex-æquo Thouars (2 pour ordre en réparation différée) : P 25, 44.

23e ex-æquo Saint-Brieuc (2) : P 105, 112.

23e ex-æquo Paris-Lyon (2 en utilisation spéciale) : P 74, 75.

24e Saint-Etienne (1) : P 31.

Fruit des relevés d'Olivier Constant, nous publions ci-après, pour la plupart des machines de la série, le numéro du dernier tender accouplé aux locomotives, leur lieu de garage avant démolition, puis enfin le lieu et la date de démolition. L'absence d'indication indique que les renseignements ne sont pas connus.

N°	LIEU DE GARAGE	LIEU DE DÉMOLITION
141 P 3 + 34 P 207	Belfort	Haguenau (dépôt) mars 1966
141 P 9 + 34 P 46	Chalindrey	SWFT Joinville février 1964
141 P 11 + 34 P 116	Chaumont	Imes France Culoz août 1965
141 P 12 + 34 P 375	Laval	Le Mans (dépôt) 30 novembre 1965
141 P 13 + 34 P 27	Mézidon	Argentan 11 février 1971
141 P 14 + 34 P 57	Chalindrey	Villeurbanne février 1966
141 P 15 + 34 P 15	Chalindrey	Villeurbanne février 1966
141 P 18 + 34 P 231	Mézidon	Vendue par Service A février 1969
141 P 20 + 34 P 5		
141 P 24 + 34 P 354		Le Mans (dépôt) 4e trimestre 1966
141 P 25 + 34 P 79	Rosny-sur-Seine	Saintes (dépôt) 5 décembre 1959
141 P 26 + 34 P 371	Rennes	Saintes (dépôt) 14 septembre 1962
141 P 28 + 34 P 123		Cherbourg (dépôt) 26 mai 1967
141 P 29	Chalons/s/Saône	Imes France Culoz 1970
141 P 30 + 34 P 76	Rosny-sur-Seine	Saintes (dépôt) 21 décembre 1959
141 P 31 + 34 P 148	Rennes	Saintes (dépôt) 11 août 1962
141 P 32 + 34 P 359		Le Mans (dépôt) 3 janvier 1967
141 P 33 + 34 P 131	Granville	Saintes (dépôt) décembre 1959
141 P 34 + 34 P 307	Le Mans	Béthune (dépôt) juin 1967
141 P 35	Longueville	SWFT Joinville septembre 1965
141 P 36	Chalons/s/Saône	
141 P 37	Chalons/s/Saône	
141 P 38 + 34 P 26	Chaumont	Chaumont (dépôt) avril 1970
141 P 39	Pagny/s/Meuse	SWFT Joinville avril 1964
141 P 40	Le Mans	Béthune (dépôt) juin 1967
141 P 42 + 34 P 370	Sotteville-QM.	Caen (dépôt) 16 mars 1966
141 P 43 + 34 P 94		Saintes (dépôt) 5 décembre 1959
141 P 44 + 34 P 30		Saintes (dépôt) 3 décembre 1959
141 P 45 + 34 P 141		Saintes (dépôt) 1er décembre 1959
141 P 47 + 34 P 66		Le Mans (dépôt) 4 juillet 1966
141 P 48 + 34 P 42		
141 P 50 + 34 P 335		Le Mans (dépôt) 19 décembre 1966
141 P 51 + 34 P 287		Chaumont (dépôt) avril 1970
141 P 52	Chalindrey	Chalindrey(dépôt) août 1963
141 P 53 + 34 P 209		
141 P 55 + 34 P 167		
141 P 56 + 34 P 63	Chalindrey	Villeurbanne printemps 1966
141 P 57 + 34 P 12		
141 P 58 + 34 P 236	Bricon	Ugine mai 1968
141 P 59 + 34 P 83	Longueville	SME Epernay octobre 1963
141 P 60 + 34 P 111	Longueville	SWFT Joinville septembre 1965
141 P 61 + 34 P 146	Rennes	Saintes (dépôt) 16 août 1962
141 P 62 + 34 P 409	Mézidon	Vendue par Service A 13 juin 1969
141 P 63 + 34 P 216		Le Mans (dépôt) 25 octobre 1966
141 P 64 + 34 P 142	Mézidon	Vendue par Service A 13 juin 1969
141 P 65 + 34 P 145	Le Mans	Le Mans (dépôt) 2 avril 1970
141 P 66 + 34 P 174		
141 P 67 + 34 P 239	Chalindrey	Villeurbanne décembre 1965
141 P 68 + 34 P 383		
141 P 69 + 34 P 389		
141 P 70 + 34 P 309	Mézidon	Vendue par Service A février 1968
141 P 71 + 34 P 133	Argentan	Saintes (dépôt) 21 décembre 1965
141 P 72 + 34 P 183		
141 P 73 + 34 P 32	Rennes	Saintes (dépôt) 17 septembre 1962
141 P 74 + 34 P 310	Mézidon	Argentan (dépôt) décembre 1970
141 P 75 + 34 P 358	Chaumont	Imes France Culoz août 1965
141 P 76 + 34 P 258		
141 P 77 + 34 P 337	Ile-Napoléon	Villeurbanne avril 1966

N°	LIEU DE GARAGE	LIEU DE DÉMOLITION
141 P 78 + 34 P 367		
141 P 79 + 34 P 201		
141 P 80 + 34 P 165		
141 P 81+ 34 P 405	Chalindrey	Villeurbanne décembre 1965
141 P 82 + 34 P 22	Mézidon	Mézidon (dépôt) 26 mars 1975
141 P 83	Troyes	SWFT Joinville juillet 1963
141 P 84 + 34 P 143	Sotteville-QM.	Sotteville-QM. (ateliers) 26 mars 1960
141 P 85 + 34 P 158		
141 P 86 + 34 P 289	Belfort	Villeurbanne 9 mars 1966
141 P 87	Pagny/s/Meuse	SWFT Joinville avril 1964
141 P 88 + 34 P 208	Vitry-le-François	Thionville août 1964
141 P 89 + 34 P 48	Blainville	Limonest février 1964
141 P 90 + 34 P 412		
141 P 91 + 34 P 285	Chalindrey	Villeurbanne décembre 1965
141 P 92 + 34 P 163	Chalindrey	SWFT Joinville février 1964
141 P 93 + 34 P 288		
141 P 94 + 34 P 214	Chalindrey	Chalindrey septembre 1965
141 P 95 + 34 P 47	Chaumont	Imes France Culoz août 1965
141 P 96 + 34 P 287	Belfort	Belfort (dépôt) avril 1966
141 P 97 + 34 P 303	Blainville	Thionville septembre 1963
141 P 98 + 34 P 388		
141 P 99 + 34 P 362	Ile-Napoléon	Villeurbanne avril 1966
141 P 100 + 34 P 116	Chaumont	Imes France Culoz août 1965
141 P 102 + 34 P 31		Le Mans (dépôt) 28 juin 1966
141 P 103 + 34 P 124	Sotteville-QM.	Vendue par Service A 20 janvier 1970
141 P 104 + 34 P 384		Le Mans (dépôt) 3 février 1967
141 P 105 + 34 P 413	Mézidon	Vendue par Service A 13 juin 1969
141 P 106 + 34 P 128		Le Mans (dépôt) 9 juin 1966
141 P 107 + 34 P 260		
141 P 108 + 34 P 305	Mézidon	Vendue par Service A 13 juin 1969
141 P 109 + 34 P 237		Saintes (dépôt) 1er décembre 1966
141 P 110 + 34 P 117	Le Mans	Le Mans (dépôt) printemps 1970
141 P 111 + 34 P 357	Mézidon	Le Mans (dépôt) 1er juin 1966
141 P 112 + 34 P 220		Le Mans (dépôt) 2 décembre 1966
141 P 113 + 34 P 250	Mézidon	Calais (dépôt) juillet 1967
141 P 114 + 34 P 357	Argentan	Argentan (dépôt) mars 1971
141 P 115 + 34 P 297	Mézldon	Vendue par Service A 13 juin 1969
141 P 116 + 34 P 183	Belfort	Epierre mai 1968
141 P 117 + 34 P 275	Mézidon	Vendue par Service A février 1968
141 P 118 + 34 P 410	Bar-le-Duc	
141 P 119 + 34 P 107	Mézidon	Vendue par Service A 13 juin 1969
141 P 120 + 34 P 110	Mézidon	Vendue par Service A 13 juin 1969
141 P 121 + 34 P 414		Le Mans (dépôt) 27 octobre 1966
141 P 122		Le Mans (dépôt) 6 juin 1966
141 P 123 + 34 P 129	Mézidon	Vendue par Service A février 1969
141 P 124 + 34 P 52	Mézidon	Vendue par Service A février 1968
141 P 125 + 34 P 290	Mézidon	Vendue par Service A février 1969
141 P 126 + 34 P 278		Le Mans (dépôt) 6 janvier 1967
141 P 127 + 34 P 194	Le Mans	Somain (dépôt) juillet 1967
141 P 128 + 34 P 172	Chaumont	SME Epernay juillet 1970
141 P 129 + 34 P 47	Bricon	Denain avril 1970
141 P 130 + 34 P 126	Pagny/s/Meuse	SWFT Joinville avril 1964
141 P 131 + 34 P 200	Chaumont	Chaumont (dépôt) avril 1968
141 P 132 + 34 P 389	Bricon	SWFT Joinville août 1969
141 P 134 + 34 P 396	Châlons/s/Marne	
141 P 135 + 34 P 378	Ronchamp	Ugine août 1968
141 P 136	Château-Thierry	Dourdan octobre 1963
141 P 137 + 34 P 256		
141 P 138 + 34 P 257		
141 P 140 + 34 P 38		
141 P 141 + 34 P 167	Bricon	Ugine mai 1968

N°	LIEU DE GARAGE	LIEU DE DÉMOLITION
141 P 142 + 34 P 196		
141 P 143 + 34 P 328	Chaumont	Chaumont (dépôt) avril 1968
141 P 144 + 34 P 85	Belfort	Imes France Culoz avril 1969
141 P 145 + 34 P 88		
141 P 146+ 34 P 321		
141 P 147 + 34 P 167	Bricon	Ugine mai 1968
141 P 148 + 34 P 334		
141 P 149 + 34 P 243	Mézidon	Vendue par Service A 13 juin 1969
141 P 150 + 34 P 152	Mézidon	Vendue par Service A 13 juin 1969
141 P 151 + 34 P 155	Mézidon	Vendue par Service A février 1968
141 P 152 + 34 P 130	Mézidon	Calais (dépôt) juillet 1967
141 P 153 + 34 P 160		Le Mans (dépôt) 7 novembre 1967
141 P 154 + 34 P 336		Argentan (dépôt) 27 janvier 1971
141 P 155 + 34 P 329		
141 P 156 + 34 P 383	Chaumont	Chaumont (dépôt) avril 1970
141 P 157 + 34 P 259	Thionville	Marly-les-Metz janvier 1971
141 P 158 + 34 P 345	Le Mans	Vendue par Service A février 1968
141 P 159 + 34 P 112		Le Mans (dépôt) 3 novembre 1966
141 P 160 + 34 P 411		
141 P 161 + 34 P 268	Chalindrcy	Uckange juin 1969
141 P 162 + 34 P 263	Belfort	Epierre mai 1968
141 P 163 + 34 P 315		
141 P 164 + 34 P 81		
141 P 165 + 34 P 186	Albertville	Ugine 11 décembre 1968
141 P 166 + 34 P 71	Mézidon	Vendue par Service A février 1969
141 P 167 + 34 P 25	Mézidon	Vendue par Service A février 1969
141 P 168 + 34 P 247		Le Mans (dépôt) 27 janvier1967
141 P 169	Rennes	Vendue par Service A mars 1969
141 P 170		Rennes (dépôt) 25 octobre 1965
141 P 171 + 34 P 153	Calais	Valenton 24 septembre 1970
141 P 172 + 34 P 205		SWFT Joinville 1970
141 P 173 + 34 P 144		Le Mans (dépôt) 4e trimestre 1966
141 P 174		Le Mans (dépôt) 9 décembre 1966
141 P 175 + 34 P 411	Chaumont	SME Epernay juillet 1970
141 P 176 + 34 P 202	Ronchamp	Saint-Etienne-Le-Clapier novembre 1968
141 P 177 + 34 P 292	Ronchamp	Ugine août 1968
141 P 178 + 34 P 41	Bricon	SWFT Joinville août 1969
141 P 180 + 34 P 137	Mézidon	Vendue par Service A février 1969
141 P 181 + 34 P 417	Ile-Napoléon	Ugine mai 1968
141 P 182 + 34 P 139		Haguenau (dépôt)
141 P 183 + 34 P 300	Belfort	Imes France Culoz avril 1969
141 P 184 + 34 P 412	Haguenau	Haguenau (dépôt) juillet 1966
141 P 185 + 34 P 17		Le Mans (dépôt) 2e trimestre 1966
141 P 186 + 34 P 100		
141 P 187 + 34 P 223		Le Mans (dépôt) 22 novembre 1966
141 P 188 + 34 P 65	Mézidon	Vendue par Service A février 1969
141 P 189 + 34 P 386		SWFT Joinville 1970
141 P 190 + 34 P 332	Mézidon	Vendue par Service A février 1969
141 P 191 + 34 P 134	Mézidon	Cherbourg (dépôt) printemps 1970
141 P 192 + 34 P 245	Calais	Valenton 24 septembre 1970
141 P 193 + 34 P 149	Albertville	Ugine 1969
141 P 194 + 34 P 244	Rennes	Vendue par Service A mars 1969
141 P 195 + 34 P 283	Mézidon	Vendue par Service A février 1968
141 P 196 + 34 P 232	Mézidon	Vendue par Service A février 1968
141 P 197 + 34 P 154	Mézidon	Vendue par Service A février 1969
141 P 198 + 34 P 190	Calais (Les Fontinettes)	Calais (dépôt) janvier 1969
141 P 199		Le Mans (dépôt) 24 février 1967
141 P 200 + 34 P 217		Dourdan
141 P 201 + 34 P 161		Le Mans (dépôt) 15 décembre 1966
141 P 202 + 34 P 70	Mézidon	Le Mans (dépôt) 15 juin 1966
141 P 203 + 34 P 363	Le Mans	Le Mans (dépôt) printemps 1970

N°	LIEU DE GARAGE	LIEU DE DÉMOLITION
141 P 204 + 34 P 242		
141 P 205 + 34 P 34	Mézidon	Vendue par Service A février 1968
141 P 206 + 34 P 248		Le Mans (dépôt) 7 décembre 1966
141 P 207 + 34 P 219	Albertville	Ugine 1969
141 P 208 + 34 P 281	Belfort	Le Mans (dépôt) 1er juillet 1966
141 P 209 + 34 P 177		
141 P 210 + 34 P 381	Chaumont	Givors septembre 1968
141 P 211 + 34 P 380	Ronchamp	Ugine juin 1968
141 P 212 + 34 P 228	Ronchamp	Ugine juillet 1968
141 P 213 + 34 P 195	Ile-Napoléon	Ugine juillet 1968
141 P 214 + 34 P 226	Mézidon	Vendue par Service A février 1969
141 P 215 + 34 P 157	Rennes	Rennes (dépôt) été 1970
141 P 216 + 34 P 360	Bricon	SWFT Joinville
141 P 217 + 34 P 92	Bricon	SWFT Joinville 1970
141 P 218+ 34 P 350		
141 P 219 + 34 P 316		
141 P 220 + 34 P 213	Neufchâteau	Neufchâteau (dépôt) 20 juillet 1972
141 P 221	Le Mans	Vendue par Service A février 1968
141 P 222 + 34 P 188	Mézidon	Vendue par Service A 13 juin 1969
141 P 223 + 34 P 215		SWFT Joinville 1970
141 P 224 + 34 P 206	Calais	Valenton 24 septembre 1970
141 P 225 + 34 P 331		Le Mans (dépôt) 25 novembre 1966
141 P 226 + 34 P 372		SWFT Joinville 1970
141 P 227 + 34 P 66	Le Mans	Vendue par Service A février 1968
141 P 228 + 34 P 330	Argentan	SWFT Joinville 1970
141 P 229 + 34 P 77		Le Mans (dépôt) 18 novembre 1966
141 P 230 + 34 P 135		Le Mans (dépôt) 17 janvier 1967
141 P 231 + 34 P 224		Le Mans (dépôt) 21 janvier 1967
141 P 232 + 34 P 385		Le Mans (dépôt) 10 novembre 1966
141 P 233 + 34 P 122	Mézidon	Calais (dépôt) août 1967
141 P 234 + 34 P 156	Mézidon	Vendue par Service A février 1968
141 P 235 + 34 P 151	Mézidon	Cherbourg (dépôt) été 1970
141 P 236 + 34 P 365		Le Mans (dépôt) 13 février 1967
141 P 237 + 34 P 125		Vendue par Service A février 1968
141 P 238 + 34 P 118		
141 P 239 + 34 P 136		
141 P 240+ 34 P 289		
141 P 241+ 34 P 228		
141 P 242 + 34 P 241		Le Mans (dépôt) 4e trimestre 1966
141 P 243 + 34 P 204		
141 P 244 + 34 P 11		
141 P 245 + 34 P 234	Bricon	Denain avril 1970
141 P 246 + 34 P 324	Chalindrey	
141 P 247 + 34 P 282	Ronchamp	Ugine septembre 1968
141 P 248 + 34 P 163		
141 P 249 + 34 P 393	Belfort	Imes France Culoz avril 1969
141 P 250 + 34 P 390		
141 P 251 + 34 P 251	Mézidon	Vendue par Service A février 1968
141 P 252 + 34 P 68	Mézidon	Vendue par Service A février 1969
141 P 253 + 34 P 54		Le Mans (dépôt) 29 novembre 1966
141 P 254 + 34 P 344	Bologne	Bologne 1966
141 P 255 + 34 P 235	Ronchamp	Ugine septembre 1968
141 P 256 + 34 P 197		
141 P 257 + 34 P 170	Ronchamp	Ugine août 1968
141 P 258 + 34 P 203	Bricon	SWFT Joinville juin 1969
141 P 259 + 34 P 374	Rennes	Le Mans (dépôt) 11 janvier 1967
141 P 262 + 34 P 49		
141 P 263 + 34 P 31	Le Mans	Somain (dépôt) juillet 1967
141 P 264 + 34 P 199	Ronchamp	Saint-Etienne-Le-Clapier octobre 1968
141 P 265 + 34 P 13	Bricon	Ugine mai 1968
141 P 266 + 34 P 119	Ile-Napoléon	Ugine mai 1968

N°	LIEU DE GARAGE	LIEU DE DÉMOLITION
141 P 268 + 34 P 50	Mézidon	Vendue par Service A février 1969
141 P 269 + 34 P 185	Albertville	Ugine 1969
141 P 270 + 34 P 346	Mézidon	Mézidon (dépôt) printemps 1969
141 P 271 + 34 P 218	Argentan	Vendue par Service A février 1969
141 P 272 + 34 P 187	Argentan	Vendue par Service A 31 décembre 1969
141 P 273 + 34 P 44		
141 P 274 + 34 P 327	Longueville	SWFT Joinville septembre 1965
141 P 275 + 34 P 397		
141 P 276 + 34 P 292		
141 P 277 + 34 P 45	Ile-Napoléon	Ugine 18 avril 1968
141 P 278 + 34 P 103		
141 P 279 + 34 P 395		
141 P 280 + 34 P 262		
141 P 281 + 34 P 93		
141 P 282 + 34 P 44	Bricon	SWFT Joinville août 1969
141 P 283 + 34 P 264		
141 P 284 + 34 P 119	Ile-Napoléon	Ile-Napoléon (dépôt) décembre 1969
141 P 285 + 34 P 267		
141 P 286 + 34 P 268		
141 P 287 + 34 P 74		Le Mans (dépôt) 2e trimestre 1966
141 P 288 + 34 P 418	Chaumont	Chaumont (dépôt) juin 1972
141 P 289 + 34 P 387	Ile-Napoléon	Ugine avril 1968
141 P 290 + 34 P 361	Ronchamp	Ugine juillet 1968
141 P 291 + 34 P 120	Bricon	SWFT Joinville juin 1969
141 P 292 + 34 P 341	Belfort	Belfort août 1971
141 P 293 + 34 P 406		
141 P 294 + 34 P 314		
141 P 295 + 34 P 181		
141 P 296 + 34 P 318	Bricon	SWFT Joinville juillet 1969
141 P 297+ 34 P 366		
141 P 298 + 34 P 147		
141 P 299 + 34 P 379	Ile-Napoléon	Villeurbanne avril 1966
141 P 300 + 34 P 274		
141 P 301 + 34 P 403	Ile-Napoléon	Villeurbanne avril 1966
141 P 302 + 34 P 168		
141 P 303 + 34 P 255		
141 P 304 + 34 P 329		Haguenau (dépôt)
141 P 305 + 34 P 356	Chaumont	Chaumont (dépôt) avril 1968
141 P 306 + 34 P 166	Bricon	SWFT Joinville 1970
141 P 307 + 34 P 182	Ile-Napoléon	Ugine juin 1968
141 P 308 + 34 P 260		
141 P 309 + 34 P 169		
141 P 310 + 34 P 64	Belfort	SME Epernay juillet 1969
141 P 311 + 34 P 296		
141 P 312 + 34 P 416	Chaumont	Chaumont (dépôt) avruil 1968
141 P 313 + 34 P 36		
141 P 314 + 34 P 198		
141 P 315 + 34 P 171		
141 P 316 + 34 P 404		
141 P 317 + 34 P 210		Le Mans (dépôt) 3e trimestre 1966
141 P 318 + 34 P 304	Bricon	SWFT Joinville juillet 1969

Vendue par Service A: vente de la machine par le Service des Approvisionnements de la SNCF à des sociétés de ferraillage non connues, seule la date de vente étant indiquée.
SWFT: Société des wagons-foudre de la Touraine
Imes France Nouvelle : Société de ferraillage de matériel ferroviaire à Culoz
SME: Société métallurgique d'Epernay

POSSIBILITÉS DES MACHINES 141 P
Remorque du matériel voyageurs - Aptitude en côte

Vitesses		0 km/h	10 km/h	20 km/h	30 km/h	40 km/h	50 km/h	60 km/h	70 km/h	80 km/h	90 km/h	100 km/h	105 km/h
Charges maximales	300 t	33,0 ‰	31,3 ‰	29,9 ‰	26,0 ‰	22,3 ‰	18,8 ‰	15,9 ‰	13,3 ‰	10,8 ‰	8,6 ‰	6,5 ‰	5,6 ‰
	400 t	27,5 ‰	26,0 ‰	24,5 ‰	21,5 ‰	18,5 ‰	15,8 ‰	13,3 ‰	10,9 ‰	8,7 ‰	6,6 ‰	4,7 ‰	3,8 ‰
	500 t	23,3 ‰	22,1 ‰	21,0 ‰	18,2 ‰	15,6 ‰	13,1 ‰	10,8 ‰	8,7 ‰	6,8 ‰	4,9 ‰	3,4 ‰	2,5 ‰
	600 t	20,1 ‰	19,1 ‰	18,1 ‰	15,5 ‰	13,2 ‰	11,0 ‰	9,0 ‰	7,2 ‰	5,4 ‰	3,8 ‰	2,2 ‰	1,5 ‰
	700 t	17,6 ‰	16,8 ‰	15,9 ‰	13,6 ‰	11,5 ‰	9,4 ‰	7,6 ‰	5,9 ‰	4,4 ‰	2,9 ‰	1,5 ‰	0,8 ‰
	800 t	15,6 ‰	14,8 ‰	14,1 ‰	11,9 ‰	9,9 ‰	8,1 ‰	6,6 ‰	5,1 ‰	3,7 ‰	2,3 ‰	1,0 ‰	0,3 ‰
	900 t	13,9 ‰	13,3 ‰	12,5 ‰	10,5 ‰	8,7 ‰	7,1 ‰	5,7 ‰	4,3 ‰	2,9 ‰	1,6 ‰	0,4 ‰	–

POSSIBILITÉS DES MACHINES 141 P
Charges maximales

Profil corrigé en ‰	Charges maximales (t)		Profil corrigé en ‰	Charges maximales (t)	
	Voyageurs	Marchandises Messageries		Voyageurs	Marchandises Messageries
0	2360	3730	14	650	680
1	2040	3020	15	610	630
2	1780	2530	16	570	590
3	1580	2160	17	530	540
4	1420	1890	18	500	510
5	1280	1670	19	460	480
6	1170	1500	20	440	450
7	1070	1340	21 et 22	390	420
8	980	1190	23 et 24	340	370
9	910	1070	25 et 26	300	330
10	840	970	27 et 28	270	300
11	790	880	29 et 30	240	280
12	730	800	31 et 32	220	250
13	690	740			

EFFORT AU CROCHET (en kg)

Vitesses	Voyageurs	Messageries	Marchandises
0 km/h	16850	16850	16850
20 km/h	15320	14900	14800
30 km/h	13400	11600	10730
40 km/h	11750	9750	8650
50 km/h	10200	8300	7300
60 km/h	8750	7150	6250
70 km/h	7530	6150	5380
80 km/h	6470	5300	
90 km/h	5500	4500	
100 km/h	4600	3830	
110 km/h	4200		

Trois mode detraction réunis à Montrouge, en septembre 1965 : la 141 P 203 vapeur, la BB 25202 électrique et la BB 63800 diesel (Guy Defrance).

CONSOMMATION DE COMBUSTIBLE DES 141 P
Région Sud-Est - Juin 1949
Comparaison avec les autres séries

Dépôt	Série	Consommation en Kg	
		au km	au 100 t/km brutes remorquées
Vénissieux	141 P	19,86	5,04
Dole	141 P	24,14	6,22
Laroche	240 P	25,33	4,89
	241 A et D	19,95	4,67
Dijon	241 P	16,09	3,00
	241 A et D	21,54	4,80
	231 G et K	14,55	3,37
	141 C, D et E	24,22	5,20
	141 R charbon	33,08	5,75
Lyon-Mouche	231 H et K	15,28	3,20
Nevers	231 G	13,64	3,04
	141 R charbon	28,57	5,01

En complément du tableau ci-dessus, nous donnons des exemples de belles performances restées dans les annales du dépôt de Vénissieux :
– Juin 1951 : la 141 P 44 (échappement PLM) consomme 3,36 kg de charbon aux 100 t/km brutes remorquées, pour une moyenne de la série de 4,06 kg (échappement PLM) et 4,23 kg (échappement Kylchap).
– Mai 1951 : la 141 P 28 (échappement PLM) fait encore mieux avec 3,05 kg aux 100 t/km brutes remorquées.

Au Sud-Est, les locomotives équipées de l'échappement double PLM à croisillons, réglable, se sont montrées généralement plus économes en combustible que celles munies de l'échappement Kylchap du fait probablement de leur utilisation par des équipes titulaires.

Au palmarès des belles marches du 4e arrondissement de la Traction de Lyon, les 141 P de Vénissieux figuraient en bonne place auprès des machines de rapides de Lyon-Mouche (231 H ou K, et 241 P), ainsi qu'en témoignent ces quelques relevés de performances remarquables :
– Train PA du 14 juillet 1950 - 769 t (charge offerte 850 t), gain de 47 minutes entre Nîmes et Lyon, avec la 141 P 16 - équipe Croze/Stutzmann.
– Train OL du 24 février 1950 - 487 t (charge offerte 495 t), gain de 32 minutes entre Saint-Germain-des-Fossés et Lyon, avec 141 P 23 - équipe Draussin/Chirat.
– Train BG du 18 juin 1949 - gain de 45 minutes entre Saint-Germain-des-Fossés et Lyon, avec la 141 P 20 - équipe Praire/Cloutot.
– Train 1041 du 26 juin 1949 - gain de 36 minutes entre Saint-Germain-des-Fossés et Lyon avec la 141 P 17 - équipe Auberger/Beau.

Signalons en outre que les plus longues étapes parcourues en service régulier par les 141 P dépassaient 400 km. En voici des exemples :

Région Est : locomotives de Noisy - parcours de Noisy à Sarrebourg, soit 424 km.
Région Ouest : locomotives du Mans, trains rapides et express sur Le Mans - Brest, soit 413 km, et Le Mans - Quimper, soit 407 km.
Région Sud-Est : la plus longue course sans complément de combustible a été réalisée par les machines de Vénissieux, sur l'aller-retour LO/OL Lyon - Moulins, par la rampe de 26 ‰ du tunnel des Sauvages (avec repos de l'équipe à Moulins), soit 410 km ; le chargement de 12 t de menu et de briquettes était complété par une cinquantaine de sacs de charbon de 25 kg.

COÛT DE L'ENTRETIEN EN DÉPÔT DES 141 P
Région de l'Est - Période 1966/1967
Comparaison avec les autres séries

(visites, entretien courant, réparations accidentelles en dépôt)

Dépôt	Série	Nombre d'heures aux 100 km	
		1966	1967
Chaumont	141 P	27,3	22,4
Belfort	141 P	31,0	33,5
Moyenne Est	141 P	31,6	26,5
Chaumont	241 P	19,5	16,3
Sarreguemines	141 R	22,8	19,4
Reims	141 R	17,1	19,8
Myenne Est	141 R	22,9	20,6

Dans les dernières années de splendeur de la série, une 141 P mancelle en tête du train spécial mis en marche à l'occasion du lancement à Saint-Nazaire, le 11 mai 1960, du paquebot France (VdR-Roger Commault).

La déchéance : une vue prise en septembre 1971, dans la grande remise à machines du dépôt de Château-Thierry, avec la 141 P 169 de Rennes, attelée à un tender du Mans, et garée provisoirement en compagnie de la 040 TA 169. Elle ont bénéficié d'un sursis, suite au chauffage d'une boîte d'essieu lors de l'acheminement en marchandise roulante sur Thionville pour découpe (Christian Fonnet).

SOURCES DE DOCUMENTATION

OUVRAGES ET PÉRIODIQUES

Perfectionnement des locomotives à vapeur de 1910 à 1940 - *Revue générale des chemins de fer*, septembre 1940, par Georges Chan, chef de la DEL.

Nouvelle locomotive à vapeur type Mikado - série 141 P - *Revue générale des chemins de fer*, mars 1943, par Yves Legrand, chef de la DEL.

La locomotive à vapeur - *Bulletin de l'UIC*, mai 1947, par Georges Chan.

Perfectionnements techniques et nouveaux types de locomotives - *Hommes et techniques*, mars 1946, par Maurice Joyeux.

Les locomotives à vapeur de la SNCF Région Est - Éditions Picador, par Jean Gillot.

La locomotive actuelle à vapeur - Dunod par Émile Devernay

Historique des fabrications de locomotives à vapeur aux usines du Creusot - Accadémie François Bourdon, par Charles Contassot.

Différents numéros de l'hebdomadaire
Notre Métier, puis *La Vie du Rail.*

DOCUMENTS INTERNES DE LA SNCF

Instruction pour la conduite des locomotives 141 P - DEL, février 1944.

Livret de circulation des locmotives à vapeur - Services MT/VB - Régions Est, Ouest et Sud-Est.

Renseignements statistiques - Mouvement entretien - Service MT

Roulements du matériel moteur et du personnel de conduite

Registres de différentes machines 141 P (locomotive, chaudière, tender).

REMERCIEMENTS

Les auteurs et l'éditeur tiennent à remercier vivement toutes les personnes qui ont contribué à l'enrichissement de cet ouvrage, et notamment MM. Jacques Bazin, Ernest Beau, Jacques Berlier, Gabriel Bonnin, Pascal Bouchet, Yves Broncard, Jean-Robert Canteloup, Michel Chavy, Jean-Marc Combes, Olivier Constant, Norbert Harispe, Walter Hofer, Theddy Hunzinger, Albert Montel, Guy Rannou, M. Salmon et Jean-François Vigezzi.

SOMMAIRE

MAME
IMPRESSION ET FAÇONNAGE : MAME IMPRIMEURS À TOURS